개혁교회 신앙고백

한국교회의 역사적 신앙고백과 개혁신학의 정체성 회복을 위해서-.

〈개정 증보판〉

개 신 고
혁 앙 백
교
회

추천사

개혁신학은 우리 총회의 정체성으로서 설립 후 100여년 이상을 견고하게 자리매김해 왔습니다. 믿음의 선진들께서는 정통 보수신앙과 역사적 칼빈주의를 근간으로 하는 개혁신학을 지키기 위해 숱한 고난을 마다하지 않았습니다. 때로는 거친 광야의 길에서 고통을 당하고 눈물을 뿌리면서도 변질된 신학과 손을 잡지 않았습니다. 그 결과 하나님의 축복 가운데 우리 총회는 한국교회의 장자교단으로 우뚝 서게 되었습니다. 세계 장로교회 사상 최초로 갈라섰던 두 교단이 하나되는 기적도 일궈냈습니다.

이제 우리 총회의 과제는 전국의 목회자들과 300여만 성도들이 마음을 모아 선진들이 목숨을 걸고 지켜온 개혁신학을 유지 계승하는 일입니다. 그런 시대적인 과제 앞에 제106회 총회장에 오르실 배광식 목사님과 교단을 섬기는 일을 필생의 사명으로 여기시는 한기승 목사님이 〈개혁교회 신앙고백〉을 공저로 출간하시게 되어 기쁘게 생각하며 두분의 노고를 경하드립니다.

대한예수교장로회 제105회 총회장 **소강석 목사**

추천사

신학이 혼탁하고 교리가 무너져가는 시대에 개혁신학과 성경적 교리의 흐름을 역사적으로 정리한 〈개혁교회 신앙고백〉이 출간되어 기쁘게 생각합니다. 신학이 없는 신앙은 흔들리기 쉽고, 교리가 없는 신앙도 위험합니다. 종교개혁 당시 칼빈은 로마 가톨릭교회를 비판하면서 오직 성경, 오직 믿음, 오직 하나님께 영광이라는 구호로 개혁을 이루어 마침내 장로교 신학과 정치 체계를 세웠습니다. 성경을 바탕으로 세워진 장로교 신학은 칼빈의 개혁신학이 주류를 이루었고, 장로교 정치체계는 헌법의 뼈대가 되어 오늘의 대한예수교장로회 총회가 세워졌습니다.

총회가 지향해 온 개혁신학의 역사적 시발점은 칼빈에게 있지만, 실제로는 성경과 사도들의 가르침이 곧 진정한 뿌리입니다. 총회의 개혁신학을 사수하기 위한 방편으로 귀한 저서를 출판한 제106회 총회장 배광식 목사님과 정통 보수신학 전통에서 목회에 힘써오신 한기승 목사님의 노고를 치하합니다.

증경총회장 **김동권 목사**

추천사

　우리 교단에서 개혁신학의 요람인 총신대와 광신대 그리고 칼빈대에서 후학 양성 교육을 감당해 오신 제106회 총회장 배광식 목사님과 개혁신학을 총회에 정착시키기 위해 평생을 바치신 정규오 목사님의 대를 이으신 한기승 목사님께서 공저로 〈개혁교회 신앙고백〉을 공동으로 펴내신 것을 축하드립니다. 이번에 선을 보여주신 공저는 개혁신학의 결정체이며, 총회의 역사적 개혁신학과 성경적 교리를 집대성해 놓은 보고입니다.

　현대는 사상이 흐려지고, 정신도 올곧지 못하는 시대입니다. 그러다보니 신앙도 흐려지고 신학도 견고하지 못한 것 같습니다. 이런 때 두 목사님께서 총회의 신학과 교리를 바로 세우려는 산고의 노력으로 일종의 신학과 교리 지침서와 같은 저서를 펴내게 되어 기쁘게 생각합니다. 세월은 유수하고 세상은 변하지만 하나님의 말씀은 영원히 변치 않고, 총회의 개혁신학도 주님 오실 때까지 변함 없을 것입니다. 아무쪼록 이 책이 총회를 신학적으로 견고히 세우는 기둥이 되기를 바라면서, 전국교회에 큰 기쁨이 되길 소망합니다.

증경총회장 **서기행 목사**

추천사

21세기 우리의 시대는 절대 진리나 권위를 인정하지 않는 반항정신이 도도히 흐르고 있습니다. 그리하여 신조나 교리서 연구가 소홀히 되고, 무엇이 바르고 무엇이 옳은지를 설명하고 설득한다는 것이 결코 쉽지 않습니다. 그런데 이번에 기독교 역사에서 초대교회 때부터 믿음의 선진들이 전통적으로 어떻게 하나님을 믿고 신앙고백을 하며 살아왔는지를 역사적으로 살펴봄과 더불어 중요한 시대마다 새롭게 만들어진 신앙고백서들을 비교하며 특징들을 볼 수 있는 『개혁교회 신앙고백』이란 책이 출판되었습니다.

개혁신학 사상으로 교단을 섬겨오신 배광식 목사님과 한기승 목사님의 공저로 펴낸 이 책은 모든 믿음의 사람들에게 신앙 체계를 정리해 줄 견고한 지침서이며, 기독교 교리와 신학의 뿌리를 든든히 세워 줄 기둥입니다. 이 책이 분명 혼란한 시대를 환하게 비춰주는 등불이 될 것으로 믿으면서 한국교회의 목회자들, 신학생 그리고 평신도들의 일독을 권하며 기쁨으로 추천합니다.

광신대학교 **정규남 총장**

추천사

종교개혁 이후 개혁신학은 성경적 교리와 공교회의 신앙고백에 의해 구축되었고, 개혁교회 신앙고백은 개혁자의 후예들과 각 시대마다 신앙고백 문서에 의해 계승되었습니다. 하나님께서 자기 백성을 구원하시기 위한 방편으로 신앙고백이라는 도구를 사용하신 것은 섭리적 은혜였습니다. 그런 특별하신 은총으로 합동총회는 개혁신학을 정체성으로 삼고 한 세기를 달려왔습니다.

팬데믹으로 인해 한국교회 예배 모임이 위협을 받고 있는 중에도 하나님의 구원 사역은 현재 진행형으로 계속되고 있습니다. 바로 이 시점에 하나님의 교회와 총회를 개혁신학으로 무장하기 위한 보고(寶庫)가 출간된 것은 총회적인 기쁨이라고 하겠습니다. 이 책은 수많은 기독교 교양서들나 신학서적들 중에서 가장 빛나는 옥석이며, 모든 신학도들과 성도들 그리고 목회자들이 읽고 신앙과 신학 및 교리를 재점검해야 할 필독서로 천거합니다. 아무쪼록 이 공저가 총회의 개혁신학을 견고하게 세우는 마중물이 되기를 기원합니다.

칼빈대학교 **김근수 총장**

추천사

저명한 교리사가 샤프는 "성경은 사람에게 주시는 하나님의 말씀이고 신앙고백은 하나님께 되돌리는 사람의 대답"이라고 했습니다. 아무리 교리적 식견이 넘치고 그 수사(修辭)가 화려하다 해도 성령의 감화로 말씀을 수납하고 이를 신령하게 토설해 내는 신앙고백이 온전치 않다면 그저 요란하고 무익한 인본주의적 사변만 남을 것입니다. 본서를 집필하신 두 분의 목사님은 정통 개혁주의 보수신학의 기치 하에 이 시대의 교회를 말씀의 반석 위에 세우고자 특심한 열심을 기울이고 계십니다.

본서는 목회자나 성도 그 누구라도 즐겁게 읽을 수 있습니다. 사도신경에서 칼케돈 신경에 이르는 초대교회의 신경들, 웨스트민스터 신앙고백서로 정점에 이르는 개신교 신경들, 그리고 12신조에 이르기까지, 본서는 마치 참 신앙고백의 역정(歷程)을 보여주는 듯합니다. 어거스틴은 "사도신경을 두고 단어의 수에서는 간결하나 문장의 무게에서는 장엄하다."고 했는데, 지혜로운 독자라면 본서의 행간에서 그 간결한 장엄함을 속속히 누리게 되실 것입니다.

총신대학교 신학대학원 **문병호 박사**

개정 증보판 서문

　개혁교회가 성경에 근거한 신앙의 규범으로 삼아온 신앙고백서들을 찾아 그 안에 담긴 신학적, 신앙적 함의를 논하는 것은 시기적으로 매우 적절한 연구라고 생각한다. 한국교회의 개혁신학은 기독교회가 보존하고 가르쳐온 역사적 신앙고백과, 장로교회라는 두 정체성 위에 세워졌다. 한국장로교회는 종교개혁으로부터 출발한 개혁교회로서 잉글랜드, 스코틀랜드 장로교회에 이르기까지 발전해 온 신앙고백서들을 기반으로 견고하게 세워졌으므로 한국장로교회는 역사적 신앙고백서들이 차지하는 비중이 크다.

　한국장로교회는 종교개혁자들의 후예임을 자처하면서 100여년을 지내왔지만 오늘에 이르러서는 위기를 맞고 있다는 인식이 팽배해 있다. 그 원인들 중의 하나는 교회가 성경적 신앙과 신학의 정체성을 가르치고 배우기를 소홀히 했기 때문이다. 역사적 신앙고백이라는 한국교회의 기반이 흔들림으로써 교회가 희미해지고 신학이 부재하는 모습들이 위기를 자초한 요인이라는 자책도 있다.

　본서는 필자가 목회와 신학의 현장에서 흔들리는 신학과 교리 실종

현상을 피부로 느끼면서 쓴 책이다. 또한 영국, 스코틀랜드, 벨기에, 화란개혁교회, 미국교회와 신학교들을 직접 체험하고 고민하고 연구하면서 그 대안으로 내놓은 작은 결과물이다. 특히 본서는 개혁교회의 신앙고백서들을 살펴봄으로써 우리 신학의 본류가 결국 개혁교회의 신앙고백과 그 맥이 닿아 있으며, 그 고백서들은 신구약 성경에 그 근거를 두고 있다는 것을 입증하기 위해 쓰여졌다.

동시에 역사적 신앙고백서에 담긴 교리를 탐구하여 소개함으로써 한국 장로교회에 개혁신학의 유산을 견고하게 뿌리 내리게 하려는 것이 이 책의 저작 목적이다. 교회는 핵심교리들을 성도들에게 명확하고 논리적으로 가르쳐야 한다. 목회현장에서 중직자 교육, 청년부(대학생) 들에게 반드시 가르쳐 우리 교단의 신앙과 신학을 계승하도록 해야 한다.

원래 이 책은 "개혁교회 신앙고백 연구"라는 과목으로 대신대학교 신대원에서 가르치기 위해 틈틈이 연구한 자료들을 모아 집필했던 〈개혁교회 신앙고백〉의 개정 증보판이다. 이번 증보판은 한기승 목사가 평상시에 관심을 가져온 개혁신학과 신앙고백서들에 대한 세밀한 연구 자료들을 추가 정리 및 수정 보완하여 엮었다. 일부 자료들과 삽화는 화란에서 개혁신학교회 연구로 박사과정 중에 있는 사위 이의석 목사가 제공해서 책의 가치를 더해 주었다.

특히 증보판에서는 구성과 편집 부분에서도 목회자들이 성도들과 함께 공부할 수 있도록 ① 각 고백서마다 필요한 도서목록 소개 ② 담론을 고민하게 하는 〈핵심 살펴보기〉 ③ 각 고백서들에 대한 토론하는 공간으로 〈함께 더 생각해보기〉 코너 등을 추가하여 재구성했다. 팬데믹 시대에 목회자들이 교인들과 함께 디지털 공간에서 함께 토론하면서 기독교의 핵심적인 진리와 신앙고백을 수호 계승해 나가기를 기대하면서 편집의 변화를 시도했다. 이 책의 구성에 대한 조언은 대신대학교 부총장(신대원장)이셨던 황봉환 박사님께서 해주셨다.

목회 현장에서 지극한 정성으로 협력해 주신 대암교회 당회원들과 모든 성도들의 헌신과 사랑을 잊을 수 없다. 부족한 종이 부총회장으로 섬기는 동안 뜨거운 사랑으로 격려해 주시고 추천사로 본서의 개혁신학적 가치를 빛나게 해주신 소강석 총회장님께 감사드린다. 또한 김동권 증경총회장님과 서기행 증경총회장님, 광신대 정규남 총장님, 칼빈대 김근수 총장님, 총신대 문병호 박사님께서도 옥석같은 추천사로 독자들에게 책의 신뢰감을 높여 주셔서 큰 감사를 드리고 싶다.

지금까지 헌신적인 내조로 묵묵히 목양의 동역자가 되어준 아내에게 고마운 마음을 전하고 싶다. 또한 부족함이 많은 목회였지만 신학과 목회의 길로 대를 이어 미국과 화란에서 유학 중인 사랑하는 자녀들을 격려하며 고마움을 표한다. 책을 펴내기까지 편집 제작을 맡아 수고해 주신 도서출판 포커스북 송삼용 목사에게도 그 노고를 치하한다.

아무쪼록 이 책을 통해 한국교회가 역사적 신앙고백서들을 깊이 이해하고 받아들임과 동시에 빠르게 변화하는 현대사회를 향한 문제들에 대해 신학적 (신앙적) 해답을 교회에서 바로 교육하길 바라는 마음이다. 이 책을 읽는 동역자들에게 하나님의 은혜가 있기를 기도드리며 이 조국 땅에 하나님의 교회가 건강하고 성숙하게 하는데, 신앙과 신학적 토대가 되기를 소망한다.

2021년 9월 13일

저자 **배광식, 한기승**

차례

차례

I

시작하는 말

The Confessions of Faith in Reformed Church Tradition

시작하는 말

이 신앙고백서를 분석하는 것은 종교개혁 이후 개혁파가 어떻게 루터파를 그들의 형제로 생각하면서도 왜 여러 차이점을 가지고 논쟁하고 또 이후 제2종교개혁 시기에 독일에서 그토록 격렬하게 싸웠는지에 대해 이해하기 위한 좋은 도구이다. 스위스 신앙고백서(1536, 1566), 스코틀랜드 고백서, 벨직 고백서, 도르트 신앙고백서, 웨스트민스터 신앙고백서들이 순차적으로 논의 될 것이다.

교리? 신앙고백?

우리는 "예수 그리스도를 믿습니다!"라고 고백한다. 이 고백과 동시에 우리는 "그러면, 그리스도는 누구입니까?"라는 질문에 대답해야만 한다. 기독교 신앙은 단순한 감정적 동요를 넘어서, 진리를 향한 확고한 신뢰이다. 따라서 우리는 무엇을 믿는가를 알고 고백해야 한다. 우리가 앞으로 살펴볼 신앙고백서들은 바로 기독교 신앙을 명확한 언어로 표현하기 위한 기나긴 노력의 결과이다. 교리는 성경에 대한 체계적 정리이다. 그리고 신앙고백서는 교회가 성경에 근거한 교리들과 여러 신앙의 내용을 정리한 규범이다.

그리스도인은 성경이 진리라고 고백한다. 왜냐하면 성경은 하나님의 말씀이며, 그리스도인의 근본적 표준이기 때문이다. 성경은 하나님의 사역, 즉 창조와 구원의 사역을 기록하고 있다. 하나님께서 어떻게 인간을 창조하셨는지, 인간이 어떻게 하나님을 배반했는지, 그럼에도 불구하고 하나님께서 죄인을 어떻게 다시 자신의 자녀로 삼으셨는지, 성경을 통해서만 알 수 있다. 성경은 성령 하나님께서 바르게 성경을 이해할 수 있게 신자를 도우신다고 가르친다. 그리스도인은 성경을 읽고 묵상하며, 성령의 도우심을 통해 그 말씀을 이해하고 그 말씀대로 살아가려고 노력하는 사람들이다.

그렇지만 왜 성경읽기에 더하여, 그리스도인들이 많은 신앙고백,

어렵게 보이는 교리들을 배우고 함께 나누어야 한다고 필자는 강조하고 있을까? 우리가 함께 차차 살펴보겠지만, 예배 때 우리가 고백하는 사도신경 뿐만 아니라 여러 신경들, 신앙고백서들을 거치면서 복잡한 신학적 용어들이 점차적으로 더 많이 등장한다. 1500여년전 작성된 칼케돈 신경조차도, 신학적 용어에 대한 긴 설명이 없어 신경을 이해하기 어렵다. 이런 측면들이 교리, 신앙고백에 대한 우리의 관심을 떨어뜨린다. 동일본질, 위격, 칭의, 가시적 또는 비가시적 교회, 이런 용어들과 교리들이 과연 우리의 신앙생활에 무슨 의미가 있다는 말인가?

그 의미는 바로 이것이다. 사도신경을 비롯한 수많은 신앙고백들은 그 당시를 살아간 우리 신앙의 선배들의 고민의 대답이고, 고난의 자리에서 이루어진 삶의 고백이다. 신앙고백은 각 시대가 요청하고 제기하는 여러 질문들에 대한 교회의 대답이다. 때로는 예수님에 대해, 때로는 구원의 과정에 대해, 그리고 고난과 우리 삶의 여러 문제에 대해 교회는 성경에 근거해 대답하고자 수많은 노력을 하였다. 성도들에게 교회가 주는 대답들을 정리한 결과물이 바로 교리이고, 신앙고백이다. 그래서 우리 신앙의 선배들은 질문과 대답의 과정을 통해 신앙을 바로 알고 이해하며 신자들을 교육하기 위해 교리문답서를 작성하였다. 신앙고백서는 우리의 신앙을 견고하게 만드는 친구이다.

또한 신앙고백과 교리는 그리스도인들이 이단들의 잘못된 교리에 빠지는 일을 막는 방파제이다. 기독교 초기부터 이단들은 신자들을 미혹하며 성경의 진리를 왜곡하여 왔다. 교회는 이단들의 잘못된 성경해석과 오류를 명료하게 반박하고, 바른 성경의 진리를 신자들에게 가르치고자 노력했다. 교회를 든든히 세우기 위해 신조와 신앙고백들을 작성하고 성도들과 함께 고백하며 공부해왔다. 당시의 이단으로부터 정통신앙을 보존하고자 신앙고백서를 작성하였기 때문에, 신앙고백서들은 바로 이단과 정통을 구분하기 위한 기준으로 사용할 수 있다. 최근 들어 한국교회에 교리교육이 강조되고 있는 것도, 여러 이단들의 거센 활동 때문에, 교회와 우리 신앙을 지키기 위함이 아닌가!

우리 한국 그리스도인들도 그동안의 피상적인 신앙적 태도에서 벗어나 "명확한 진리를 이해"하는 "지혜로운 머리"를 가지며, "따뜻한 가슴"과 "행동하는 발"과 함께 신앙을 삶 전반에 걸쳐 성장시켜 나가야 할 것이다. 신앙고백서들을 나누고 배우는 일들은 어렵고 지루해 보이지만, 실제로는 이단의 공격을 막아내며, 나의 구원을 지켜나가는 본질적이며 핵심적인 신앙의 활동이다. 성경의 진리를 이해하고자 하는 노력은 성도들이 최소한 해야 할 필수사항이며, 혼란스러운 세상에서 진리를 아는 성도로 살아가는 기초단계이다.

한국의 개혁교회와 그 위기

한국의 개혁신학은1 초대교회의 역사적 고백들과, 장로교회 정체성 위에 세워졌다. 종교개혁부터 영국, 스코틀랜드 장로교회까지 이어지며 발전한 신앙고백서들을 통해 한국 장로교회는 그 신앙적 기반을 든든히 세울 수 있었다. 최근에 한국교회의 위기라는 인식이 팽배하나, 그 핵심은 결국 자신의 신학과 정체성을 잃어버렸기 때문으로 생각된다. 그동안 급속한 외적인 성장에 치중한 나머지, 교회와 교단은 그들의 신학적이고 신앙적 힘이 신앙고백과 교리교육에 있다는 것을 잊었다. 또한 잘 가르치지 못하였다. 교리교육의 부실함 때문에, 신자들을 성숙하게 만들지 못했으며, 잘못된 신학과 신앙에 대항하여 바른 진리를 지켜가는 일에 소홀하므로, 거짓된 종교와 사상이 한국 기독교 안에 만연하게 되는 기회를 제공했다. 따라서 한국장로교회들은 이 책임에서 자유롭지 못하다.

최근에는 많은 학자와 목회자들이 신앙고백서들을 번역하고 그것에 대한 신학적 해석을 담은 책들을 출판하고 있다. 또 교회들이 어린이들과 어른들에게 교리문답을 가르치며 장로교의 독특한 신학의 정체성과 정치체계에 대한 공감대를 형성하는 노력이 이루어지고 있다. 고무적인 일이다. 이런 상황에서, 먼저 이루어져야 하는 일은 역사적 신앙고백서에 대한 이해를 증진시키는 일이다. 앞에서 언급한대로, 신앙고백서들은 그리스도인과 교회가 성경에 계시된 진리를 어떻게 이해하고 따라야 하는가를 가르친다. 또한 그 내용들은, 신학적

---

1 본서에서 사용한 "개혁신학"은 칼빈주의 개혁사상과 웨스트민스터 신학표준을 정통교리로 받아들인 합동총회 정체성으로서의 신학체계를 의미한다.

개혁교회 신앙고백

논쟁이 발생했을 때 성경의 가르침을 명확하고 체계적으로 이해하도록 하는 역할도 수행한다. 각 시대가 던지는 의심에 대해 교회가 어떻게 대답을 하여 정통신앙을 고수하고, 우리에게 전수하였는지를 아는 것이 중요하다. 기억해야 할 것은, 신앙고백은 우리의 신앙의 자리에서 이루어진 삶의 고백이며, 우리가 이 세상에서 살아가는 삶의 지표이다. 그렇기 때문에 우리가 이 땅에서 그리스도인으로 살아가는 삶의 자리에서 신앙의 선배가 물려준 신앙의 지표를 바르게 이해하고 살아내어, 우리의 후손들에게 전해주어야 한다.

그러므로 본 책의 주요 목적은 역사적 신앙고백서가 지닌 신학적 특징을 바르게 이해하는 것과 그 신앙의 내용을 토대로 한국교회를 향한 적용 지점을 제시하는 것이다. 이 책은 2017년 출판한 『개혁교회 신앙고백』의 개정 증보판으로 평신도 교육용으로 사용되기를 기대하면서 전체적인 내용들을 수정 보완하였다. 이런 목적에 부합하도록 실천적인 교리문답서로 알려진, 하이델베르크 교리문답서에 대한 소개와 주해도 제시하였다. 이 졸저가 성도들과 함께 신앙고백을 나누는 계기가 되길 바란다.

우리는 무엇을 함께 나눌 것인가?

이 책의 본문은 크게 세 부분으로 구성되어 있다. 먼저, 공교회의 신앙고백으로 인정되는 네 개의 신앙고백들, 즉 사도신경, 니케아신경, 아타나시우스 신경, 그리고 칼케돈 신경을 다룰 것이다. 초대교회의 신앙고백들에 대해 세부적 사항들을 다루기보다는 신학핵심만을 정리하고자 한다.

두 번째 부분이 본 책의 핵심적인 부분인데, 개혁신학의 기초를 놓은 신앙고백서들을 다룰 것이다. 왜냐하면 그 신앙고백서들이 개혁신학의 토대 위에 서있는 한국장로교회가 어느 방향으로 나가야 할지를 결정하는 주요 열쇠가 될 것이기 때문이다. 우선, 우리는 각 신앙고백서들을 작성하게 된 역사적 배경을 살필 것이다. 그 과정에서 교회가 직면한 문제가 무엇이며, 이를 해결하기 위해서 교회가 어떤 노력을 하였는지 살펴볼 것이다. 둘째, 교회가 신앙고백서를 작성하면서 어떻게 그 문제에 대한 답을 찾았는지, 각 조항을 신학 주제에 따라서 단락별로 또는 조항별로 설명해 나갈 것이다.

종교개혁이후, 수많은 신앙고백서와 교리문답서가 작성되었고, 여러 유럽 지역에서 총회로 모여 이를 공적으로 승인하는 절차를 거쳤다. 그래서 본 책에서는 총회가 공적 절차를 걸쳐 작성하거나 승인한 신앙고백서들을 중심으로 다룰 것이다. 스위스 신앙고백서(1536, 1566), 스코틀랜드 신앙고백서, 벨직 신앙고백서, 하이델베르크 교리문답서, 도르트 신경, 웨스트민스터 신앙고백서들이 선별되었고, 이를 순차적으로 다룰 것이다. 주로 시대순에 따라 신앙고백서를 다룰 것이지만, 제2 스위스 신앙고백서의 경우는 예외로 제1 스위스 신앙고백서와 함께 논하게 될 것이다. 제2 스위스 신앙고백서는 1566년 작성되어, 벨직 신앙고백서 이후 작성되었지만, 제1 스위스 신앙고백

개혁교회 신앙고백

서와 지역 교회의 연속성을 담보하기 위해서 제1 스위스 신앙고백서와 함께 다루었다.

개혁교회의 신앙고백서를 본격적으로 다루기 전에 본 책은, 첫 번째로 개혁교회 신앙고백서가 아니라 루터파 신앙고백서인 아우구스부르크 신앙고백서를 다룰 것이다. 이 신앙고백서를 다루려는 이유는, 이 문서가 루터파와 개혁파 사이의 신앙정체성의 분화를 보여주는 고백서이기 때문이다. 종교개혁이후 분리된 여러 개신교 교단들이 어떻게 서로를 그리스도의 형제로 생각하면서도, 또한 치열하게 성경의 진정한 의미가 무엇인가에 대해 다투었는지 살펴보고자 하는 의도이다. 이를 통해서 개혁교회의 신앙이 가진 신학적 특징이 무엇이며, 하나님께서 어떻게 개혁교회를 이끌어 왔는지, 우리 신앙의 선배들이 남긴 개혁교회의 신학의 특징과 그 독특성이 무엇인지 분명하게 알리고자 하는 마음에서 다루고자 하였다.

이 책에서는 아우구스부르크 신앙고백서부터 웨스트민스터 신앙고백서까지, 각 고백서의 전문을 수록하지는 않았다. 그 이유는 첫째, 이 책의 목적이 각 신앙고백서의 개관을 제공하고 개혁주의 신앙고백서의 통일성과 다양성을 간략하게 살펴보는 것이기 때문이다. 둘째, 책의 분량이 너무 늘어나는 것을 방지하기 위해서이다. 따라서 이 책은 아우구스부르크 신앙고백서부터 웨스트민스터 신앙고백서에 이르는 부분에서는 전문과 설명을 참고할 책을 추천했다. 비록 추천한 책들의 신학과 설명에 전적으로 동의하지는 않지만, 현재 출판된 책들 중에 비교적 구하기 쉬운 책들 중에 전문과 설명을 함께 볼 수 있는 책들을 추천하였다. 또한 첨단 정보화 시대에 걸맞게 〈기독교 교리〉라는 프로그램을 핸드폰에 다운로드 받아서 손쉽게 초대교회의 신경과 개혁교회와 신앙고백서의 전문을 읽을 수 있다. 그리고 각 신앙고백서의 신학적 입장들은 이 책을 참고하면서 살펴보길 바란다.

이 책은 신앙고백서들에 대한 역사적 배경을 살펴보고 그것을 기초로 신앙고백서들의 신학과 내용을 요약정리하고, 신앙고백서들을 온 교회가 함께 나누면서 우리의 신앙을 성장시키고 교회를 건강히 세워나가길 바라며 출판되었다. 맑은 샘이 흘러나오는 본류를 쫓아 가듯이, 한국 장로교회의 신학적 수원지인 개혁교회의 신앙고백서들을 살펴보면서, 우리를 점검하고 개혁하는 힘을 얻을 수 있기를 소망한다. 부족하게나마 역사적 순서를 따라 신앙고백서들을 소개하는 이 졸고를 통해 한국장로교회가 새롭게 근원을 향해 달려가고 변화를 향해 나아가는 교회가 되기를 기도한다.

II

기독교의 고대 신경들

The Confessions of Faith in Reformed Church Tradition

01

사도신경
(The Apostles' Creed)

사도신경은 단지 오래된 신앙고백이기에 중요한 것이 아니다. 그 용어는 명료하고, 직관적이며, 또 성경
의 역사적 개괄 순서를 따라 진행되고 있다. 창조에서 구속, 재림에 이르는 과정을 한 신앙고백에 간결
하게 포함시킴으로, 아직까지도 거의 모든 교회들의 예배의 시작에서 사도신경으로 교회의 신앙을 고
백하곤 한다. 다른 말로, 사도신경은 기독교 신앙의 요체를 간략하게 요약했다고 할 수 있다.

1) 사도신경 읽어보기

생각하며 고백하기

사도신경이 작성된 가장 오래된 판본의 언어는 라틴어다. 라틴어 사도신경 원문은 "나는 믿습니다"(credo)라고 외치며 시작한다. 이 고백 이후에 "무엇을" 믿는지 고백한다. 사도신경에는 총 세번의 "믿습니다"라는 고백이 나온다. "하나님 아버지를 믿습니다."로 시작하여, "그 외아들 예수 그리스도를 믿습니다."로 이어진다. 마지막으로 "성령을 믿습니다."라고 고백한다. 이 세 번의 믿음 고백을 통해 우리는 삼위일체 하나님을 고백한다. 삼위일체 하나님을 묵상하며 고백해보자.

전능하사 천지를 만드신 하나님 아버지를 내가 믿사오며,

그 외아들 우리 주 예수 그리스도를 믿사오니,

이는 성령으로 잉태하사 동정녀 마리아에게 나시고,

본디오 빌라도에게 고난을 받으사,

십자가에 못 박혀 죽으시고,

장사한지 사흘 만에 죽은 자 가운데서 다시 살아나시며,

하늘에 오르사,

전능하신 하나님 우편에 앉아 계시다가,

저리로서 산자와 죽은 자를 심판하러 오시리라

성령을 믿사오며,

거룩한 공회와,

성도가 서로 교통하는 것과,

죄를 사하여 주시는 것과,

몸이 다시 사는 것과,

영원히 사는 것을 믿사옵나이다.

아멘.

2) 사도신경 배경읽기

사도신경은 왜 작성됐을까?

첫째, 세례 받을 때 고백기도문으로!

세례식에서 세례대상자가 고백하던 삼위일체 구조의 기도문과 예수 그리스도에 대한 신앙고백이 함께 합쳐져서 초기 형태 사도신경이 나타났다.[2] 무엇보다 중요한 사실은 사도신경이 세례식 기도로서 등장했다는 것이다. 마태복음 28장 19절의 지상명령이나 베드로의 신앙고백인 마태복음 16장 16절을 기초로 세례 고백기도로서 사도신경이 구성되고 고백되어졌다. 초대교회의 변증가들과 목회자들은 성경에 근거한 신앙내용들을 사도신경에 추가하였고, 신자들이 예수를 구주로 영접할 때 이 고백을 하며 세례의식에 참여하도록 요구했다.

---

2 Liewe H. Westra, The Apostles' Creed. Origin, History, and Some Early Commentaries (PhD. Diss., Katholieke Theologische Universiteit Utrecht, 2002), 71–72.

3 유해무, 『개혁교의학』(고양: 크리스챤다이제스트, 1997), 91.

사도신경은 세례자가 스스로 하나님의 소유라는 존재론적 현실을 인식하며, 이제 하나님과 교제하는 믿음의 존재라는 고백이다.3

둘째, 이단들에 대항하는 고백기도문으로!

2세기 중반에 이르러 세례 받을 때 사용되었던 신앙고백들이 좀더 구체화되고 많은 내용이 포함되어갔다. 왜냐하면, 교회 안에서의 많은 신학논쟁이 일어났고 이단 세력이 커져갔기 때문에, 교회는 신자들에게 올바른 신앙을 설명하고, 그들이 자신의 신앙을 확실하게 고백하도록 초기 사도신경의 내용에 새로운 고백내용을 추가했다. 특별히, 초대교회 당시 위협적인 이단은 예수 그리스도의 인성을 부인하는 자들이었다. 이들은 가현설주의자로, 십자가에 달리신 예수 그리스도가 우리와 같은 육체를 지닌 사람이 아니라 환영에 불과하다고 생각하였다. 이에 대항하여 교회는 올바른 신자는 그리스도의 신성과 인성을 함께 고백해야한다고 생각했다. 이런 이유로 삼위일체 구조의 단순한 형태의 세례식 신앙고백기도문에, 그리스도의 삶의 발자취에 대한 신앙고백이 결합되었다.4 그 결과 우리가 지금 고백하는 사도신경과 거의 비슷한 형태의 고백기도가 등장했다. 세례 때의 신앙고백은 사도신경으로 정착되었고, 이단과 정통 사상을 평가하는 기준이자 "믿음의 규칙(the rule of faith)"으로서의 역할을 감당하게

4　Westra, The Apostles' Creed, 60–62; 70–71.

5　180년경 이레니우스가 요약한 신앙규칙 역시 삼위일체 구조를 가지고 있으며 사도신경과 매우 비슷한 형태를 지닌다. 로버트 루이스 윌켄, 『초기 기독교 사상의 정신』, 배덕만 역 (서울: 복있는 사람, 2014), 93.

되었다.5

사도신경을 어떻게 교회가 사용하게 됐을까?

'사도신경'은 사도들의 신앙고백이란 의미이다. 초대교회 사도신경으로 전해진 것 중 가장 오래된 형태는 쉼볼룸 아포스토로룸(symbolum apostolorum)이다. 쉼볼룸이란 라틴어는 표지 내지는 암호란 뜻이며 아포스토로룸은 사도들이라는 의미이다. 그러니까 초대교회에 사도신경을 사도들의 신앙의 표지, 사도들이 자신의 신앙을 표현한 외적인 표지, 비밀표지였다. 문헌 기록으로 확인하여 전수된 최초의 사도신경은 안키라의 마르첼루스가 로마주교였던 율리우스에게 쓴 편지에 헬라어로 등장한다. 대략 그 시기는 340년경으로 추정된다.

하지만, 이 기도문은 본래 헬라어 문장이 아니라 라틴어에서 번역된 것으로 보인다. 390년경, 루피누스는 사도신경해설(Commentarius in symbolum apostolorum)에서 라틴어 사도신경을 언급한다.6 이후 "음부강하", "보편적(catholic)", "성도가 서로 교제함", "영원히 사는 것"과 같은 문구가 7세기 이후 추가되었다. 수용본문 (Textus Receptus)이라고 부르는 최종형태의 사도신경은 수도사 피르미니우스(Pirminius)의 저서에 나타난다.7 오늘날 사도신경 형태는 8세기 초반

---

6 J.N.D. Kelly, Early Christian Creeds (New York: Longman, 1960), 102.

7 Philip Schaff, 이길상 옮김, 『교회사전집 2. 니케아 이전의 기독교』 (고양:크리스챤다이제스트, 2004), 493.

II 기독교의 고대 신경들

에 등장한 것으로 추정된다.

그렇다면 사도신경은 사도들이 직접 저술한 것인가? 적어도 초대교회와 중세시대의 사람들은 사도신경이 사도들에 의해서 전체 구절이 직접적으로 구성되었다고 믿었다. 사도신경이 사도들의 작품이 아닐 것이라는 의혹은 중세 말기에 일어났다. 아퀴나스도 의심하였으나, 이 의심이 본격적으로 등장하게 되는 것은 르네상스 문예부흥의 결과이다. 하지만 우리가 앞에서 살펴본 사도신경 구성의 역사가 사도신경이 사도들과 아무런 연관이 없다는 의미는 아니다. 사도신경은 예수님의 죽음과 부활을 직접 목격한 사람들의 증언으로, 제자들에게 전수되었다고 초대교부들의 문헌에 등장한다. 그리고 다양한 형태로 발전하기는 했지만, 2세기부터 세례 때 사용한 문답은 사도신경과 유사하다. 이미 5세기경에 거의 현대와 비슷한 형태의 사도신경이 유럽지역에 사용되었다는 증거도 있다.[8]

사도신경의 내용이 사도들이 전하는 복음의 메시지와 일치하기 때문에 가능한 일이었다. 12세기에 이르러서는 서방교회 어디에서나 세례와 성찬 시에 사도신경을 사용했고, 주일 예배에 사도신경을 암송하는 관례가 보편화 되었다.[9] 종교개혁자 루터와 칼빈도 사도신경은 우리의 신앙 내용의 요약이며 개요이기에 아이들에게 꼭 가르쳐 전수해야 할 것으로 여겼다. 그들이 신앙고백서를 작성할 때, 믿음의

---

8 Kelly, Creeds, 413.
9 민영진(편집), 『성서대백과사전』, vol. 5., (서울: 성서교재간행사, 1980), 360-361.

요체로서 사도신경을 제시하고 있다는 사실은 사도신경의 권위를 반증하는 것이라 할 수 있겠다.

한국교회와 사도신경

한국교회들이 보통 사용하는 사도신경에는 제외되어 있지만, 본래 고정된 형태로 전해진 사도신경에는 "음부(지옥)로 내려가사"라는 표현이 있다. 이 표현은 베드로전서 3장 19절 "그가 또한 영으로 가서 옥에 있는 영들에게 선포하시니라"에 대한 반영으로 보인다. 이 구절이 처음 등장하는 것은 4세기경으로, 루피누스의 글에서 나타난다. 이 구절은 지금까지도 세계 거의 모든 교회들의 사도신경 번역에 포함되어 있으며, 교회에서 고백되고 있다.

그렇다면 한국교회의 사도신경에는 왜 이 구절이 포함되어 있지 않을까? 1894년 언더우드 선교사의 번역과, 1905년의 장로교 선교사 협의회의 번역에는 그리스도께서 지옥에 내려가셨다는 언급이 등장한다. 하지만 1908년 장로교와 감리교가 함께 연합하여 공인찬송가를 출판하고자 했을 때, 감리교의 사도신경 번역에는 이 음부강하 구절이 포함되어 있지 않았기 때문에, 언어의 일치를 위해서 장로교 측이 양보하여, 출판되는 찬송가에 생략된 번역본이 수록되게 되었다. 이 번역본이 한국교회에서 사용되어 현재에 이르렀다.[10]

---

10 오병세, "고신 교회헌법 중 교리표준의 문제", 「기독교보」제 986호, 2011.6.25, 3면.

II 기독교의 고대 신경들

그렇다면, 새로운 번역 또는 음부강하가 추가된 사도신경을 교회에서 사용해야 하는가? 이 부분은 전적으로 교회적 합의와 총회차원의 연구와 논의가 필요한 작업이다. 공교회적 신앙고백으로서 사도신경은 우리의 신앙의 표준으로서 가치가 매우 높다. 그렇기 때문에 개혁교회에서도 지속적으로 고백해 온 지옥강하와 관련된 부분이 사라지고, 현재 한국교회에 사용되지 않는 이유를 좀 더 명확히 연구하고, 그 가치와 과오를 함께 공정하게 평가해야 할 것이다. 이러한 평가의 과정은 개별 교회보다는 사도신경의 공교회적 특성을 살려서 총회 주도의 신학위원회에서 연구와 평가를 통해 합의하고 논의하는 과정으로 이루어져야 한다고 본다.

3) 사도신경 핵심 살펴보기

삼위일체 하나님

사도신경은 삼위일체적 구조를 지니고 있다. "성부, 성자, 성령"의 이름으로 세례를 받는 교회의 전통과 연결된다. 사도신경은 삼위일체를 고백하므로 우리의 신앙은 하나님께로부터 생명을 얻는다는 것을 다른 어떤 것보다 강조하여 고백하고 있다.[11] 사도신경의 많은 부분은 주로 성자 예수님에 관련된 교리이다. 성부 하나님의 경우, 그분의 전능성과 창조주로서의 고백만이 언급될 뿐이다. 하지만 성자

---

11 윌켄, 『초기 기독교 사상의 정신』, 202.

의 경우, 그의 위격, 탄생, 고난, 부활, 승천, 재림에 이르는 다양한 교리적 내용을 함축적으로 제시되고 있다. 성령은 철저히 교회론적 배경에서 제시되고 있다. 그 이유는 바로 사도신경이 구성되던 초대교회 당시에는 예수 그리스도가 누구이신가에 대한 논쟁이 가장 치열했기 때문이다.

예수 그리스도는 참 하나님이시며, 참 인간이신 우리의 구세주이다.

우리는 사도신경의 많은 부분이 예수 그리스도에 대한 교리를 소개하고 정리하고 있는 점에 주목해야 한다. 이는 교회의 지도자들이 사도신경을 작성하는 과정에서 시대의 요구를 외면하지 않았다는 증거이다. 당시 초대교회는 이단문제, 특히 그리스도의 몸과 관련된 가현설로 인해 몸살을 앓았다. 가현설은 그리스도는 하나님이심으로 인성을 취할 수 없기 때문에, 그리스도의 육체, 인성은 환영에 불과하다는 주장이다. 사도신경은 명백히 이 주장에 반대하고, 그리스도께서 마리아를 통해 이 땅에서 우리와 같은 인간으로 태어나신 분이심을 가르친다. 그리스도는 성령으로 동정녀의 몸을 통해서 태어난 분으로 참 하나님이시다. 사도신경은 참 하나님이시며, 참 인간이신 예수 그리스도께서 십자가에 달리시고, 부활하시므로 우리에게 생명을 주셨고, 장차 다시 오신다고 고백한다. 사도신경은 당시 이단을 배격하고, 명확한 교리를 성도들에게 가르치기 위한 도구로 사용되었다.

성경의 역사적 순서에 따라 요약

사도신경은 단지 오래된 신앙고백이기에 중요한 것이 아니다. 그 용어는 명료하고, 직관적이며, 또 성경의 역사적 개괄 순서를 따라 진행되고 있다. 창조에서 구속, 재림에 이르는 과정을 한 신앙고백에 간결하게 포함시킴으로 지금까지 거의 모든 교회들이 예배에서 사도신경으로 교회의 신앙을 고백하였다. 다시 말해서, 사도신경은 기독교 신앙의 요체의 간략한 요약이다. 사도신경은 복음의 요체를 성도에게 알려주는 도구로써의 역할을 수행해 왔다는 사실을 기억하며, 오늘날의 한국 개혁교회도 참된 교리를 "정확하게" 그리고 "명료하게" 가르치는 교회로 서 가야 할 것이다.

4) 함께 더 생각해보기

* 사도신경은 초대교회에서 행해진 세례식에서의 신앙고백에 기원을 둡니다. 그렇다면, 예배 때마다 사도신경을 우리의 공적 신앙으로 고백하는 것은 세례와의 관계에서 볼 때 어떤 의미를 지닐까요? 세례를 매주 반복한다는 것은 무슨 의미일까요?

로마서 6장에서 가르치는 바울의 세례와 예수 그리스도의 죽음과 부활의 의미와 연관시켜, 그 의미를 예배에 적용시켜보세요.

* 사도신경에서 예수 그리스도의 사역을 유달리 길게 고백하고 있

는 이유를 생각해 봅시다.

❶ 사도신경은 그리스도의 사역을 어떻게 요약하나요? 예수 그리스도
　 께서 이 땅에서 하신 사역과 비교할 때, 사도신경이 강조하는 사역
　 은 무엇입니까?

하이델베르크 교리문답서 37문에 '고난을 받으사'라는 말의 의미
를 다음과 같이 설명합니다. "예수님께서 전생애를 통해서, 특히
그의 마지막 순간에 전 인류의 죄에 대한 하나님의 진노를 친히
몸과 영혼으로 받으셨다는 것입니다." 하이델베르크 교리문답에서
이 문구를 넣은 이유를 생각해 보세요.

❷ 사도신경은 왜 그리스도의 사역을 하나님과 성령에 대한 고백보다
　 길게 고백하고 있는 것일까요?

＊ 사도신경에서 "거룩한 공회와 성도가 서로 교통하는 것"이 성령
　 을 믿는다는 고백과 연결된 이유가 무엇인지 생각해보고, 오늘
　 우리 교회는 어떤 모습을 지녀야 할까요?

하이델베르크교리문답서 53-55문에서 성령과 교회를 연결시켜
가르치는 내용을 묵상하시고 서로의 생각을 나누어 보세요. 53
문에서 "성령께서는 내게 개인적으로 임하셔서 참된 믿음을 통하
여 그리스도 안에서 그의 모든 축복에 동참하게 하시며 나를 위

로 하시고 영원히 나와 함께 계십니다."라고 하며, 이어서 그리스
도 안에서 참 믿음을 소유한 나를 교회공동체의 일원으로 부르시
고(54문), 서로 그리스도 안에서 받은 유익과 덕을 나누며 감사함
으로 사용할 의무를 지닌다(55문)고 가르칩니다.

함께 읽으면 좋은 책들

- Cornelis Pronk. 임정민 옮김. 『하이델베르크 교리문답으로 보는 사도신경』. 서울 : 그책
  의 사람들, 2013.
- Michael Horton. 윤석인 옮김. 『사도신경의 렌즈를 통해서 본 기독교의 핵심』. 서울 : 부
  흥과개혁사, 2005.
- 문병호. 『말씀으로 풀어 쓴 사도신경』. 서울 : 익투스, 2020.
- 이승구. 『사도신경 : 진정한 기독교인 됨을 위한 사도신경 이해와 해설』. 서울 : SFC,
  2005.

02

니케아 신경
(The Nicene Creed)

니케아 신경은 한국교회에서 잘 알려져 있지 않지만, 최초의 공인 신앙고백서로 그 가치는 분명하다.
무엇보다 이 신앙고백이 교회의 이단과의 싸움에서 등장했다는 것을 주목해야 한다. 교회는 초기부터
이단의 공격과 호도를 맞서 싸워왔다. 그 과정에서 정통의 교리는 더욱 선명하게 설명되었고, 이 설명
들을 통해 성도들이 이단과 정통을 구분할 수 있도록 교육하였다.

1) 니케아 신경 읽어보기

생각하며 고백하기

첫째, 니케아 신경은 사도신경의 구조를 따라가면서, 성자 예수님에 대해 더 자세하고 명확한 용어를 사용하여 설명한다. 둘째, 니케아 신경부터 신앙고백들은 다소 어렵게 느껴지는 신학적 용어들을 사용하고 있다. 어려운 용어들이 당시 교회들이 이단들로부터 바른 신앙을 지키기 위해 세심하게 선택한 용어라는 것을 생각하며 읽어보자. 셋째, 니케아 신경은 325년과 381년에 두 차례에 걸쳐 작성되었다. 일반적으로 381년에 작성된 것을 니케아 신경이라고 부른다. 두 형태를 모두 읽고 고백하며 그 차이를 찾아보자.

니케아 공의회(325)의 니케아 신경

우리는 한 분 하나님, 전능하신 아버지, 보이는 것과 보이지 않는 모든 것을 만드신 이를 믿사옵나이다. "또한 한 분 주 예수 그리스도를 믿사옵는데, 그분은 성부에게서 낳으신 하나님의 아들로서, [독생자 곧 하나님의 하나님이신 성부의 본질이시며], 빛의 빛이시고 참 하나님의 참 하나님이고, 지음을 입지 않으시고 낳음을 입으시고 성부와 하나의 본질이시나이다. 그분에 의해서 [하늘과 땅의] 만물이 지음을 받았으며, 그분은 우리 인간들을 위해, 우리의 구원을 위해 강생하시어 육신이 되시고 인간이 되셨으며, 고난을 받으셨고 사흘 날에 다시 살아나셔서 하늘에 오르셨고 거기로부터 살아 있는 자들과 죽은 자들을 심판하러 오십니다. "또한 성령을 믿사옵나이다. ["그리고 다음과 같이 말하는 자들, 곧 그분이 존재하지 않은 때가 있었다거나, 지음을 받기 전에는 계시지 않았다거나, 무로부터 혹은 다른 실체나 사물로부터 지음을 받았다고 말하거나, 하나님의 아들이 창조되었다거나 변할 수 있다거나 변경될 수 있다고 말하는 자들은 거룩한 보편적·사도적 교회에 의해서 단죄를 받습니다.][12]

니케아—콘스탄티노플 신경(381)

저는 유일무이하고 전능하시며, 천지와 모든 보이는 것과 보이지 않는 것을 창조하신 하나님 아버지를 믿사오며, 유일하신 주 예수 그리스도를 믿습니다. 그는 하나님의 독생자이시며, 온 우주에 앞서 나셨고, 참 신이시며, 참 빛이시며, 참 신 가운데 신이시며, 하나님에게서 나셨고, 창조함을 받지 않으셨고, 성부 하나님과 같은 본질이시며, 그로 말미암아 모든 만물이 창조되었고, 모든 인간들과 우리의 구원을 위하여 하늘에서 내려오셨고, 성령으로서 동정녀 마리아에게서 인간으로 나셨고, 우리를 위하여 본디오 빌라도에 의해 십자가에 달려 죽으셨습니다. 그는 고난을 받으시고, 장사함을 받으셨으나 제삼일째 되는 날, 성경에 기록된 말씀에 따라 다시 살아나셨고, 하늘에 올라가시사 성부의 오른편에 앉으셨으며, 장차 산 자와 죽은 자들을 심판하러 영광 가운데 다시 오실 것인데, 그의 나라는 영

---

12 Philip Schaff, 이길상 옮김, 『교회사전집 3. 니케아 시대와 이후 기독교』 (고양:크리스챤 다이제스트, 2004), 588에서 재인용.

원무궁합니다. 저는 성령을 믿습니다. 그는 주이시며, 생명을 주시는 분이시며, 성부와 성자에게서 생기시고, 성부와 성자와 더불어 예배와 영광을 받으시며, 그에게 관하여 이미 예언자들이 말씀하셨습니다. 저는 유일하고 거룩한 그리스도와 사도의 교회를 믿사오며, 죄사함을 위한 유일한 세례를 인정하며, 죽음에서의 부활을 고대하며, 장차 올 영원한 나라의 생명을 믿습니다. 아멘.13

2) 니케아 신경 배경읽기

니케아 신경은 왜 작성됐을까?

당시 교회는 신학적 논쟁에 휘말려 있었다.14 그리스도의 신성과 인성의 문제와, 삼위 하나님의 본성에 대한 논쟁이 그 중심에 있었다. 핵심 질문은 "예수 그리스도가 하나님이시라면 어떻게 인간이 될 수 있는가?"와, "그렇다면 그리스도의 신성은 성부, 성령과 동일한 것인가?"이다.

이 논쟁은 알렉산드리아 장로 아리우스(Arius)의 등장으로 더 격

---

13 이장식(편저), 『기독교신조사(I)』, 11-12에서 재인용.
14 니케아 신경의 역사적 배경에 대한 고전적 설명은 Schaff, 『교회사전집 3. 니케아 시대와 이후 기독교』, 536-588.을 참고하라. 또한 니케아와 관련된 사건과 인물들에 대한 자세한 내용을 담은 John Behr, The Nicene Faith. vol.1-2 (Crestwood, N.Y. : St. Vladimir's Seminary Press, 2004)도 참고하라.

렬하게 진행되어갔다. 아리우스는 리비아 출신으로 256년경 출생한
것으로 알려졌다. 그는 그리스도가 하나님이 아니며 피조물에 불과
하다고 주장하였다. 그는 그리스도는 하나님께서 지으신 피조물이기
에, 그리스도께서 가지신 신성은 성부 하나님의 신성과 동일하지 않
다고 주장하였다. 아리우스에게는 오직 성부 하나님만이 진정한 하
나님이시며, 성자는 모든 만물의 창조주이지만, 창조 전에 성부가 지
으신 피조물이라고 주장했다.15

　아리우스에 따르면, 성자는 성부에게 창조된 자로서 구속의 사역
을 수행하였고, 우리와 같은 본성을 가진 분이시다. 따라서 신자들
도 성자의 영광과 능력을 성부의 은혜에 의해 수용할 수 있다.16 이
와 같은 아리우스의 주장에 많은 추종자들을 생겨났고, 교회의 혼
돈과 다툼이 일어났다. 321년 알렉산드리아에서 열린 주교회의는 아
리우스를 출교했다. 예수 그리스도는 하나님이시며, 유일한 구원자
라는 전통교회의 교리와 어긋났기 때문이다.17 그럼에도 불구하고,
아리우스파들이 늘어났다. 아리우스파와 교회의 다툼이 기독교의
통일과 평화를 위협하였기 때문에 콘스탄티누스 황제는 325년에 세
계교회회의를 니케아(Nicea)에서 소집하여 이 문제를 해결하고자 하
였다. 니케아 공의회에서 그리스도의 신성을 주장한 정통파는 소수

15　Frances M. Young, From Nicea to Chalcedon. A guide to the Literature and
　　its Background (Grand Rapids, Michigan: Baker Academic, 2010), 43.
16　Young, From Nicea to Chalcedon, 45-46.
17　Philip Schaff, 『교회사전집 3. 니케아 시대와 이후 기독교』, 551.

였지만, 결과적으로 아리우스파에 대해 승리하였다. 공의회는 아리우스를 이단으로 정죄하였다. 그리고 아타나시우스가 주장한 성자가 성부와 동일본질(homoousios)이라는 삼위일체 교리를 공인하였다.[18] 바로 이 종교회의에서 결정된 신조가 '니케아 신조'이다. 이 회의에서 채택된 니케아 신조는 세계교회의 최초의 공동 신앙고백으로 남게 되었고 정통 신앙고백서의 표준이 되었다. 신앙고백서로 공인된 동일본질 교리를 따르는 정통교회와, 성부와 성자의 유사본질(homoiousios)을 주장하는 아리우스파는 명확하게 구분되어가기 시작했다.

아리우스파는 성령론에 대해서도 정통신앙에 벗어난 주장을 하였다. 마케도니우스(Macedonius)가 대표적인데, 아리우스파들은 성자뿐만 아니라 성령도 창조물이라고 주장했고, 성부-성자-성령의 관계를 성부를 최상위에 둔 종속적 관계로 이해했다.[19] 379년 테오도시우스 황제는 즉위하면서, 니케아 공의회와 신경에 대한 공인을 선포했고, 아리우스파를 처벌했다. 결국 니케아 신앙은 아리우스파에 대한 최종적 승리를 거두었다. 그 이후 50년간 일어난 신학적 문제에 대해 대답하고, 특별히 성령론에 대한 내용을 신경에 포함하고 선포하기 위해, 381년 콘스탄티노플에서 5월부터 2개월간 공의회가 개최되었다.[20]

---

18 Louis Berkhof, 신복윤 옮김, 『기독교 교리사』 (서울: 성광문화사, 1979), 113-116.
19 Schaff, 『교회사전집 3. 니케아 시대와 이후 기독교』, 584-585.
20 드롭너, 『교부학』, 405-406.

니케아 공의회 초대교회의 교리 논쟁에 있어서 바른 교리를 정립하는 역할을 했다. 무수한 이단들이 대두되던 초대교회 시대에 니케아 회의는 그리스도론과 삼위일체론 등 전통신학의 근간을 세웠다는 점에서 교리사적으로 큰 의의를 가진다고 볼 수 있다.

니케아 신경은 어떻게 작성됐을까

앞서 언급했듯이, '니케아 신경'은 니케아회의(325)에서 공인된 니케아 신경과 381년 콘스탄티노플 공의회에서 수정된 형태로 공인된 니케아-콘스탄티노플 신경 두 형태가 있다. 일반적으로 니케아신경이라고 부를 때는 381년의 니케아신경을 의미한다. 그 이유는 콘스탄티노플 공의회에서 수정된 이후, 451년 칼케돈 공의회에서 약간의 수정을 거친 니케아 신경이 공인되고 널리 교회에 사용되었기 때문에, 니케아-콘스탄티노플 신경을 통상적으로 니케아 신경이라고 부른다.21 니케아 신경은 기본적으로 니케아 회의(325) 이전에 통용되었던 초기 판본의 사도신경을 기초로 작성된 것으로 보인다. 그러나 추가적으로 제시되는 내용들은 니케아 신경이 채택되기 전 교회적 상황을 반영하고 있으며, 사도신경과 달리 신학적 함의를 담은 용어의 사용, 성령에 대한 고백의 확장이 눈에 띈다.

325년 니케아 신경 작성자들은 아리우스파 이단들의 주장을 거부하고, 정통신앙을 교회가 명확하게 고백하게 만드는 목적을 가지고 있었다. 따라서 신경은 "동일본질"이라는 신학적 용어를 사용해, 성자 하나님이 참 하나님이시며, 동시에 참 인간이시다고 고백했다. 삼위 하나님이 한 분 하나님이시며, 예수 그리스도는 성부에 의해 피조된 분이 아니라, 성부 하나님께서 낳으신 분이시며, 성부 하나님과 동일본질이신 분이시다. 니케아신경(325)이 주로 예수 그리스도의 신성에 대한 신학적 설명을 고백하고 있었고, 그 당시 성령에 대한 논쟁이 제기되지 않았기 때문에, 신경은 초기 사도신경처럼 단순하게 "성령을 믿는다"로 표현하였다. 하지만 아리우스논쟁이 진행되는 과정에서 부수적으로 쟁점화된 성령의 본질에 대한 논쟁이 니케아 공의회 이후에 본격적으로 제기되었다. 이에 따라 정통교회는 성령의 신성과 위격도 똑같이 강조하며, 성령도 성부와 성자와 함께 삼위일체의 한 위격으로 인정하는 신앙을 공개적으로 고백할 필요성을 느꼈다. 381년 콘스탄티노플 공의회는 예수 그리스도의 신성에 대한 니케아 신경의 고백을 계승하면서, 성령에 대한 고백을 추가하는 방식으로 325년의 니케아 신경을 수정하고, 수정된 신경을 교회의 공

---

21 Schaff, 『교회사전집 3. 니케아 시대와 이후 기독교』, 589.

식적인 신경으로 선포했다.22 결과적으로 삼위일체 교리는 보편적–사도적 교회가 굳건히 지켜나갈 교리임이 선포되었다.

3) 니케아 신경 핵심 살펴보기

참 교회는 예수 그리스도가 참 하나님이며 참 인간인 것을 고백한다.

니케아 신경은 명백하게 아리우스파에 대한 정죄이며 반박이다. 첫 번째 신경은 아리우스가 주장한 삼위일체론의 오류를 반박한다.23 예컨데, 니케아 신경은 그리스도께서 "지음을 받으신"(피조된) 분이 아니라 "태어나신"(낳음을 받은) 분이시며, "그리스도와 하나님은 동일본질(homoousios)이다"고 고백한다.24 성부 하나님과 그리스도의 동일본질을 니케아 신경은 "빛에서 나온 빛"이라고 표현한다. "낳음을 받은 존재"로서의 그리스도는 성부 아버지와 구별된 위격이시지만, 빛에서 나온 빛처럼 동일한 본질, 신성을 지닌다. 성자가 성부와 동일본질이라는 고백은 성자 예수 그리스도께서 성부 아버지와 동일한 자존하시는 하나님으로 승인한다는 선포이다. 이렇게 성자가

---

22 드롭너, 『교부학』, 405–406.

23 Behr, The Nicene Faith. vol.1, 151.

24 초기 니케아 신경 당시에는 본질(ousia), 본체(hypostasis)라는 용어는 아직 명백하게 구분되어 사용되지 않았다. 그러나 후대 칼케돈 신경을 거치며 발전하여 삼위일체론에 대한 공교회적 고백이 나왔다. 후기 라틴어로 우시아는 숩스탄티아(substantia)로 휘포스타시스는 페르소나(persona)로 번역되면서, 동일본질, 세 위격이라는 삼위일체 고백이 발전되게 되었다.

성부와의 동일본성으로서의 신성은 우리의 구원을 위한 필연적 조건이다.

우리는 보편적, 사도적 교회의 계승자이다.

두 번째로 니케아 신경은 사도신경을 계승하고, 교회가 전통적으로 사용한 표현들을 수용하여 보편적–사도적 교회의 신앙을 계승한다. 이는 니케아 신경이 아리우스파를 반박하여 정통교회의 교리적 근거를 마련하기 때문에,25 니케아 신경을 고백하는 행위는 자신이 보편적–사도적 교회의 계승자들이라는 선언이 된다. 니케아 신경의 작성과정에서 니케아 신경에 나타난 "성부와 성자 예수 그리스도가 동일본질이다"는 고백은 아리우스주의자들을 교회에서 구별하는 척도로써의 역할을 수행하여, 이단으로부터 정통을 지켜내었다. 이렇게 니케아 신경은 보편적–사도적 교회의 믿음을 계승하였음으로26 니케아 신경을 고백하는 우리는 보편적–사도적 교회의 계승자이다.

성령도 성부, 성자와 동일본질이신 하나님이시다.

니케아 신경과 니케아–콘스탄티노플 신경의 비교에서 눈여겨보아야 할 것은 니케아–콘스탄티노플 신경(381)에 추가된 성령에 대한 고백이다. 니케아–콘스탄티노플 신경은 성령께서 성부, 성자 모두로

---

25 Behr, The Nicene Faith. vol.1, 151.

26 Basil Studer, Trinity and Incarnation. The Faith of Early Church (Edinburgh: T &T Clark, 1993), 105

부터 발출했다고 고백하고 있다. 또한 성령은 신성에 있어서 성부, 성자와 동일본질이시며, 성령 또한 영광을 받으실 주님이시라는 표현을 통해 삼위일체를 고백하고 있다. 이로써 삼위일체의 기본적인 신학적 표현과 이해가 등장하게 되었다.

신앙고백은 이단으로부터 교회를 보호하는 도구이다.

니케아 신경은 한국교회에서 잘 알려져 있지 않고 있지만, 최초의 공인 신앙고백서로 그 가치는 분명하다. 무엇보다 이 신앙고백이 아리우스파라는 이단과의 싸움에서 등장했다는 것에 주목해야 한다. 교회는 이단의 공격에 맞서 싸워왔다. 그 과정에서 정통교리가 더욱 선명하게 설명되었고, 교회는 성도들 스스로가 신경을 가지고 이단과 정통을 구분할 수 있도록 교육하였다. 오늘날에도 여전히 교회는 이단과의 싸움 한복판에 서 있다. 그러나 이단들의 오류들을 성도들에게 교육하고 사도적-보편적 기독교, 개혁주의 교리를 가르치려는 노력은 매우 부족한 현실이다. 우리는 초대교회들이 성도들의 바른 교리 수호를 위해 신앙고백들을 발전시켜 나갔던 것을 기억하면서, 명확히 오늘날 문제되는 이단들의 교리를 정확히 반박하는 교육들이 교회 현장에서 이루어져야 할 것이다.

4) 함께 더 생각해보기

* 초대교회가 물려준 예수님은 참 하나님이시라는 고백은 왜 그렇게 중요한 것일까요?

하이델베르크 교리문답서 17문에서 가르치는 그리스도께서 참 하나님이신 이유를 함께 생각해 봅시다. 17문: 왜 그분은 참 하나님이셔야 합니까? 대답: 그래야 그의 신적인 능력으로 사람에게 향하신 하나님의 무서운 진노를 몸소 감당하여 우리를 위하여 의와 생명을 우리에게 회복시켜 주실 수 있기 때문입니다.

* 우리의 삶 중에서 성령님을 하나님으로 인정하지 않는 행동은 무엇이 있을까요?

교회사에서 이단들은 자신이 이단이라고 선전했습니다. 초대교회의 몬타누스란 자는 자신이 보혜사 성령이라고 주장하였습니다. 오늘날의 이단들과 비교할 때 어떤가요? 니케아 신경에서는 성령님을 "주이시며, 생명을 주시는 분이시며, 성부와 성자에게서 생기시고, 성부와 성자와 더불어 예배와 영광을" 받으실 분으로 고백합니다. 이 말의 의미를 되새겨 보시기 바랍니다.

* 우리가 사도적–보편적 교회의 계승자라는 의미는 무엇일까요? 우리가 사도적–보편적 교회의 계승자로서, 지금 우리의 자리에서 무엇을 해야 할까요?

* 왜 니케아신경의 작성자들은 어렵게 신앙을 설명해야 했을까요? 철학적 용어를 사용한 이유가 무엇일까요?

03

아타나시우스 신경
(The Creed of Athanasius, 420-450)

삼위일체 고백의 중요 전제로 아타나시우스 신경은 삼위 하나님이 이해불가하신 분이심을 고백한다. 이는 역사상 많은 삼위일체 이단들의 등장이 왜 이루어졌는지를 명확히 지적하는 표현이다. 인간의 이해로 삼위일체를 설명하고 이해하려고 시도했기 때문에, 아리우스주의, 사벨리우스주의 등 다양한 이단들이 각자 자신의 철학적 전제와 논리에 근거하여 삼위일체를 설명하려고 했기 때문에, 성경이 제시하는 삼위일체와 다른 교리를 주장하게 된 것이다.

1) 아타나시우스 신경 읽어보기

생각하며 고백하기

아타나시우스 신경은 니케아 신경의 신학과 전통을 따르면서, 한편으로 독특한 신학 발전을 보여준다. 특히 신경에서 반복적으로 "이것이 정통신앙"이라는 표현이 등장함을 볼 수 있다. 우리는 이 신경을 읽고 이해하며 그리스도인으로서 삼위일체에 대한 바른 기초 이해를 얻을 수 있다.

구원 받으려는 이는 누구든지 우선 그리스도교의 정통신앙(正統信仰)을 가지는 것이 필요합니다. 누구든지 이 신앙을 완전하고 순결하게 지키지 않으면 틀림없이 영원히 멸망을 받을 것입니다. 이 정통신앙이란 이런 것입니다. 곧 삼위(三位)로서 일체(一體)이시고, 일체 가운데 삼위이신 유일하신 하나님을 믿는 것입니다. 이 삼위를 혼동하거나 한 본질을 분리함 없이 성부의 한 위가 계시고, 성자의 다른 한 위가 계시고, 또 성령의 다른 한 위가 계십니다. 그러나 성부와 성자와 성령은 다 하나이시며, 그의 영광도 같으며, 그의 존엄(尊嚴)도 동일하게 영원하십니다. 성부께서 계신 것 같이 성자도 그러하시며, 성령도 그러하십니다. 곧 성부께서 창조함을 받지 않으신 것 같이 성자도 창조함을 받지 않으셨으며, 성령도 창조함을 받지 않으셨습니다.

성부께서 다 이해할 수 없는 분이신 것 같이, 성자도 다 이해할 수 없는 분이시고, 성령도 다 이해할 수 없는 분이십니다. 성부께서 영원하신 것 같이 성자도 영원하시며, 성령도 영원하십니다. 그러나 그들은 영원한 세 분이 아니시며, 영원한 한 분이십니다. 창조함을 받지 않은 분이시며, 다 이해할 수 없는 분이십니다. 이와 같이 성부도 전능하시고, 성자도 전능하시고, 성령도 전능하십니다. 그러나 세 전능자가 아니라, 한 전능자이십니다. 이와 같이 성부도 신이시며, 성자도 신이시며, 성령도 신이십니다. 그러나 그들은 세 주(主)가 아니시며, 한 주 이십니다.

우리가 그리스도의 진리에 의하여, 삼위의 각 위(位)가 신이시며, 주(主)이심을 인정하지 않을 수 없는 것 같이, 세 신(神) 세 주(主)가 있다는 것은 그리스도의 정통종교에 의하여 금지되었습니다. 성부는 만들어지지 않으셨으니, 곧 창조함 받지도 않으시고, 나(生)지도 않으셨습니다. 성자는 성부에게만 나시며, 만들어지셨거나 창조되신 것이 아니고, 낳으신 것입니다. 성령은 성부와 성자에게서 생기셨으며, 만들어지시거나, 창조되셨거나, 나신 것도 아니고, 나오신(出) 것입니다.

그러므로 한 성부이시고, 세 성부가 아니시며, 한 성자이시고, 세 성자가 아니시며, 한 성령이시고, 세 성령이 아니십니다. 그리고 이 삼위에 있어서 어느 한 위가 다른 한 위의 선(先)이나 후(後)가 될 수 없으며, 어느 한 위가 다른 한 위보다 크거나 작을 수도 없습니다. 삼위의 전부가 동일하게 영원하시며, 같이 동등하심으로 상술한 것과 같이 모든 것에 있어서 삼위로서의 일체와 일체로서의 삼위가 예배를 받으시는 것입니다. 그러므로 구원을 받으려는 이는 삼위일체에 관하여 이와 같이 믿지 않으면 안 될 것입니다.

동시에, 영원한 구원을 위하여 우리 주 예수 그리스도의 화신(化身)을 정확히 믿는 것이 필요합니다. 바른 신앙이란 하나님의 아들이신 우리 주 예수 그리스도께서 신이시며, 인간이신 것을 믿고 고백하는 것입니다. 성부의 본질에서 나신 신(神)이시며, 온 우주에 앞서 나셨으며, 인간으로서는 성모 마리아의 본질로부터 나셔서 세상에 오신 것입니다. 이성(理性) 있는 영과 인간의 육신으로서 생존하시는 완전한 인간이십니다. 그의 신성으로서는 성부와 동등하시며, 그의 인성으로서는 성부보다 낮은 것입니다. 신이시며, 인간이실지라도 그는 둘이 아니시며, 한 그리스도이십니다. 하나 됨에 있어서는 그의 신성이 육신화(肉身化) 함으로써가 아니며, 그의 인성을 신성 안에 받음으로써 입니다. 온전히 하나인데 본질의 혼동으로써가 아니며, 품격의 통일로써 입니다. 이성 있는 영과 육신이 한 사람인 것같이 신이시며, 인간이신 그도 한 그리스도이십니다.

그는 우리의 구원을 위하여 고난을 받으시고, 음부에 내리신지 삼일 만에 죽은 자 가운데서 다시 살아나셨고, 하늘에 오르시사 전능하신 하나님 우편에 앉아 계시다가 저리로부터 산 자와 죽은 자를 심판하러 오실 것입니다. 그가 오실 때 모든 사람들은 그들의 몸으로서 부활할 것이며, 각자가 행한 행위의 연고(緣故)를 자세히 진술할 것입니다. 선을 행한 사람은 영원한 생명에 들어갈 것이나, 악을 행한 사람은 영원한 불(火)에 들어갈 것입니다. 이것이 곧 정통신앙입니다. 이를 진실 되고 굳게 믿지 않는 사람은 구원을 받지 못할 것입니다. 아멘.27

2) 아타나시우스 신경 배경읽기

아타나시우스는 누구인가?

아타나시우스는 294년 또는 296년에 태어나 373년 죽기까지 초대교회의 정통신앙을 굳건히 지킨 위대한 신학자요, 목회자였다. 알렉산드리아 주교 알렉산더는 아타나시우스를 어렸을 때부터 지켜보면서 교육하였다. 325년 당시 알렉산더의 부제였던 아타나시우스는 니케아 공의회에 참석하였다. 아타나시우스는 동방주교들의 반대에도 "동일본질"이라는 용어로 삼위일체를 설명하는 니케아 신경의 작성에 큰 영향을 미쳤다. 그의 예리한 논박은 아리우스파가 그를 미워하는 이유가 되었다.28 이로써 아타나시우스는 정통신앙의 대표주자로 자리 잡았다.

그러나 그의 삶은 영광이 아니라 아리우스파들에 동조하는 황궁의 박해로 고난의 가시밭길을 걸었다. 328년에 알렉산드리아 주교가

---

27 이장식(편저), 『기독교신조사(I)』, 15-17.
28 Philip Schaff, 『교회사전집 3. 니케아 시대와 이후의 기독교』, 759.

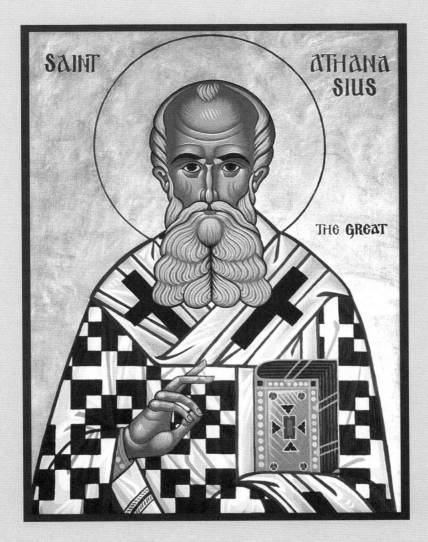

아타나시우스 4세기에 활동했던 알렉산드리아의 대주교이다. 아타나시오, 아타나시오스라고도 불린다. 그는 로마 가톨릭교회, 동방 정교회, 성공회로부터 성인으로 존경받고 있으며, 개신교로부터는 위대한 교회의 신학자요 지도자로 여겨지고 있다. 325년 기독교 최초의 세계 공의회인 니케아 공의회에서 성부와 성자의 동일한 본질을 말한 그의 주장을 인정받아 정통 기독교 신앙의 아버지로 불린다.

되어 활동했지만, 아리우스파의 반격에 의해, 335년 주교직을 박탈당했고, 이후 339년에는 제국 서방으로 추방당했다. 366년 알렉산드리아 주교로 최종적으로 복권되기 전까지, 거의 30년간을 아타나시우스는 황제들의 아리우스파에 대한 호감의 정도에 따라 추방과 복권을 반복해서 당했다. 366년 이후부터 373년 사망 이전까지 알렉산드리아 주교로 봉직했다. 아타나시우스는 니케아 신조를 기독론적으로 해석하고, 성령과 성부도 동일본질임을 주장하며, 정통 삼위일체론의 기초를 놓았다.[29]

아타나시우스는 당시 동방과 서방 교회 전체에서 높은 존경을 받았다. 일반적으로 동방교회는 현재의 이집트, 중동, 터키, 그리스에 있는 헬라어(그리스어)를 사용하는 교회들을, 서방교회는 로마가 있는 이탈리아와 북아프리카 등 라틴어를 사용하는 교회들을 가리킨다. 아타나시우스는 헬라어를 모국어로 사용했음에도 불구하고, 수준 높은 라틴어를 구사하여 동서방 교회 모두에게 큰 신학적 영향력을 끼쳤다.[30]

아타나시우스 신경은 어떻게 작성됐을까?

'아타나시우스 신경'은 아타나시우스(Athanasius, 296–373)의 이름

---

29 H.R. 드룹너, 하성수 옮김, 『교부학』 (칠곡: 분도출판사, 2011), 350–357; Young, From Nicea to Chalcedon, 49–52.
30 Schaff, 『교회사전집 3. 니케아 시대와 이후의 기독교』, 763.

을 붙였지만, 아타나시우스가 직접 작성한 것으로 보이지는 않는다. 그럼에도 신학적 표현들과 설명은 아타나시우스의 신학과 저술을 참고한 것으로 보이는 부분도 있다. 프랑스와 스페인 지방에서 사용되던 신경이 그의 신앙의 내용과 일치하고, 교리에 대해 정통신앙의 입장과 일치하기 때문에 그의 이름이 붙여진 것으로 보인다. 대략 7세기 아툰(Autun)공의회 즈음에 아타나시우스 신경이라는 이름으로 고착화되어 역사적으로 계승 전달되어 온 것으로 보인다.[31]

8세기부터 아타나시우스 신경은 경건의 도구로 사용되어 왔고, 13세기에 이르면, 앞에서 언급한 사도신경, 니케아 신경과 함께 믿음의 규칙으로 광범위하게 인정받게 된다. 이 신경도 예배에 사용되면서 단지 고대의 신앙고백이 아니라, 종교개혁 때에도 예전적 고백으로써 역할을 감당해 왔다.[32]

3) 아타나시우스 신경 핵심 살펴보기

삼위일체 하나님

아타나시우스 신경은 내용으로 볼 때, 아리우스에 대항하는 아타

---

31 Erwin Fahlbusch, et al, ed, The encyclopedia of Christianity. vol.1 (Grand Rapids, Mich., [etc.] : Eerdmans; Leiden [etc.]: Brill, 1999), 150; Schaff, 「교회사전집 3. 니케아 시대와 이후의 기독교」, 606-607.

32 Fahlbusch, et al, ed, The encyclopedia of Christianity. vol.1, 150.

나시우스의 주장을 니케아 신경에 추가 확장한 신경이다. 크게 두 부분으로 첫 번째 부분에서는 삼위일체를 다루고, 두 번째 부분에서는 기독론을 다룬다. 이 신경은 한 분 하나님 안에 세 위격이 삼위일체로 계신다는 것과 한 분 그리스도 안에 두 본성이 있다고 고백하는 교회의 변함없는 믿음을 표현한 훌륭한 신경이었다. 이 신경은 그 당시 서방 세계의 공용어였던 라틴어로 삼위일체 교리를 표현하는 용어들이 고정되었음을 보여준다. 삼일(三一)을 '트리니타스'(trinitas)로, 위격을 '페르소나'(persona)로, 그리고 본질은 '숩스탄티아'(substantia)란 용어로 표현한다.

앞에서 언급한 것처럼, 이 신조의 첫 부분은 삼위일체에 대해 다루고 있다. 아타나시우스 신경에서는 우선, '동일본질'이라는 단어로 성부, 성자, 성령이 한 분 하나님, 한 본질임을 나타낸다. 이 표현으로 당시 성부, 성자, 성령 하나님 세 분이 특정한 성질을 공유하거나, 한 하나님의 세 모습이라는 이단의 오류를 지적한다.

둘째, 아타나시우스 신경은 독특하게 하나님에 대해 설명하면서 성부가 " ~하듯", 성자가 "~하며", 성령도 "~하다"라는 구조로 세 위격이 모두 동일본질이라는 것을 차례로 언급한다. 이렇게 아타나시우스 신경은 하나님의 세 위격 모두가 동일본질이며, 한 하나님이심을 드러내주고 있다. 마지막으로, 아타나시우스 신경은 명백히 삼위 상호간 서로 종속되지 않는다고 선언하면서, 삼위 하나님을 마치 위계관계로 이해하는 이단들을 정죄한다.

삼위일체는 우리의 이해를 넘어선다.

아타나시우스 신경은 삼위일체 고백의 삼위 하나님은 이해불가하신 분이라고 고백한다. 이는 역사상 많은 삼위일체 이단들의 등장이 왜 이루어졌는지를 명확히 지적하는 표현이다. 인간의 이해로 삼위일체를 설명하고 이해하려고 시도했기 때문에, 아리우스주의, 사벨리우스주의33 등 다양한 이단들이 등장했다. 이단들은 각자 자신의 철학적 전제와 논리에 근거하여 삼위일체를 설명하려고 했기 때문에, 성경이 제시하는 삼위일체와 다른 교리를 만들고 주장하였다.

아타나시우스 신경은 삼위 하나님이 이해할 수 없는 분이시므로 성경이 증언하는 대로 "삼위의 전부가 동일하게 영원하시며, 같이 동등하심으로 상술한 것과 같이 모든 것에 있어서 삼위로서의 일체와 일체로서의 삼위가 예배를 받으시는 것입니다."라고 고백한다. 신경에 등장하는 표현들을 보면 반복적으로 세 분 하나님이시지만 또한 한 분 하나님이시다는 문장조차 이해하기 힘든 삼위일체에 대한 고백이 반복적으로 등장한다. 우리는 삼위일체로서의 하나님은 우리의 이해의 범주를 넘어서는 분이시라고 인정하고 고백하며, 예배의 대상이며 경배의 대상임을 잊어서는 안 된다.

---

33 사벨리우스주의는 양태론적 관점에서 하나님의 유일성을 강조한다. 한 분 하나님이 세 역할을 하고 있는 것으로 이해한다. 마치 한 남자가 아버지로서, 아들로서, 직장인으로서 역할을 하고 있는 것처럼 묘사한다. 삼위일체 하나님은 세 위격이시지, 세 역할을 수행하는 인간과 비교될 수 없다.

예수 그리스도는 한 위격이시며, 신성과 인성이라는 두 본성을 가지신 분이시다.

아타나시우스 신경은 기독론의 발전도 보여준다. 기본적 구조와 흐름은 사도신경을 따르고 있지만, 칼케돈 회의까지 이루어진 초대교회의 삼위일체론과 기독론의 발전을 반영하고 있다. 아타나시우스 신경 두 번째 부분에서, 성자는 성부와 동일본질이라는 니케아 신경의 정리가 나온 이후에, 니케아 이후 칼케돈 회의(451)에 이르기까지 논쟁이 되었던 그리스도의 두 본성에 대한 교리적 진술이 제시된다. 그리스도의 두 본성, 신성과 인성은 혼동되지 않고 한 품격(위격)에서 연합된다고 표현한다. 또한 그리스도의 두 본성에 대한 대표적 유비인 영혼과 육체의 유비도 등장하면서, 가장 고전적인 형태의 삼위일체론, 기독론에 대한 신앙고백을 잘 보여준다.

예수 그리스도의 인격과 두 본성에 대한 논쟁과 초대교회의 정통 교리 고백은 다음 장에서 칼케돈 신경을 다루며 좀 더 자세히 다루고자 한다.

4) 함께 더 생각해보기

* 삼위일체와 관련해서 수많은 이단들이 교회의 역사에서 등장합니다. 초대교회 이후 종교개혁 당시에도 세르베투스와 같은 자들은 삼위일체를 부정하였습니다. 이렇게 수많은 이단들이 삼위

일체와 관련하여 등장하는 이유가 무엇이라고 생각합니까?

* 교회의 역사에서 이단에 대항하여 정통을 보존하고 전수하기 위
  해서 내세운 정통과 이단을 구분하는 기준은 무엇입니까?

* 삼위일체의 교리는 쉽게 이해가 되지 않습니다. 그런데, 교회는
  삼위일체 교리를 가르치고 전수합니다. 왜 우리는 이해하기 힘든
  삼위일체 교리를 배워야 합니까?

  정통신앙이 무엇인지와 인간의 이해를 넘어서는 삼위일체 교리가
  어떤 의미를 지니는지를 다시 한 번 읽어보세요.

04

칼케돈 신경
(The Creed of Chalcedon)

칼케돈 공의회에서 유티케스의 지지자와 레오의 지지자들은 서로 격론을 펼쳤다. 그러나 황실은 레오
측에 더 지지를 보냈고, 이런 흐름을 따라서 동방의 주교들도 449년의 에베소 회의 무효에 찬성하며,
레오의 의견에 동조하였다. 결과적으로 레오가 유티케스에게 보냈던 서신에 나타난 그리스도의 한 위
격 두 본성 교리가 반영되어 칼케돈 신앙고백서가 작성되고 공인되었다.

1) 칼케돈 신경 읽어보기

생각하며 고백하기

칼케돈 신경은 성자 하나님, 예수 그리스도가 어떤 분이신가에 대해 고백하고 있다. 초점은 오직 그리스도뿐이다. 우리가 그리스도만이 우리의 구주라고 고백하고, 그의 십자가와 부활을 기념하며, 그분이 누구이신지 고민한 시간은 얼마나 될까? 함께 칼케톤 신경을 읽으면서 그리스도를 고백하자.

우리는 교부들을 따라서 모든 사람이 한 분이신 유일한 성자, 우리 주 예수 그리스도를 고백하도록 가르치는 일에 하나가 되었다. 그는 하나님으로서, 또한 사람으로서 완전하시며(teleion), 그는 실제로 하나님이시며, 또 실제로 사람이시며, 합리적인 영혼(psyches logikes)과 몸을 가지고 계신다. 그의 신성에 관한 한, 그는 성부와 동일한 본질을 타고 나셨고 또 그의 인성에 관한 한, 그는 다만 죄를 제외하고는 모든 면에서 우리와 같으시다. 시간(aionon)이 시작하기 전에 그의 신성은 성부에게서 독생하셨고 그리고 그의 인성은 우리의 본질을 타고 나셨다. 이처럼 다만 죄를 제외하고는 그는 모든 면에서 우리와 같으시다. 시간이 시작하기 전에 그의 신성은 성부에게서 독생하셨고 그리고 지금 마지막 날에 와서 우리와 우리의 구원을 위하여 그는 동정녀 마리아에게서 나셨으니, 그의 인성(anthropoteta) 면에서 마리아는 하나님의 어머니(theotokos)이시다.

우리는 이 한 분의, 유일하신 그리스도, 성자, 주, 두 가지 본성 (physesin)을 타고나신 독생자를 인정하며, 이 두 가지 본성이 혼동 (asunkutos) 되거나, 한 본성이 다른 본성으로 변하거나(atrepotos), 또 다른 분리된 범주로 갈라지거나(adiaretos), 양성의 영역과 기능에 따라 각각 대립(achoristos)되지 않는 것을 인정한다. 각 성(性)의 특성은 연합으로 인하여 무효가 되지 않는다. 오히려 각 성의 고유성(idiotetos)이 보존되고 양성이 한 품성(prosopon)과 한 자질 (hypostasis)로 일치를 이룬다. 양성은 갈라지거나 두 품성으로 분리될 수 없고 오직 합하여 하나님의 한 분이시며, 유일하게 독생하신 로고스, 주 예수 그리스도가 되셨다. 옛 예언자들도 이렇게 증거하였고 주 예수 그리스도도 우리에게 이렇게 가르치셨고, 교부들의 신조도 이렇게 우리에게 전달(paradedoke)되었다.[34]

2) 칼케돈 신경 배경읽기

칼케돈 신경은 왜 작성됐을까?

니케아 공의회 이후 451년에 소집된 칼케돈 공회의(the Council of Chalcedon)는 초대교회 기독론 논쟁을 다루었다. 이 공의회에서 최종적으로 공인된 삼위일체 교리와 그리스도의 위격 교리들이 지금까지

---

34 이장식(편저), 『기독교신조사(I)』, 20.

도 교회의 고백으로, 참된 교리로 인정받고 있다.[35]

앞에서 우리가 살펴보았던 삼위일체 논쟁 이후, 초기 기독교 내에서 그리스도의 두 가지 본성, 신성과 인성, 그리스도의 위격을 어떻게 이해해야 하는가에 대해 논쟁이 격렬해졌다. 이 논쟁의 배경에는 하나님-인간이신 예수를 낳은 어머니 마리아를 어떻게 표현해야 하느냐의 문제가 놓여 있다. 마리아는 하나님이자 인간이신 예수 그리스도를 낳은 분이기 때문에, 마리아를 하나님의 어머니(데오토코스, theotokos)라고 불러야 한다는 의견이 널리 퍼지게 되었다.[36]

이 문제를 두고 안디옥 학파와 알렉산드리아 학파 사이의 신학적 논쟁은 격렬해졌다. 안디옥 학파의 네스토리우스는 그리스도의 신성과 인성을 엄격하게 구분하였기 때문에, 하나님에게 어머니가 있는 것처럼 생각되는 '테오도코스'란 단어를 거부하였다. 그는 마리아는 오로지 그리스도의 인성만을 출생하였고, 그리스도의 신성과 인성의 연합을 낳지 않았기 때문에 하나님의 어머니라 불릴 수 없다고 강력

---

35 드룹너, 『교부학』, 610. 초대교회의 주요 공의회에서는 4대공의회를 언급하기 때문에 칼케톤 공의회가 마지막 공의회로의 의미를 지닌 것으로 볼 수 있으나, 칼케톤 공의회로 그리스도의 신성과 인성이 어떤 관계를 가지냐의 문제가 다루어지고, 이후 제2차 콘스탄티노플 공의회(553), 제3차 콘스탄티노플 공의회(680)에서 예수 그리스도 안에 있는 신성과 인성의 관계를 다루었고, 마지막으로 일곱 번째 공의회인 제2차 니케아 공의회(787)에서 성상문제를 다룬다.

36 Schaff, 『교회사전집 3. 니케아 시대와 이후 기독교』, 623-624.

하게 주장했다. 그래서 마리아를 예수 그리스도를 낳은 어머니라는 의미에서 크리스토코스(Christokos)라고 칭하였다.

반면 알렉산드리아의 신학자인 키릴은 크리스토코스는 예수 그리스도의 참된 하나님으로서의 본성을 거부하는 것이라고 지적하였다. 그리스도께서 지니신 참된 하나님으로서의 본성을 거부하는 것은 그리스도의 구속사역에 대한 거부을 뜻하기 때문에, 키릴은 크리스토코스란 용어를 용납할 수 없었다. 키릴과 네스토리우스의 대립은 431년 에베소 공의회에서 논의가 이루어진다. 하지만 에베소공의회는 논란과 왜곡으로 점철되어 그 결과를 올바로 평가하기 힘들다. 결과적으로 네스토리우스는 정죄되었고 추방되었다.

칼케돈 신경은 어떻게 작성됐을까?

431년의 에베소 공의회는 논쟁을 마무리하지 못했다. 오히려 유티케스(Eutyches)와 레오를 중심으로 격론이 지속되었다. 알렉산드리아 학파는 두 본성의 혼합 또는 연합을 주장한다. 그리스도의 인성이 "마치 꿀 한 방울이 바다에 떨어지듯이" 그리스도의 신성과 연합되어 하나의 본성이 되었다는 단성론을 주장하였다. 콘스탄티노플 수도원 원장이었던 유티케스는 "우리 주께서 연합 전에는 두 본성이었으나 연합 후에는 한 본성만 지니셨다."고 강력하게 주장하여 단성론

---

37 Williston Walker, 류형기 옮김, A history of the Christian Church, 『기독교회사』 (서울: 한국기독교문화원, 1979), 138.

을 발전시켰다.37 이 주장은 결국 예수 그리스도가 성육신 이후에는 신성, 인성의 구별이 없어져, 인간의 속성은 신적 로고스에 동화되었고, 따라서 그리스도는 우리와 동일본질을 지니신 분이 아니며, 어떤 의미에서 그리스도는 인간이 아니었다.38 유티케스는 448년에 콘스탄티노플 회의에서 정죄 받게 되자, 상황을 반전시키기 위해 로마의 감독인 레오(Leo)에게 지지를 요청했다.

레오는 칼케돈 신경에서 나타나는 한 위격 두 본성의 교리에 대한 명확한 자신의 입장을 표명하면서, 유티케스의 단성론을 비판했다. 레오는 그리스도의 두 본성, 즉 신성은 성부 하나님과 동일본질이며, 인성은 인간과 동일본질이라고 주장했다. 그는 두 본질이 한 위격(persona)이 되고, 그 인격의 주도권은 신성에게 있다고 보았다.39 이 주장은 이후 칼케돈 신경에 반영되어 공식적인 기독론 교리로서 인정받게 된다.

레오의 반대에 부딪친 유티케스는 테오도시우스 황제의 권력과 연결된 여러 지지자들을 동원해 449년의 에베소 회의에서 레오를 정죄하였다. 심지어 유티케스는 자신에게 반대하는 자들을 구타하기도 하였다.40 이에 반발하여 레오는 서방교회의 지지를 모으기 시작하

---

38 Louis Berkhof, The History of Christian Doctrine, 140.
39 Studer, Trinity and Incarnation, 208–210.
40 Schaff, 『교회사전집 3. 니케아 시대와 이후 기독교』, 641.

였고, 정치적 상황도 레오에게 유리하게 바뀌었다. 테오도시우스 황제가 450년 죽고, 황제의 누이 풀케리아와 결혼한 마르키아누스가 황제가 되자, 그는 제국의 종교적 갈등을 해결하기 위해 451년 니케아에서 공의회 개최를 선언했다. 하지만 451년 9월 니케아에서 주교들의 갈등이 커지자, 황제는 직접 공의회에 참석하여 중재하기 위해 장소를 칼케돈으로 바꾸었다. 칼케돈 공의회에서 유티케스의 지지자와 레오의 지지자들은 서로 격론을 펼쳤다. 그러나 황실은 레오 측에 더 지지를 보냈고, 이런 흐름을 따라서 동방의 주교들도 449년의 에베소회의의 무효에 찬성하며, 레오의 의견에 동조하였다. 결과적으로 레오가 유티케스에게 보냈던 서신에 나타난 그리스도의 한 위격 두 본성 교리가 반영되어 칼케돈 신경이 작성되고 공인되었다.[41]

3) 칼케돈 신경 핵심 살펴보기

참 하나님이시며 참 인간 예수 그리스도

루이스 벌콥이 지적하듯, 칼케돈 회의에서 결정된 예수 그리스도에 대한 교리, 기독론은 지금도 교회가 공동으로 고백하는 내용들이다.[42] 간단히 표현하면, 그리스도는 "한 위격, 두 본성"이라고 칼케돈 신경은 선언한다. 좀 더 자세히 살펴보면, 칼케돈 신경은 몇 가지 중

---

41 드롭너, 『교부학』, 610-611.

42 Louis Berkhof, The History of Christian Doctrine, 142.

요한 기독론 교리를 정리 하였다.

첫째, 양성의 특성은 한 위격에 속한다. 두 본성이 구분된다고 말할 때, 그 의미는 그리스도께서 두 위격 또는 두 인격을 가지신 분이라는 의미는 아니다. 두 본성은 각 본성들이 고유성을 보존하면서, 구분되지만, 분리되지 않고 서로 교류한다. 한 위격 예수 그리스도는 참 인간으로 그리고 참 하나님으로 구속사역을 완성하셨다. 둘째, 그리스도께서는 인성으로서는 우리와 동일본질이시며, 신성으로는 하나님과 동일본질이시다. 니케아 신경에서 사용한 동일본질이라는 용어는 이제 그리스도께서 우리와 동일한 인간 본성을 가지셨다는 의미로도 사용된다. 셋째, 그리스도의 인격의 근거와 기초를 이루는 것은 인성이 아니고 신성이다. 넷째, 로고스는 마리아의 복중에서 특정한 인간 개체가 아닌 인성을 취하시고 그것과 연합한 것이다. 로고스, 말씀이신 그리스도는 창세 전에 성부 하나님께서 낳으신 성자 하나님이다. 그 분은 영원히 존재하시는 하나님이시며, 성육신 하셔서 이 땅에, 시간 속에 내려오셨다.

전통의 계승, 교부들을 따라!

칼케돈 신경에는 기독교 역사 가운데서 계속 고민해왔던 한 문제가 등장한다. 성경을 어떻게 해석해야 하는가? 이 질문에 신경은 이렇게 고백한다: "옛 예언자들도 이렇게 증거하였고 주 예수 그리스도도 우리에게 이렇게 가르치셨고, 교부들의 신조도 이렇게 우리에게 전달(paradedoke)되었다." 먼저 옛 예언자와 그리스도의 가르침은 성경을 의미한다. 성경은 그리스도인의 가르침의 근원이며, 원리이다. 한편 우리에게는 전통을 통해 계승되어온 특별히 교부들에 의해 전달된 성경해석, 신조들이 있다.

우리는 먼저 성경만이 절대적 진리임을 고백해야 한다. 성경 외에 다른 인간의 어떤 해석도 절대적 권위를 갖지 않는다. 그러나, 칼빈이 지적하듯이 하나님은 성경을 이해하는 은혜를, 즉 하나님의 "자녀들을 위해서만 보전하셨다. 교회라는 몸에 접붙임을 받기 전에는, 아무리 뛰어난 사람들도 무지 속에 있을 수밖에 없는 것이다."라고 말한다.[43] 우리는 교회 안에서, 전통 가운데서 해석할 때 우리의 연약하고 때로 이단과 비슷한 성경해석에서 벗어날 수 있다. 그래서 칼빈은 교회는 신자들의 어머니로서 신자들을 보호하고 훈육한다고 선언하였다.[44] 그러므로 우리는 성경의 진리를 이해하기 위해 교회에 머물러야 한다. 새로운 신비라며 현혹하는 이단의 사설에 넘어가지 말도록 노력해야 한다.

4) 함께 더 생각해보기

* 칼케톤 공의회에서 논의된 "예수 그리스도께서 한 위격 두 본성

---

[43] 존 칼빈, 박종흡 옮김, 『기독교 강요』 (서울: 생명의 말씀사, 1988), 1.7.5.
[44] 존 칼빈, 『기독교 강요』, 4.1.1.

이시다"는 의미가 우리에게 어떤 의미를 주나요?

❶ 예수 그리스도께서 왜 참 인간이셔야만 하는가요?

하이델베르크 교리문답서 16문의 의미를 읽어보시고, 그 이유를 생각해 봅시다. 16문: 왜 그분(그리스도)은 참 사람이면서 진실로 의로우셔야만 합니까? 대답: 하나님의 공의가 다음의 사항을 요구합니다. 사람이 죄를 지었으니 사람이 자기 죄값을 치러야 합니다. 그러나 죄인은 다른 사람들의 죄값을 치를 수가 없습니다. .

❷ 예수 그리스도께서 왜 참 하나님이셔야만 하는가요?

하이델베르크 교리문답서 17문의 의미를 읽어보시고, 그 이유를 생각해 봅시다. 17문: 왜 그분(그리스도)은 참 하나님이셔야 합니까? 대답: 그래야 그의 신적인 능력으로 사람에게 향하신 하나님의 무서운 진노를 몸소 감당하여 우리를 위하여 의와 생명을 우리에게 회복시켜 주실 수 있기 때문입니다.

❸ 칼케톤 신경은 예수 그리스도께서 참 인간이면서 참 하나님이셔야만 하는 이유가 무엇이라고 가르치나요? 초대 교회의 교부들이 이 신앙을 우리에게 남겨 준 이유는 무엇일까요?

하이델베르크 교리문답서 18문을 읽어보시고, 그 이유를 생각해 봅시다. 18문: 그러면 그 중보자, 곧 참 하나님이시며 동시에 참 사람이시고 진실로 의로우신 분은 누구입니까? 대답: 우리 주 예수 그리스도이십니다. 그분은 우리를 완전히 자유롭게 하고, 우리를 하나님 앞에서 의로워지도록 하기 위하여 오셨습니다.

* 성경의 다양한 해석 가운데 잘못된 해석을 어떻게 구분할 수 있을까요? 신앙고백서들은 신자들이 성경을 읽을 때 어떤 도움을 주나요?

루터의 고백을 읽고 교리와 성경의 관계를 생각해 보세요.
"나에 대해서 말하면, 나도 박사이고 설교자이다. 나도 [교리문답을 다 안다는] 자부심과 확신을 갖고 있는 다른 사람들 못지 않게 배웠고 경험을 갖고 있다. 그러나 나는 교리문답을 배우는 아이처럼 행하여 아침마다 한 자 한 자 소리 내어 읽는다. … 나는 매일 교리문답을 읽고 공부하지만 내가 원하는 만큼 아직 시원하게 이해할 수 없다. 따라서 나는 교리문답의 아이와 학생으로 남아 있어야 하며, 즐거운 마음으로 그렇게 한다."[45]

---

45 루터, 『대요리문답』, 29.

칼케돈 공의회 마르키아누스 황제 시기인 서기 451년 10월에, 칼케돈의 성 에우페미아 성당에서 630명의 주교가 참석한 가운데 개최되었다. 예수의 신성과 인성을 구분없이 하나의 본성으로 묶는 가르침을 비난하고 제3차 공의회의 결의를 다시 확인했다. 그리스도의 신성과 인성에 대하여, "흔돈과 변함없이"를 강조했다. 교회생활 수련과 교회행정에 관한 30가지의 규범을 채택했다. 또한 에우티케스와 네스토리우스의 교리를 확실하게 이단으로 규정했다.

III

종교개혁 이후의 개신교 신앙고백

The Confessions of Faith in Reformed Church Tradition

01

아우구스부르크 신앙고백서

(The Augusburg Confession, 1530)

'아우구스부르크 신앙고백서'는 루터파와 가톨릭파의 연합을 고려하는 동시에 −그 때 당시에는 가톨릭이 회개할 수 있다는 가능성을 개신교도들이 가지고 있었다.− 루터파의 신학에 대해 방어하고, 그리스도인과 교회의 신앙형태의 개혁이 필요하다는 것을 이해시키고자 하였다. 이 고백서는 전체 교회가 공동으로 고백하는 신앙고백서가 되는 것이 목표였다.

1) 아우구스부르크 신앙고백서 읽어보기

* 아우구스부르크 신앙고백서의 전문과 설명에 대해서는 다음의
  책을 참고하라.

- Philip Schaff. 박일민 옮김. 『신조학』. 서울:기독교문서선교회, 1984: 5장.
- Philip Schaff 편집. Creeds of Christendom : with a history and critical notes. Grand
  Rapids : Baker Book House, 1983.
- 김영재. 『기독교신앙고백: 사도신경에서 로잔협약까지』. 수원: 영음사, 2011.

생각하며 고백하기

아우구스부르크 신앙고백서는 최초로 공인된 개신교 신앙고백서이
다. 로마 가톨릭의 폐단을 지적하면서 교회를 개혁하는 이상을 보여
주면서, 동시에 교회의 평화와 연합을 추구하고자 비교적 중립적인
신학용어들을 사용해서 개신교 신앙의 기본을 보여준다.

2) 아우구스부르크 신앙고백서 배경읽기

아우구스부르크 신앙고백서는 왜 작성됐을까?

마틴 루터(M. Luther)가 비텐베르크 대학 게시판에 95개조 반박문
을 붙임으로써 종교개혁이 시작되었다. 1517년, 이 작은 외침에서 시

마르틴 루터 독일의 전직 가톨릭 수사이자 사제, 신학 교수였으며, 훗날 종교개혁을 일으킨 주요 인물이다. 본래 아우구스티노회 수사였던 루터는 로마 가톨릭교회의 여러 가르침과 전통을 거부하였다. 1517년 95개 논제를 게시함으로써 도미니코회 수사이자 대사령 설교 담당자인 요한 테첼에 맞섰다.

작된 종교개혁 운동은 개신교(Protestantism)를 탄생시켰다. 종교개혁을 통해 개신교회는 중세 가톨릭의 신학적 왜곡과 도덕적 타락에서 벗어나 정치적, 사회적, 교회적 개혁을 시도하였고, 이 과정에서 유럽은 결정적인 변화를 맞았다. 하지만 개신교와 로마 가톨릭교회 사이의 신학, 교리 논쟁은 수 세기동안, 현재까지 지속되고 있다. 로마 가톨릭의 입장에서 볼 때 종교개혁은 교회의 분열이었지만, 그것은 분열이 아닌 참된 교회를 향한 개혁이었다. 개신교 신학자들은 가톨릭의 폐단을 비판하면서도, 교회의 연합을 강조하였다. 유럽의 정치적 상황과 맞물려, 종교개혁부터 30년 전쟁에 이르는 기간은 로마 가톨릭과 개신교 사이의 무력충돌과 상호간 박해가 벌어졌던 투쟁의 기간이었다. 로마 가톨릭교회와 개신교의 다툼과 신학적, 교리적 논쟁은 치열했다. 종교개혁 초반, 중요했던 동력은 독일이 여러 선제후들이 지역의 영주로서 자신의 지역을 다스리고, 황제를 선출하던 일종의 연방제 형태를 취하고 있다는 정치적 상황이었다. 때문에, 비록 독일 황제가 독일을 가톨릭 국가로 유지하고자 했을 때에도, 그가 개신교 선제후들을 힘으로 굴복시키지 못했기에 결코 개신교를 말살시키지 못했었다.

종교개혁 초반, 루터를 지지하는 선제후들은 서로 동맹을 맺어, 황제 카를 5세에 대항하였다. 그럼에도 불구하고 유럽 개신교 진영은 통일된 동맹을 구성하지 못하였다. 반면, 카를 5세는 가톨릭 선제후들과 유럽의 가톨릭 왕들에게 도움을 요청하며, 조기에 독일의 종교적 통일성을 이룩하고자 하였다. 두 진영 사이의 갈등이 지속되는 와중에 한 가지 다른 요소가 끼어들었다. 터키 이슬람 세력이 1529년에 빈까지 공격해 들어온 것이다. 조금 있으면, 독일 본토까지 쳐들어 올 상황에 다다랐다. 황제 카를 5세는 긴급한 위기를 맞아, 개신교 선제후들에게 무력을 쏟을 여유가 없음을 깨닫고, 그들과 일종의 평화조약을 맺고자 시도하였다. 쌍방의 실력대결을 지양하고 평화조약을 맺기 위해서 종교적 갈등을 넘어서 서로가 납득할 수 있는 신앙고백서를 작성하는 일이 필수적이었다.

아우구스부르크 신앙고백서가 지닌 신학적 특징은 무엇일까?

황제 카를 5세는 1530년 루터파와 가톨릭 세력이 함께 아우구스

부르크에서 제국 회의 개최를 요청하고 서한을 보냈다. 황제의 목적
은 제국의 종교 통일을 통하여, 터키에 대항하는 연합전선을 구축하
는 것이었다. 그러나 개신교와 가톨릭의 갈등은 깊어져 있었다. 확실
한 연합을 만드는 데는 실패하였다.

1530년 6월에 시작된 아우구스부르크 제국회의에서 루터파의 요
청에 따라 6월 25일 독일어로 아우구스부르크 신앙고백이 낭독되
었다.[46] 루터의 동역자인 멜란히톤(Melanchthon)이 신앙고백서를 준
비하여 제출했다. 이전에 존재했던 슈바바흐(Schwabach) 신조(1529)
와 토르가우(Torgau) 조항들(1530)을 토대로 멜란히톤이 자신의 특유
의 온건한 어조로 아우구스부르크 신앙고백서를 작성하였다.[47] 아우
구스부르크 신앙고백서는 루터파와 가톨릭파의 연합을 고려하는 동
시에-그 때 당시에는 가톨릭이 전적으로 회개할 수 있다는 가능성
을 개신교도들은 가지고 있었다- 루터파의 신학을 방어하고, 교회
와 신자의 삶을 개혁해야 한다고 역설했다. 멜란히톤은 이 고백서가
전체 기독교회가 공동으로 고백하는 신앙고백서가 되길 원했다. 그
래서 그는 온건한 어조를 사용하였고, 연옥, 교황무오설 등의 예민
한 주제들을 피해서 작성했다.[48] 루터 사상의 핵심이었던 칭의론 조
차, 루터의 관점에서 볼 때, 매우 온건하게 진술하였다. 이 부분이 루

---

46 Philip Schaff, 박종숙 옮김, 『교회사전집 7. 독일 종교개혁』 (고양:크리스쳔다이제스
    트, 2004), 585.

47 Fahlbusch, et al, ed, The encyclopedia of Christianity. vol.1, 157.

필립 멜랑히톤

터의 마음에 들지 않았다. 루터에게 있어서 칭의 교리는 개신교의 일
어섬과 넘어짐을 결정하는 주요 교리로 여겼기 때문이다.[49] 하지만
이 신앙고백서는 멜란히톤의 "학문성과 온건함, 요약능력, 풍부한 표
현력"이 고스란히 드러나 있다. 이 신앙고백서를 통해서 루터교회는
"아우구스부르크 신앙고백의 교회"라는 이름을 얻었다. 뿐만 아니라,
이 신앙고백서는 다른 개신교회들의 신앙고백, 특히 영국교회의 39
개조에 지대한 영향을 끼쳤다. 제국국회에서 공인된 최초의 개신교
신앙고백서가 되었다.[50]

---

48 Schaff, 『교회사전집 7. 독일 종교개혁』, 593; Matthew Becker, "Foreword," in Gift
    and Promise. The Augsburg Confession and the Heart of Christian Theology,
    eds. Ronald Neustadt and Stephen Hitchchock (Minneapolis : Fortress Press,
    2016), xiv.

49 Schaff, 『교회사전집 7. 독일 종교개혁』, 595.

50 Schaff, 『교회사전집 7. 독일 종교개혁』, 592-93. 이장식(편저), 『기독교신조사(I)』, 35.

3) 아우구스부르크 신앙고백서 핵심 살펴보기

아우구스부르크 신앙고백서의 구조는 두 부분으로 나뉘어 있는데, 첫 번째 부분은 1-21조항으로, 신론, 인간론, 기독론, 구원론들의 신학적 내용을 다루고 있으며, 다음 부분 22-28조항은 로마교회의 폐단에 대해 비판하였다. 신학적 내용에서 눈여겨보아야 할 조항은 3-4조의 이신칭의와 관련된 부분이다. 왜냐하면 신앙고백서가 전체적으로 칭의론의 맥락에서, 복음과 율법의 대조, 교리적, 교회의 개혁에 대해 서술하고 있기 때문이다.[51]

앞에서 언급했듯이 저자 멜란히톤은 아우구스부르크 고백서를 작성하며 개혁과 연합의 긴장관계에서 균형감을 유지하려고 노력했다. 로마 가톨릭은 개혁되어야 하는 대상이지만, 아직 교회 전체의 연합을 종교개혁자들이 기대하는 초기 상황이었다. 멜란히톤은 로마 가톨릭을 감정적으로 자극하지 않는 온건한 어조로, 성경적 교리의 회복과 교회의 예전적 개혁을 함께 추구하고자 했다. 그는 역사적 기독교 사상에 호소하면서 이단들의 교리적 오류들이 로마 가톨릭에 있음을 지적하고 있다. 물론 고백서 몇몇 조항에서는 명확하게 교리

---

51 Edward H. Schroeder, "Why the Cross is at the center," in Gift and Promise. The Augsburg Confession and the Heart of Christian Theology, eds. Ronald Neustadt and Stephen Hitchchock (Minneapolis : Fortress Press, 2016), 37–59.

적 입장을 표명하지 않아 드러나는 교리적 혼동의 가능성에 대해서는 개혁주의 신학에 근거하여 비판받아야만 한다. 그러나 고백서는 전체적으로 연합을 위해 온건하게, 그렇지만 개혁을 위해 로마 가톨릭의 폐단을 지적하였다. 이 균형감은 개혁을 추구할 때 상대를 적으로 가정하고, 그리스도의 형제로 보지 않는 냉혹한 태도를 지양하고, 온건하지만 단호한 개혁을 추구하는 개신교의 좋은 전통이다.

삼위일체 하나님과 그리스도

고백서 1조항은 삼위일체를 다루고 있다. 신앙고백서는 삼위일체에 있어서 니케아 신경과 교부들의 사상을 따라 한 본질 세 위격이신 삼위일체 하나님을 고백한다. 또한 역사적 이단들, 마니교, 아리우스파 등을 정죄하며 루터파가 역사적 기독교에 서 있음을 보여주고자 의도했다. 3조항에서는 그리스도에 대해 설명한다. 칼케돈 신경을 직접적으로 언급하지는 않지만, 칼케돈 신경의 그리스도의 두 본성의 위격적 통일 교리를 고백한다. 전체적 구조는 사도신경의 순서를 따르고 있지만 추가로 여러 교리적 발전을 반영한다. 예를 들어, 고백서는 그리스도께서 고난당하신 목적을 성부와 신자와의 화목과 죄악의 제물이 되시는 것이라고 고백한다.

칭의

4조항은 칭의 교리를 다루고 있는데, 이 조항은 아우구스부르크 신앙고백서의 중심이다. 왜냐하면 고백서는 구원론과 교회개혁을 칭의론의 함의를 가지고 설명한다. 먼저 2조항을 살펴보자. 2조항은 원죄를 하나님과의 관계에서 조망하면서, 하나님을 경외하지 않고, 자신의 정욕대로 사는 것은 원죄의 영향이며, 결과라고 고백한다. 원죄를 부정하는 자는 그리스도의 공로와 은혜도 함께 부정하는 자들이며, 따라서 정죄 받아야 마땅한 자들이다.[52] 인간은 절대적으로 죄인이며, 선을 행할 수 없는 존재이다.

이런 전제 가운데, 고백서는 믿음, 칭의 논의를 고백서 전체에서 반복하면서 칭의가 신자의 삶에 결정적 전환점이며, 이 과정에서 교회가 어떤 역할을 해야 하는가를 다룬다. 4조항에서 고백서는 죄인은 칭의, 하나님께 의롭다 칭함을 받아야만 구원을 받을 수 있다고 고백한다. 고백서는 루터의 칭의사상을 따라가지만, 칭의를 "오직 믿음으로(sola fide)"대신 "믿음으로(fide)"라고 설명하며 완곡하게 표현한다. 이는 가톨릭과의 화해를 염두에 둔 표현으로 보인다. 그러나 6조항에서 언급하듯이 선행이 아니라 믿음으로 칭의를 받는다고 설명하며, 선행을 쌓아야 그리스도의 칭의를 얻을 수 있다고 주장하는 로마 가톨릭의 구원론이 지닌 율법주의 오류를 비판하고 있다. 6조항은 목사와 교회가 오직 복음을 위해 일해야 하며, 진정한 복음은 믿음으로 인한 칭의로서, 복음만이 우리를 의롭게 한다고 주장한다.

---

52 Kathryn A. Kleinhans, "Sin," in Gift and Promise. The Augsburg Confession and the Heart of Christian Theology, eds. Ronald Neustadt and Stephen Hitchchock (Minneapolis : Fortress Press, 2016), 71-84.를 보라.

복음 선포와 성례 집행은 교회의 본질이다.

고백서 5조항부터 21조항까지는 주로 교회생활에 대한 조항들로 작성되어있다. 7-8조항은 교회의 본질이 성경대로 행해지는 복음 선포와 성례라고 말하고 있다. 이 같은 배경에서, 고백서는 9장부터 성례, 직분, 교회와 국가의 관계, 기독교 윤리, 선행과 구원의 문제를 다루고 있다.

왜 복음 선포가 교회의 본질인가? 성령께서는 복음 선포를 통해 신자의 마음에 칭의를 일으키시고, 복음과 성례의 올바른 집행을 통해 교회를 하나 되게 하시기 때문이다.[53] 5조항은 목사에 대해, 7조항은 교회의 책무에 대해 논의한다. 두 조항에서 교회와 목사의 사명이 복음 선포와 성례 집행의 사명이 있음을 주장한다. 그렇다면, 성례는 무엇인가? 고백서는 로마 가톨릭의 7성례를(성세성사, 견진성사, 혼인성사, 종부성사, 신품성사, 고해성사, 성체성사) 반대하고 성경에서 말하는 두 가지, 세례와 성찬으로 성례를 정리한다. 첫째, 13조항은 성례는 믿음의 표와 인이라고 고백한다. 성례를 통해 하나님의 약속이 드러나고, 교회가 하나 된다. 하지만 성례가 사람을 의롭게 한다는 로마 가톨릭의 의견은 오류이다. 왜냐하면 성경이 성례가 신자의 삶에 있어서 필수적이라고 말할 때는 성례 자체가 은혜를 베풀기 때문

---

53 Marcus Felde, "Church, Ministry, and Main Things," in Gift and Promise. The Augsburg Confession and the Heart of Christian Theology, eds. Ronald Neustadt and Stephen Hitchchock (Minneapolis : Fortress Press, 2016), 85-88.

이 아니라, 은혜의 통로이기 때문이다. 9조항은 세례를 통해 우리가 하나님의 "은혜"안으로 받아들여진다고 언급하고, 13조항은 세례 자체가 하나님의 은혜를 줄 수 없지만, 은혜의 통로로써 신자들을 칭의로 인도하기에, 세례가 구원에 필수 요소라고 설명하고 있다.[54]

고백서는 성찬에 대해 다루면서 루터의 공재설을 담고 있으며, 로마 가톨릭과 츠빙글리파의 성찬론 모두를 반박한다. 10조항은 성찬에서 떡과 포도주에 그리스도의 몸과 피가 실제로 임재한다는 가르침을 거부하는 자들을 배격한다고 선언하는데, 이것은 기념설을 주장하는 츠빙글리파를 비난하는 것이다.[55]

11조항과 12조항은 로마 가톨릭의 고해성사론에 대해 조심스럽게 그 효용성을 인정하면서 몇 가지 로마 가톨릭의 오류에 대해 설명한다. 예를 들어 고백서는 12조항에서 고해성사를 7성례의 하나로 분류해, 성사의 죄사함의 효능을 주장했던 가톨릭에 반대한다. 그리고 참된 회개는 통회와 믿음이며, 그 열매로 선행이 있다고 주장하며, 회개를 성화의 과정에 필수적 요소로 간주한다. 14조항과 15조항은 교회의 의식들과 직분이 교회의 질서를 지키며, 복음에 위배되지 않

---

54 Steven E. Albertin, "The Promise of Baptism for the Church Today," in Gift and Promise. The Augsburg Confession and the Heart of Christian Theology, eds. Ronald Neustadt and Stephen Hitchchock (Minneapolis : Fortress Press, 2016), 100–102.

55 Fahlbusch, et al, ed, The encyclopedia of Christianity. vol.1, 158.

아야 함을 말하고 있다.

두 왕국 : 교회와 국가

그리스도인의 삶에서 중요한 두 축은 교회와 국가이다. 신자들은
각기 자신이 속한 국가의 국민으로서 살아간다. 교회와 국가의 원칙
과 이상은 때로는 일치하지만, 또 종종 일치하지 않는다. 이 문제를
어떻게 해결해야 할 것인가? 고백서 16조항은 교회와 국가 관계에 대
해 분리주의적인 태도를 거부한다. 신자들은 당연히 국가가 집행하
는 공공행사, 군 복무, 공직, 계약 등 사회생활을 할 수 있다. 그러면
서 고백서는 로마 가톨릭 교회가 국가를 통치할 권리가 있다는 주장
에서 벗어난다. 교회와 국가는 각기 권위를 행사하는 하나님의 도구
이며, 신자는 국가가 하나님의 말씀을 어기지 않는 한 그 권위에 복
종해야 한다. 이 조항은 루터의 두 왕국 개념으로 보인다. 맥그래스
(McGrath)에 따르면, 루터는 국가와 교회를 구분하여, 교회는 영적정
부로서 복음과 성령의 인도로 통치되며, 국가는 세속정부로서 법과
무력을 통해 통치된다고 본다. 루터는 복음의 사랑과 국가의 무력이
대조된다는 것을 인정하지만, 두 권위는 각기 다르게 운영되며, 죄악
된 세상에서 하나님의 통치 방식이라고 주장한다. 이런 의미에서 국
가 안에서는 교회도 국가의 법을 존중하고 따라야 한다.[56]

이런 교회와 국가 개념은 18조항 자유의지 설명과 20조항 선행에

---

56 Alister McGrath, 최재건 옮김, 『종교개혁사상』(서울:CLC, 2006), 345-346.

대한 설명과 연결된다. 18조항은 인간의 자유의지에 대해 다루면서, 인간의 자유의지가 영적으로 거룩한 행위를 할 수 있는 능력이 없음을 강조한다. 에라스무스와 루터는 종교개혁 초반 이 문제로 심하게 다투었다. 에라스무스는 1524년 "자유의지론"이라는 논문을 통해, 인간은 선을 행할 수 있는 자유의지가 있으며, 이 자유의지를 통해 인간은 구원에 이를 수 있다고 주장했다. 그는 원죄가 자유의지를 약하게 만들었지만, 인간은 여전히 선과 악을 구분하여 행할 수 있는 자유의지가 있다고 생각했다. 그러나 루터는 1525년 "노예의지론"이라는 논문을 통해, 에라스무스의 의견을 전적으로 반대하고, 아우구스티누스의 의견을 따라 인간은 하나님께 인정받는 선을 행할 수 없는 노예의지만이 존재하며, 오직 하나님의 능력으로만 칭의가 일어난다고 주장했다.57 아우구스부르크 신앙고백서는 말씀을 통해, 성령에 의해 거룩하여진 의지만이 하나님의 계명을 지키고 순종할 수 있다고 고백한다.

구원 받기 전 인간이 선을 행할 수 없다면, 어떻게 국가는 유지되는가? 루터는 20조항에서 믿음이 그리스도인의 선행으로 주어지는 것이 아니라, 칭의로 사람이 선행을 행할 수 있다고 강조한다.58 동시에, 18조항에서 교회와 국가에 적용되는 선한 행위에 있어서 차이가

---

57 Markus Wriedt, "Luther's theology," in The Cambridge companion to Martin Luther, ed. Donald K. Mckim (Cambridge: Cambridge University Press, 2003), 110-111.

III 종교개혁 이후의 개신교 신앙고백

있음을 지적하였다. 인간은 칭의 이전의 참된 선행을 행할 수 없으나 이성적으로 판단하여 사회적 의를 행할 수 있다고 말한다. 고백서는 참된 선행과 사회적 선행을 구분하면서, 칭의 이전 인간은 사회적 선행은 행할 수 있으나, 하나님께서 인정하는 참된 선행을 행할 수 없다고 정리한다.[59]

로마 가톨릭은 어떤 오류를 범하고 있나?

종교개혁이 로마 가톨릭의 오류를 개혁하고자 한 운동이기에 종교 개혁자들은 그 오류가 왜 틀렸는지 성경에 근거해 비판하였다. 먼저 고백서 21조항은 로마 가톨릭의 전통에 깊게 뿌리내린 성인(聖人)숭배를 부정하고, 경배는 오로지 중보자이신 예수 그리스도만이 받으셔야 한다고 고백하고 있다.[60] 비록 고백서가 온화한 어조로 쓰여서, 성인숭배의 유용성을 찬성하는 것으로 보이나, 성인숭배는 명백한 오류이며 제한되어야 한다고 주장한다.[61]

---

58 Michael Hoy, "The Ethics of Augsburg: Ethos under Law, Ethos under Grace, Objective Ethos," in Gift and Promise. The Augsburg Confession and the Heart of Christian Theology, eds. Ronald Neustadt and Stephen Hitchchock (Minneapolis : Fortress Press, 2016), 146-147.

59 Hoy, "The Ethics of Augsburg," 147.

60 이장식(편저), 『기독교신조사(I)』, 46.

61 Steven C. Kuhl, "A Lutheran Confessional Exploration of Gospel Praxis," in Gift and Promise. The Augsburg Confession and the Heart of Christian Theology, eds. Ronald Neustadt and Stephen Hitchchock (Minneapolis : Fortress Press, 2016), 166-167.

신앙고백서 제2부는 22조항-28조항까지로, 이 부분은 주로 가톨릭에 대해 성경의 기준대로 개혁해야 하는 교리와 예전, 교회법 등에 대해 다루고 있다. 고백서는 작성자들이 종교개혁자들로서 가톨릭의 오류를 지적하는 것이 로마의 교권주의에 대항하는 두려운 일이지만, 하나님의 명령에 따라 개혁을 주장해야 함을 선언하고 있다.[62]

그렇다면 아우구스부르크 신앙고백서가 지적한 그 당시 로마 가톨릭의 실천적 폐단은 무엇인가? 22조항은 성찬 실천의 개혁을 주장한다. 중세에는 성찬의 포도주는 오로지 사제들만이 마셨다. 그 이유는 로마 가톨릭은 성찬 때 성찬의 떡과 포도주가 그리스도의 살과 피로 실제로 변화한다고 여겼는데, 성찬의 포도주를 나눌 때 성도들이 포도주를 흘리는 경우가 생겼다. 그들에게 이것은 예수의 보혈이 흘러 버려지는 불경이었다. 이 때문에, 점차적으로 사제들만이 포도주를 마시고, 성찬 떡은 직접 사제가 성찬 참여자의 입에 넣어주는 형태로 발전해 갔다. 아우구스부르크 신앙고백서는 가톨릭의 성찬예식은 성경에 어긋난다고 지적하며, 모든 성찬 참여자가 떡과 포도주를 모두 먹고 마셔야 한다고 주장한다. 성찬은 구원과 은혜의 필요 조건이 아니지만, 그리스도께서 은혜를 주신 통로요, 은혜의 약속이므로 모두 성도가 함께 누려야 한다.[63]

---

62 이장식(편저), 「기독교신조사(I)」, 47.

63 Kuhl, "A Lutheran Confessional Exploration of Gospel Praxis," 169.

순서에는 어긋나지만, 22조항은 24조항과 밀접하게 연결되므로, 먼저 24조항을 살펴보자. 24조항은 미사(Mass), 가톨릭의 예배에 대해 비판한다. 미사는 종교개혁자들에 의해 가장 규탄 받을 종교적 폐단으로 지적되었다. 미사는 가톨릭교회가 7성례 중 성체성사를 중심으로 하는 예배이다. 로마 가톨릭은 성체성사가 그리스도의 살과 피를 먹는 성례로 죄사함의 성례, 그리스도의 몸의 희생제사의 반복이라고 생각했다. 하지만 가톨릭은 성례가 중요하다고 말하면서도, 성도에게 빵만 주며, 그 마저도 성도들에게 헌금을 강요하는데 이용되는 일종의 사제중심주의를 강화하는 수단이었다. 신앙고백서는 때로 미사가 성직자의 임금을 지불하기 위한 수단으로도 오용되었다고 보고한다.[64] 24조항은 이 같은 미사를 폐기하는 미사의 개혁, 즉 예배의 개혁을 주장한다.

23조는 사제 결혼에 대하여 진술한다. 고백서는 로마 가톨릭이 주장하는 것처럼, 사제가 독신하는 것이 하나님을 경외하고 섬기는 방식이 아니라, 결혼하여 가정을 이루는 일이 "신적 질서"를 지키는 일이라고 논증했다.[65] 결혼은 하나님께서 명령하신 귀중한 제도임에도 불구하고, 이를 거부하고 교회가 얼마나 많은 악행을 행했는지, 역사를 통해서 입증하였다. 그러므로 고백서는 로마 가톨릭 교회는 사

---

64 이장식(편저), 『기독교신조사(I)』, 51.

65 Kuhl, "A Lutheran Confessional Exploration of Gospel Praxis," 171.

제 결혼을 반대함으로써 하나님의 법과 자연법 모두를 어기고 있다고 비판한다.

　25조항은 고해성사에 대한 비판한다. 고해성사 역시 가톨릭의 7성례 중의 하나로, 성도가 사제에게 죄를 고백하면, 사제가 사죄선언을 선포하는 예식이다. 고백서는 고해성사를 실천하므로 사죄의 가치와 필요성은 가리고, 죄 보상과 사면 절차에 집중하게 만들었다고 비난한다. 또한 고해성사는 사제가 사면의 권위가 있는 것으로 보이게 해 면죄부 등 죄를 보속하기 위한 여러 비성경적인 행위들을 만들어냈다고 지적한다. 25조항은 고해성사의 전적 폐기를 지적하기보다는 고해성사의 개혁을 제안한다. 고백서는 고해성사 때, 성도들에게 자세한 죄목을 고백하도록 강요하지 말아야 하며, 개인적 기도를 통해 죄 사함을 허락하실 수 있는 하나님께 죄를 고백해야 한다고 추천한다. 앞에서 언급한 것처럼, 고백서는 가톨릭과의 연합을 기대했기 때문에 이렇게 작성되었다. 개혁주의 신학의 입장에서 고해성사에 대한 전면폐지를 주장하지 않았던 것은 분명히 비판받아야만 한다.

　26조는 음식물의 구별에 대한 진술이다. 고백서는 음식물을 구분하여 먹는 행위들이 하나님의 은혜를 받을 수 없다고 지적한다. 하지만 종교개혁 당시, 음식물을 구분하여 먹는 행위들이 광범위하게 사람들에게 퍼진 것은 아니었다. 그렇다면, 고백서는 왜 그 행위의 잘못을 지적했을까? 신앙고백서가 말하고 싶었던 것은 그리스도를 믿는 믿음 이외에 인간이 만들어낸 어떠한 의식과 제도들도 하나님의 은혜를 얻을 수 없다는 점이다. 고백서는 성경에 근거하지 않은 새로 만들어낸 규칙들 때문에, 사람들이 하나님의 명령보다는 그 규칙들에 주목하며, 더 나아가 그 규칙들을 지키지 못한 죄책감에 사람들이 괴로워하는 것에 주목한다.66 게르손(Gerson)은 이런 문제 때문에 "많은 사람들이 절망에 빠졌고 자살한 사람도 있었다"고 말한다.67

아우구스티누스 역시 "많은 전통들 때문에 양심들이 무거운 짐을 지게 되는 것을 싫어하였고," 반드시 지켜져야 하는 것이 아님을 가르치고 있다.68 고백서는 성경에 근거하지 않는 인간의 전통은 하나님의 은혜의 수단이 될 수 없다고 강조하고 싶었다.

27조는 수도원 서약에 대한 진술이다. 로마 가톨릭은 수도원 생활이 그 어떤 직책보다 많은 공적을 쌓을 수 있다고 주장했고, 이 때문에 많은 어린 소년, 소녀가 수도원 서약을 했다. 그러나 종교개혁자들은 수도원 생활은 성경적 근거 없는 독신과 여러 조건들을 강요하는 오류가 있다고 지적한다. 또한 이 서약은 성경에 근거하지 않기 때문에, 무효이며, 구속력이 없다고 주장했다.69 27조가 무엇보다 비판하고 제거하고 싶었던 개념은 완전한 상태라는 개념이다. 로마 가톨릭은 그리스도의 은혜를 받기 위해 선행을 해야 하며, 인간이 완전한 상태에 이를 능력이 있다고 보았다. 하지만, 종교개혁자들은 타

---

66 Hoy, "The Ethics of Augsburg," 149–151.
67 이장식(편저), 『기독교신조사(I)』, 55. 재인용.
68 이장식(편저), 『기독교신조사(I)』, 55. 재인용.
69 이장식(편저), 『기독교신조사(I)』, 57–60.

락하여 영적 의로움을 행할 수 없는 인간은 오직 은혜로만 구원받을 수 있다고 주장했다.[70]

마지막 28조는 감독들의 교권에 대하여 진술한다. 고백서는 그동안 로마 가톨릭 감독들은 그리스도께서 자신들에게 권한을 주셨다고 주장하며, 성경에 근거하지 않는 예배 형식을 고안해 내고, 교회법을 통해 사람들을 통제하며 심지어 황제들까지 파면시켰다고 지적한다. 5조에서 이미 언급한 것처럼 감독, 사제의 역할은 말씀을 선포하고 성례를 집전하는 것이고, 이런 의미에서 교회의 감독들에게 권위가 있다고 말한다. 28조항은 신앙고백서에 가장 긴 분량인데, 이것은 멜란히톤과 루터가 전반적으로 로마 가톨릭 타락의 핵심 중 핵심으로 교권의 남용으로 생각했다는 것을 반영한다.

4) 함께 더 생각해보기

* 아우구스부르크 신앙고백서는 로마 가톨릭교회와의 합의를 위해서 칭의를 어떻게 표현하였습니까? 그 결과로 나타난 장점과 단점은 무엇일까요?

---

70 Hoy, "The Ethics of Augsburg," 151–152.

III 종교개혁 이후의 개신교 신앙고백

루터는 아우구스부르크 신앙고백서에서 그리스도의 의가 우리가 전해졌다는 전가교리가 분명하게 드러나지 않아서 아쉬움을 표명하였다고 합니다. 웨스트민스터 소요리문답 33문에서 칭의를 다음과 같이 설명합니다. "의롭다 하심은 하나님의 값없는 은혜로 정하신 것인데, 저가 우리의 모든 죄를 사유하시고 그 앞에서 우리를 옳게 여겨 받으시는 것이니 이는 다만 그리스도의 의를 우리에게 돌려주심인데, 우리는 오직 믿음으로 받는 것이다."

* 아우구스부르크 신앙고백서가 비판한 종교적 실천들은 무엇인지 찾아서 나열하고 비교해 보세요.

❶ 참된 경건의 실천과 거짓 실천의 차이는 무엇일까요?

❷ 가톨릭의 종교적 실천으로써 고해성사의 잘못된 점은 무엇인가요?

❸ 종교개혁자들이 고해성사를 비판하면서 그리스도의 대속을 강조하는데, 그 이유는 무엇이며, 그리스도의 대속의 가치는 무엇인지 생각해 봅시다.

* 루터파의 교회와 국가 관계에 대한 설명을 살펴보면서, 루터파와 개혁파의 차이점과 공통점은 무엇인지 찾아보세요.

개혁파의 교회와 국가의 관계는 제1 스위스 신앙고백서 27장, 제2 스위스 신앙고백서 30장과 웨스트민스터 신앙고백서 23장을 읽어 보세요.

* 종교개혁 초반에 만들어진 아우구스부르크 신앙고백서의 의미와 아쉬운 점은 무엇인가요?

02

스위스 신앙고백서
(The First Helvetic Confession, 1536)

성령의 내적조명을 강조하는 것은 개혁파의 신학의 특징 중의 하나이다. 이후 벨직 신앙고백서, 웨스트민스터 신앙고백서에서도 언급하겠지만, 외적인 수단과 함께 성령의 내적 조명을 강조하였다. 스위스 신앙고백서는 재세례파의 의견에 반대하며, 하나님께서 성경을 통해 자신의 뜻을 알리시는 방식이 내적 조명뿐 아니라 외적 수단인 설교를 통해서도 알리신다고 주장한다

제1 스위스 신앙고백서(The First Helvetic Confession, 1536년) 읽어보기

* 제1 스위스 신앙고백서의 전문과 설명에 대해서는 다음의 책을
  참고하라.

- Philip Schaff. 박일민 옮김. 『신조학』. 서울:기독교문서선교회, 1984: 6장.
- Philip Schaff 편집, Creeds of Christendom: with a history and critical notes. Grand
  Rapids : Baker Book House, 1983.
- 김영재. 『기독교신앙고백: 사도신경에서 로잔협약까지』. 수원: 영음사, 2011.

생각하며 고백하기

제1 스위스 신앙고백서는 개혁교회의 중심지 중 하나였던 스위스 전체에서 인정받은 첫 고백서이다. 비록 종교개혁 초반이기는 하지만, 개혁교회의 신학의 원리에 대해 잘 정리하고 있다. 독일 종교개혁과 차이를 의식하며 읽어보자.

2) 제1 스위스 신앙고백서 배경읽기

종교개혁 시기에 등장한 수많은 신앙고백서들은 혼란스런 종교개혁 시대의 상황을 보여준다. 로마 가톨릭의 독단적이며, 오류 가득

한 성경해석의 통제를 거부한 종교개혁자들은 "오직 성경"이라는 구호로 성경의 진리만을 믿을 것을 요청했다. 그러나 동시에 가톨릭 외여러 새로운 성경해석 오류들이 등장했고, 무엇이 올바른 성경해석인가라는 질문에 대답할 필요가 커져만 갔다. 또한 개신교라는 큰범주로 포함될 수 있는 루터교회와 개혁교회들은 서로를 기독교인으로 인정하면서도 자신들이 좀 더 명확한 성경진리를 설명하며 실천하고 있다고 주장했다. 이런 이유들 때문에, 종교개혁 이후 신앙고백서들은 보편적 성경진리를 설명하면서도 각 교단들의 특징을 보여주기도 한다.

스위스 개혁교회들을 통해 여러 신앙고백서들이 작성되었으나, 공동 신앙고백서로 스위스 전체에서 인정을 받은 첫 고백서는 '제1 스위스 신앙고백'(The First Helvetic Confession)이다. 이것은 1536년 바젤, 취리히, 베른 등의 개혁교회 지도자들이 바젤에 모였다. 지도자들은 불링거(Bullinger), 유드(Leo Jud), 그리나이우스(Grynaeus), 미코니우스(Myconius) 그리고 메간더(Megander)를 신앙고백 초안의 작성자로 지명하였다. 고백서는 개혁파 지도자들이 종교개혁진영 전체의 통일을 목적으로, 한편으로는 루터파와의 연합을 의도하면서 작성되었다.[71]

---

71 Philip Schaff, 『교회사전집 8. 스위스 종교개혁』 이길상 역 (고양:크리스챤다이제스트, 2004), 212.

제1 스위스 신앙고백서는 바젤에서 작성되었기 때문에, 종종 1532
년의 바젤 신앙고백서와 구분하기 위해 제2 바젤 신앙고백서라고 불
리기도 한다.[72] 고백서는 처음에 28개 조항으로 라틴어로 작성되었
고, 후에 독일어로 번역되면서 27개 조항이 되었다.[73] 레오 유드가 독
일어로 번역하였는데, 믿음을 설명한 부분을 일부 제외하고 번역하
였다.[74] 제네바 시의회는 1536년 5월에 실시한 투표의 결의에 따라
제1스위스 신앙고백서를 제네바 종교개혁의 공식적인 신앙고백서로
선포했다.

3) 제1 스위스 신앙고백서 핵심 살펴보기

제1 스위스 신앙고백서는 전체 28장으로 구성되어 있다. 그러나 개
혁주의 전통가운데 제2 스위스 신앙고백서가 제1 스위스 신앙고백서
보다 더 보편적인 고백문으로 받아들여지기 때문에, 여기서 제1 스위
스 신앙고백서의 핵심은 비교적 간단히 살펴보고자 한다.

제1 스위스 신앙고백서는 성경론, 기독론, 교회론 세 주제를 주로
서술하고 있다. 1장-5장까지는 성경에 대한 고백이다. 제1 스위스 신

---

72 Erwin Fahlbusch, et al, ed, The encyclopedia of Christianity, vol.2 (Grand
   Rapids, Mich., [etc.] : Eerdmans; Leiden [etc.]: Brill, 1999), 523.

73 이장식(편저), 『기독교신조사(I)』, 129.

74 Arthur C. Cochrane, ed, Reformed Confessions of the Sixteenth Century
   (Louisville [etc.] : Westminster John Knox press, cop. 2003), 97.

앙고백서는 이후 신앙고백서들, 특히 장로교의 신앙고백서, 스코틀랜드 신앙고백서, 웨스트민스터 신앙고백서들이 성경론으로부터 시작하는데 많은 영향을 주었다. 제1 스위스 신앙고백서 1-5장은 성경이 성령의 영감으로 기록된 말씀이며 신앙과 경건의 유익을 위해 기록되었고 예수 그리스도에 의해 전 인류에게 계시된 하나님의 말씀임을 천명하고 있다.

6장은 하나님에 관한 교리적 진술이다. 비교적 짧게 언급되어 있지만 하나님의 유일성, 전능성, 삼위일체, 창조, 통치, 보존에 대하여 요약적으로 잘 진술하고 있다.

7-9장까지는 인간론에 대해 다룬다. 고백서는 인간은 하나님의 형상을 따라 창조되었고, 영육으로 구성되었다고 설명한다. 하나님의 형상은 원죄로 인하여 파괴되고, 인간은 진노의 자식이 되었으며, 자유의지는 불순종만을 행하고 선을 행할 수 없지만, 하나님의 은혜로 구원이 주어졌다.

10장과 11장은 기독론에 대한 교리적 진술이다. 고백서는 그리스도의 중보자 역할을 강조한다. 중보자 그리스도는 참 신성과 참 인성을 가진 분으로서 인간의 죄를 속량하시기 위해 죽으시고 부활하셨다. 그가 승리의 주가 되셨기에 우리의 선구자, 지도자, 머리가 되시며, 세상을 심판하기 위해 다시 오실 자이시다. 예수만이 우리의 중보자, 대제사장이시고, 왕이시고, 주(主)시라는 것이다.

12-14장의 내용은 구원론이다. 인간은 그리스도의 공로에 의해서만 구원을 받게 된다. 구원은 하나님의 은혜의 선물인 믿음으로 얻

게 된다. 진실한 신앙은 하나님이 기뻐하시는 예배로 나타나며, 신자
는 사랑과 덕을 가지고 신앙의 열매를 맺는 일을 계속해야 한다고 가
르친다.

15-26장까지는 교회론을 다룬다. 교회에 대한 고백이 제1 스위스
신앙고백서에서 가장 폭넓게 다루어진 부분이다. 교회의 역할과 사
역에 대해 집중적으로 다룬다. 15장은 교회가 그리스도의 신부인 거
룩한 공교회라고 고백한다. 고백서는 무형과 유형교회의 특성을 구
분하여 서술하고 있다. 16장은 하나님의 말씀의 사역자와 교회의 역
할에 대하여 진술하고 있다. 17장은 말씀 사역의 중요성을 언급한다.
특별히 설교자는 하나님 말씀을 선포하는 권위 있는 일이기 때문에,
아무나 설교할 수 없고, 자격 있는 자만이 설교자가 되어야 한다고
주장한다. 이런 배경에서, 18장은 교회 직분자를 세우는 일에 대하
여 논한다. 교회 직분자는 경건생활과 순결에 책망할 것이 없어야 하
고 열심과 진지함이 다른 사람들로부터 인정을 받는 자이어야 한다.
직분자를 임명하는 과정은 인간에 의해 이루어짐에도 불구하고, 하
나님의 진정한 선택에 따라 이루어진다.

19장은 로마 가톨릭의 교권주의에 대항하여, 교회의 머리, 참 목자
는 오직 그리스도이시며, 그리스도께서 말씀 사역을 위해 목사와 교
사들을 주셨다고 고백한다. 따라서 로마교회의 수장과 감독들을 인
정하지 않는다고 진술하고 있다. 20장에서는 교회 직책을 맡은 교역
자의 경건과 역할에 대해 강조한다. 직분자들은 한편으로 경건하고
진지하며, 열심을 가지고 말씀을 연구하여, 신자들이 죄를 회개하
고 생활의 변화를 가져오도록 설교해야 하며, 다른 한편으로는 영적

인 권위를 가지고 악한 세력을 물리치고 사악한 자들이 과오를 시정하도록 지도해야 함을 강조하고 있다. 이러한 주장은 칼빈이 강조하는 교회의 표지로 권징 개념과 호응하는 진술이다. 교역자와 교회의 우선적인 사명은 그리스도의 가르침대로 설교하는 일이다. 고백서는 사악한 마음으로 교회를 좌절시키며, 황폐시키고자 하는 자들을 제명하거나 또는 정당한 방법으로 벌하고 과오를 시정하도록 해야 한다고 설명하면서, 권징에 대한 법적 기준을 제시한다.

21-23장까지는 성례에 대하여 진술하고 있다. 세례는 주님께서 제정하셨고, 하나님께서 선택하신 사람들에게 주시는 은혜이며, 하나님과의 교제이다. 성찬은 예수께서 그의 백성을 위해 죽으셨고, 그의 백성과 함께 사시며, 그 안에서 열매를 맺도록 허락하셨다는 진리를 확증하는 성례이다. 성찬은 영적으로 영원한 생명을 얻도록 하는 표징으로 제공된다. 성찬에서 주님의 몸과 피가 "떡과 포도주와 자연히 결합되었다든지 혹은 공간적으로 떡과 포도주 안에 들어가 있다는 말이 아니며 또는 주님의 몸이 육체적으로 그곳에 현존하는 것이 아니고"라고 함으로써, 신앙고백서는 분명히 화체설과 공재설을 거부한다. 이 고백은 종교개혁당시 치열한 논쟁이 있었던 성찬에 대해, 개혁교회와 루터교회, 로마 가톨릭과 어떤 차이가 있는지 설명하는 구절이다.

24-26장까지는 거룩한 공동체인 교회 안에서 신자들 간의 모임과 교제에 대하여 진술한다. 성도의 교제는 말씀을 듣고 나누며, 성찬에 참여하고 타인을 위하여 기도하는 일을 통한 교제임을 먼저 밝히고, 비성경적 의식들(당시 가톨릭에서 제정한 여러 가지 성찬기구, 미사복,

III 종교개혁 이후의 개신교 신앙고백

성가대원 상의, 교역자 예복, 삭발, 기(旗), 밀초, 제단, 황금, 은 등)은 교회 안에서 추방할 것을 제안한다. 26장은 교회를 헤치고 혼란케 하는 이단성이 있는 가르침에 대해서는 "최고의 관권에 의하여 벌을 받고 억압되어야 한다."고 진술하고 있다.[75]

27장은 국가와 교회의 관계에 대한 개혁주의 이해를 잘 드러낸다. 고백서에 따르면, 모든 관권과 위정자는 하나님으로부터 권위를 부여받았기 때문에, 하나님을 모독하는 일을 근절시키고, 예배를 수호하고, 교회의 복음전도의 사역을 촉진시키는 일을 집행해야 한다. 국가의 권세자들은 교회교육이 방해를 받지 않도록 도움을 주어야 하며, 교회 재정은 가난한 이웃을 위해 유용하게 사용되어야 한다. 또 위정자는 법에 따라 통치하고, 정의에 따라 판결하고, 국가와 국민의 평화와 행복을 유지시키고, 국민의 재산과 생명을 지키고 과실의 경우에 공정하게 벌해야 한다. 고백서는 하나님의 명령과 율법에 경의를 표하고 하나님의 뜻을 거스르는 정부의 행동들이 나타나서는 안 된다고 분명히 하고 있다.[76]

마지막 28장은 혼인에 대하여 교회의 입장을 천명한다. 결혼은 하

---

75 이장식(편저), 『기독교신조사(I)』, 140.

76 이 같은 교회와 국가의 관계에 대한 이해는 스위스 신학자들에게서 골고루 나타난다. 루터가 두 왕국이론을 주장하며, 교회와 국가의 분리를 이야기 했다면, 스위스의 종교개혁자들은 국가가 하나님의 도구로서 공공의 선을 증대시키고, 교리적 순수성을 보장케 하며, 교회가 하나님의 나라를 세워 가는데 적극적으로 도움을 주어야 한다고 주장했다. 자세한 내용은 다음을 참고하라. McGrath, 『종교개혁사상』, 341-358.

나님께서 제정하신 것으로, 직분자들은 독신의 소명을 받은 자가 아니면 반드시 결혼해야 하며, 결혼한 사람은 합법적인 이유가 없이 이혼 할 수 없음을 강조한다. 특별히 수도자들의 독신은 하나님의 질서에 어긋나며, 인간이 헛되게 고안하여 만든 가증스러운 것으로 진술한다.

제1 스위스 신앙고백서는 기독교인의 신앙에 필요한 교리로부터 교회 생활에 대한 성경적 근거를 제공하고, 신자의 교제와 위정자들의 통치권에 대한 교회의 요구에 대하여 분명하게 진술함으로써 신학적 교리와 삶의 기준을 세웠다고 평가할 수 있다.

4) 제2 스위스 신앙고백서(The Second Helvetic Confession, 1566) 읽어보기

* 제2 스위스 신앙고백서의 전문과 설명에 대해서는 다음의 책을 참고하라.

- Philip Schaff. 박일민 옮김. 『신조학』. 서울:기독교문서선교회, 1984: 6장.
- Philip Schaff 편집. Creeds of Christendom : with a history and critical notes. Grand Rapids : Baker Book House, 1983.
- 김영재. 『기독교신앙고백: 사도신경에서 로잔협약까지』. 수원: 영음사, 2011.

CONFESSIO
ET
EXPOSITIO
SIMPLEX ORTHO-
DOXÆ FIDEI, ET DO-
GMATUM CATHOLICORUM SYN-
CERÆ RELIGIONIS CHRISTIANÆ, CONCOR-
diter ab Ecclesiæ Christi ministris, qui sunt in HELVETIA,
Tiguri, Bernæ, Scaphusij, Sangalli, Curiæ Rhetorum
& apud confœderatos, Mylhusij item, & Biennæ, quibus
adjunxerunt se & Genevensis Ecclesiæ ministri, edita in hoc,
ut universis testentur fidelibus, quòd in unitate veræ & antiquæ
Christi Ecclesiæ, perstent, neq; ulla nova aut erronea dogma-
ta spargant, atquè ideo etiam nihil consortij cum ullis
Sectis aut hæresibus habeant: hoc demum vul-
gata tempore, qui de ea æstimare
pijs omnibus liceat.

ROM. X.
CORDE creditur ad justitiam, ore
autem confessio fit ad salutem.

Excudebat ILLUSTRISSIMÆ REIPUBLICÆ
BERNENSIS TYPOGRAPHUS,
Georgius Sonnleitnerus, 1676,

제2 스위스 신앙고백서 Zwingli의 제자였던 블링거(Henry Bullinger)에 의해서 작성되었다. 그는 스스로 이 신앙고백에 따라서 살고, 죽기를 원하는 마음으로 이 작업을 수행했다고 밝히고 있다. 이것은 1562년 라틴어로 초본이 작성되었는데 그 자신이 완성하지 못하고 죽기 얼마 전에 이 고백서에 전적으로 동의했던 순교자 피터(Peter Martyr)에게 고백서의 초안을 보여주고 자신이 죽으면 이것을 잘 다듬어서 쮜리히 시장에게 보내주기를 부탁하면서 이 고백서는 공적으로 드러나기 시작했다.

생각하며 고백하기

제2 스위스 신앙고백서는 종교개혁 2세대 신학자들, 특히 칼빈의 신학이 발전하고 스위스 개혁교회를 세우고, 성숙하게 만들어가던 시기에 작성되었다. 제2 스위스 신앙고백서는 작성 당시 유럽 전체의 개혁교회들이 환영하며 받아들인 고백서로, 개혁교회, 개혁주의가 무엇인지 보여주는 중요한 신앙고백서이다.

5) 제2 스위스 신앙고백서 배경읽기

1536년 『기독교강요』 초판의 출판이후 칼빈은 개혁교회뿐만 아니라 개신교 전체 진영에서 큰 영향력을 발휘했다. 1555년을 기점으로 제네바에서 칼빈을 반대하던 세력이 약해지고, 칼빈의 주도로 교회 개혁이 이루어지고, 1559년에는 개혁운동 확산의 주축돌이었던 제네바 아카데미가 설립되는 활력 있는 개혁운동이 일어났다. 많은 사람들이 유럽 각지에서 유학을 와서 제네바 아카데미에서 공부를 했고, 그들이 돌아가 개혁교회 신앙을 널리 퍼트렸다. 1564년 칼빈의

---

77 학문적으로 16세기 중반 독일지역에서 일어난 개혁파의 확산을 제2 종교개혁(The second Reformation)이라고 부른다. 이 과정은 주로 선제후가 개혁파로 회심하면서 그 지역이 개혁파의 예배와 교리를 받아들이는 과정을 가리킨다. 제2 종교개혁의 역사적 전개에 대해서는 다음을 참고하라. Philip Benedict, Christ's Churches Purely Reformed. A Social History of Calvinism (New Haven Conn.: Yale University Press, 2002), 202-229.

죽음 이후에도, 독일 지역에서 개혁파 세력이 커져 나갔다. 선제후들이 개혁파로 회심하고, 영지의 공식 종교로 개혁주의를 선포하는 경우가 많아졌다.77 개혁파의 영향력이 커지자, 로마 가톨릭, 루터파와 개혁파들 사이에 논쟁이 빈번해졌고 갈등도 깊어지기 시작했다. 이런 갈등의 여파로 독일지역에서 루터파들 일부는 개혁파를 이단이라고 심하게 공격하기도 하였다.

이런 시기에, 칼빈의 동역자였던 하인리히 불링거(Heinrich Bullinger, 1504-1575)는 제1 스위스 신앙고백서를 토대로 '제2 스위스 신앙고백서'(Second Helvetic Confession)를 작성하였다. 이를 통해 스위스의 여러 교회에 개혁 신앙의 표준을 제시할 뿐만 아니라, 개혁신

하인리히 불링거 개혁 교회권에서 대단히 뛰어난 신학자. 그는 요한계시록을 제외한 전체 성경에 대한 주석을 1532-1546년 사이에 집필하였으며, 또한 데카데스(Decades)라는 50개의 교리 설교를 묶은 그의 설교집은 한때 영국 개혁교회 목사들의 필독서이기도 했다. 이러한 불링거가 작성한 이 두 번째 스위스 신앙고백은 16세기 중반기 중 수립된 개혁신학의 본질적인 진술을 대표하는 문서로써 국제적으로 널리 보급되기 시작했다.

앙이 이단이 아님을 독일 지역 루터파에게 증명하여 개혁파 선제후들을 보호하고자 하였다.[78] 제2 스위스 신앙고백서는 제1 스위스 신앙고백의 구조와 형식을 따르고 있지만, 그 내용은 불링거에 의해 크게 보완되고 증보되었다. 이 신앙고백서는 1561년경에 초안이 작성된 것으로 보이며,[79] 1566년 3월 스위스 여러 도시에서 공인되었다.[80]

특별히 제2 스위스 신앙고백서는 개혁파 입장의 교리적 내용을 거의 완벽하게 정리한 것으로 평가받고 있다. 제2 스위스 신앙고백서는 유럽 전역의 개혁파의 지지를 얻었고, 권위 있는 신앙고백으로 자리 잡았다.[81] 이 신앙고백서를 토대로 스코틀랜드 신앙고백서, 웨스트민스터 신앙고백서가 작성되었다.

6) 제2 스위스 신앙고백서 핵심 살펴보기

제2 스위스 신앙고백서는 전체 30장으로 구성되어 있다. 제1 신앙고백서 보다는 2장 정도만 추가된 것으로 보이지만, 전체적으로 각

---

78 Schaff, 『교회사전집 8. 스위스 종교개혁』, 214; 박상봉, "하인리히 불링거의 성경론과 교회론," 「신학정론」 34/2 (2016): 288-290.

79 박상봉, "하인리히 불링거의 성경론과 교회론," 287-288.

80 제2 스위스 신앙고백서는 1566년에 스코틀랜드에서 받아들여졌고, 1567년에는 헝가리 데브레첸 총회에서도 이를 채택했으며, 1571년 프랑스 총회에서도 받아드렸고, 1571과 1578년에 폴란드 개혁교회에서도 동의하였으며, 영국과 네덜란드의 경우 공식적으로 받아들이지는 않았지만 여러 교회에서 사용했다. 김재성, 『개혁신학의 광맥』, 187.

81 Schaff, 『교회사전집 8. 스위스 종교개혁』, 214.

부분마다 많은 교리 설명이 첨가되었다. 특별히 제2 스위스 신앙고백서는 예정론, 복음과 율법에 대해 개혁주의적 답을 제시해주고 있다.[82] 신앙고백서는 1-2장은 성경론, 3-7장에는 신론, 7-10장은 인간론, 11-13장은 기독론, 14-16장은 구원론, 17-30장은 교회론을 다루고 있다. 교회론의 비중이 많으며, 구조적으로 사도신경을 따라가지만, 창조-타락-구속의 구속사적 틀도 함께 제시하고 있다.[83]

성경론 : 성령의 내적조명으로 알게 되는 참된 성경의 의미

1장과 2장은 성경론을 다룬다. 1장은 성경의 정경성과 영감에 대하여 진술한다. 고백서는 성경은 다른 어떤 권위에 의존하지 않고, 스스로 그 권위를 증명한다고 선언한다. 성경은 하나님의 말씀이며, 경건에 대해 모두 가르치고 있다. 고백서는 성경이 신자에게 적용되는 두 수단이 있다고 가르친다. 바로 외적 수단인 설교와 성령의 내적 조명이다. 하나님께서는 외적 수단으로 설교를 통해 하나님의 말씀 자체를 전달하며, 성령께서는 내적 조명으로 신자들에게 성경을 깨닫게 하신다. 여기에서 주의할 부분이 있다. 고백서는 설교자의 설교가 성경의 권위와 전적으로 동일하다고 주장하지 않는다는 것이다. 이처럼 설교란 그 자체로써 하나님의 효과적인 도구로 사용되며, 설

---

82 Fahlbusch, et al, ed, The encyclopedia of Christianity. vol.2, 523.

83 Cornelis P. Venema, "The Doctrine of Preaching in the Reformed Confessions," MTJ 10(1999): 158; 박상봉, "하인리히 불링거의 성경론과 교회론," 293.

교자의 능력과 경건 실천에 의해 설교의 능력이 달라지는 것이 아니다.[84] 설교는 무오한 성경과 달리 오류의 가능성이 있다.

성령의 내적조명을 강조하는 것은 개혁파 신학의 특징 중 하나이다. 각 고백서마다 지향하는 바에 있어서 차이는 있지만, 벨직 신앙고백서, 웨스트민스터 신앙고백서에서도 성령의 내적 조명을 강조하였다. 제2 스위스 신앙고백서는 성령의 조명을 성경보다 더 중요하다고 주장했던 재세례파 의견들에 반대하면서, 하나님께서 성경을 통해 자신의 뜻을 알리시는 방식이 내적 조명뿐 아니라[85] 외적 수단인 설교를 통해서도 알리신다고 주장한다.[86] 하나님이신 성령의 조명은 하나님의 계시인 성경을 신자들이 이해하도록 만드시는 사역이다.

2장은 성경해석 기준을 제시한다. 바른 성경해석은 성경의 다른 구절에 비추어 조화되며, 사랑의 규범에 일치하며, 하나님께 영광을 돌리고 구원에 공헌하는 해석이다. 인간의 전통은 참조사항이지 성경과 같은 권위가 없다. 심지어 교부들의 성경 해석이라도 성경과 일치하지 않을 때 받아들일 수 없음을 분명히 하고 있다.

---

84 박상봉, "하인리히 불링거의 성경론과 교회론," 300.

85 뮌처와 같은 재세례파는 성령의 조명을 성경보다 우선시하기도 하였다. C. Arnold Snyder, Anabaptist history and theology (Kitchener, Ontario : Pandora Press, c1995), 163; William. R. Estep, 정수영 옮김. 『재침례교도의 역사』 (서울 : 요단출판사, 1985), 41-42.

86 Henk van den Belt, The Authority of Scripture in Reformed Theology, Truth and Trust (Leiden: Brill, 2008), 8.

III 종교개혁 이후의 개신교 신앙고백

신론 : 우상을 거부하고 삼위일체 하나님만 섬기자

신앙고백서 3장-6장은 하나님의 본성과 사역에 대해 논하고 있다. 3장은 하나님은 "자존, 자족, 불가시적, 무한하심, 영원하심, 전능하심, 지혜로움, 온유하심, 자비하심, 공의로우심, 진실하심"의 속성을 가진 분으로, 창조주이시고, 선하시고, 살아계시고, 만물에게 생명을 주시어 보존케 하시는 분이라고 말한다. 이후에 교회 전통에 비추어 삼위일체를 요약한다. 고백서는 초대교회 신경들을 따라서, 하나님은 본체에 있어서 한분 하나님이시며, 아버지께서 낳으신 성자 하나님, 성부와 성자에게서 발출하신 성령, 삼위 하나님이시라고 고백한다.

3장은 본질에 있어서 한 분 하나님은 인격의 분리나 혼잡 없이 성부, 성자, 성령으로 구분되어 계신다고 사도신경의 삼위일체에 대한 고백을 따른다. 고백서는 역사상 여러 신론의 이단들, 성부수난주의자, 양태론자 등을 정죄한다. 4장에서는 우상숭배를 반대한다. 우상숭배, 성상숭배 문제는 종교개혁자들이 로마 가톨릭의 중대한 오류로 계속적으로 지적한 부분이다. 고백서는 하나님은 불가시적 영이시고 인간이 이해할 수 없는 본질을 가지셨기 때문에 어떤 예술이나 형상으로 표현될 수 없다고 주장한다. 만일 하나님을 하나의 형상으로 제한하는 행위는 신자가 성경을 믿지 않고, 하나님을 경외하지 않게 만드는 원인이 될 수 있다. 예수 그리스도는 성육신하여 육신이 계시지만, 성육신은 성상의 모델이 목적이 아니라 대속 사역을 감당하는 것이 그 목적이다.

5장은 모든 피조물이 중보자이신 예수 그리스도를 통해서만 하나님을 예배하고, 찬양하며, 기도해야 함을 가르친다. 이런 의미에서 성상, 물체에 대한 예배도 반대한다. 중세 후기에는 성인숭배, 성인들의 유해들을 숭배하는 대중신앙이 자리 잡고 있었다. 성물들을 보기 위해 사람들이 멀리서부터 몰려왔고 그 행위가 죄 용서를 준다고 생각했다.[87] 제2 스위스 신앙고백서는 성인, 성물 숭배를 명백히 비판한다. 6장은 하나님의 섭리를 고백한다. 하나님께서는 창조하신 모든 만물을 그냥 내버려두지 않으시고, 지금도 다스리고 유지하신다. 고백서는 이신론, 하나님은 이 세상에 더 이상 간섭하지 않으신다는 의견에 반대한다.

인간론 : 하나님의 형상대로 창조된 인간의 전적 타락과 예정 받은 자의 태도

신앙고백서 7-10장은 역사적 순서에 따라 인간론을 다룬다. 7장은 천지창조를 설명하며, 특별히 인간의 창조에 관하여 진술한다. 하나님께서는 인간을 "하나님의 형상과 모양대로"(창 1:27) 선하게 창조하셨으며 만물을 다스리는 통치권을 허락하셨다. 인간은 한 인격에, 두 요소 영혼과 육체로 구성되어 있다. 육체는 썩지만 영혼은 불멸한다. 8장은 인간 타락이 죄의 시작과 원인이라고 고백한다. 타락 전 인간은 의롭고 선하고 거룩했지만 뱀의 유혹과 인간의 과오로 타락하

---

87 Philip Schaff, 『교회사전집 6. 중세시대:보니파키우스 8세부터 루터까지』 이길상 역 (고양:크리스챤다이제스트, 2004), 691-695.

여 죄와 죽음에 처하게 되었다. 인간 본성은 부패하였고, 죄의 오염과 죄책은 후손들에게 전가되었다. 인간의 타락과 죄는 하나님에 대한 불신앙이며, 그 결과는 죽음이다. 한편으로 신앙고백서는 상대적으로 많은 부분을 할애하여 하나님이 죄의 원인이 아니심을 증명한다. 하나님은 그의 계획 가운데 죄를 허용하신 것이지 인간에게 죄를 짓도록 강요하시지 않으셨다. 9장은 인간 자유의지의 상태와 능력에 대하여 진술한다. 타락 전 인간의 의지는 자유로이 하나님의 뜻을 행했지만 타락 때문에 오염되었다. 타락으로 의지의 이해력이 어두워졌고, 악을 행하게 되었다.[88] 따라서 인간은 하나님의 뜻을 이해하지 못하고 행하지 못한다. 사람은 중생하고 성령의 조명을 받을 때에만, 여전히 인간의 의지가 연약할지라도 하나님의 뜻과 신비를 깨달을 수 있게 된다.

10장은 개혁신학의 한 특징인 하나님의 예정과 선택에 관한 교리적 진술을 담고 있다. 하나님께서는 은혜로 구원 받을 자를 선택하셨다. 하나님의 선택은 인간의 어떤 공로나 조건에 달려있지 않다. 선택의 목적은 죄인을 하나님의 자녀로 삼으셔서 그 분께 영광을 돌리는 자로 변화시키고자 함이다. 동시에 고백서는 예정을 잘못 이해하는 자들을 위해 경고한다. 고백서에 따르면, 예정은 확신을 주지만, 방종을 허락하지는 않는다고 지적한다. 어떤 자가 자신이 택함 받은

---

88 박일민, 『개혁교회의 신조』 (서울: 성광문화사, 1998), 199.

백성이기에 당연히 구원받는다고 생각해 죄를 짓는다면, 그것은 예정을 잘못 이해한 것이다. 오히려 선택을 하나님의 신비로 인정하며, 두려움으로 구원을 이루어 가야 한다.

기독론 : 영원 전부터 예정되셨으며, 율법을 완성하신 그리스도

제2 스위스 고백서는 11-13장에서 그리스도와 구약, 율법과의 관계에 집중하여 기독론을 설명한다. 먼저 11장은 예수 그리스도에 대한 고백을 보여준다. 예수 그리스도께서는 영원 전부터 성부에 의해 세상의 구주로 작정되셨다. 성자는 신성과 본질에 있어서 성부와 동등하신 하나님이다. 성자 하나님께서 다윗의 혈통을 통해 사람의 아들이 되셨기에 예수 그리스도 한 분 안에 신성과 인성이라는 두 본성이 존재한다. 신앙고백서는 그리스도의 탄생-고난-죽으심-부활의 순서를 따라가며 그리스도에 대해 설명하고 있으며 각기 설명마다 그와 관련된 이단들을 언급한다. 신앙고백서는 그리스도의 삶과 그리스도의 두 본성이 그 분의 구속사역과 깊게 연결된다는 점을 강조한다.

12장은 구약 율법과 예수 그리스도와의 관계에 대하여 진술한다. 율법은 하나님의 뜻을 담고 있기 때문에 선하다. 하나님에 의해 인간의 양심에 새겨진(롬 2:15) 법을 자연법이라고 부른다. 하나님의 손에 의해 기록된 십계명, 구약 율법은 도덕법, 의식법, 시민법으로 구분되어 있다. 구분한다면, 율법은 하나님과의 관계에 대한 법과 세속적 삶의 모든 분야에서 필요한 법들을 포괄적으로 설명한다. 고백

III 종교개혁 이후의 개신교 신앙고백

서는 특별히 율법은 사람에게 죄를 깨닫게 하여 그리스도께로 그들을 인도하는 몽학선생의 역할을 한다고 설명한다.[89] 인간으로서는 율법의 요구에 전적으로 순종할 수 없다. 그러나 그리스도께서 율법의 요구를 완성, 성취하시고 그 분의 공로를 우리에게 주신다. 그리스도의 대속사역 때문에, 신자들은 율법 아래 있지 아니하고 은혜 아래 있고 율법의 속박에 묶이지 않는다.

한편으로 그럼에도 불구하고 율법은 우리에게 여전히 유익하며, 그리스도인의 신앙, 삶의 영원한 법과 규범의 원리를 제공한다. 13장은 하나님께서 예수 그리스도를 세상에 보내신 그 약속에 대하여 좀 더 구체적으로 진술한다. 구약 성경부터 이미 드러나는 영원한 약속, 언약은 예수 그리스도를 믿음으로 말미암아 얻어지는 영원한 약속이다(롬 1:2). 언약에 근거하여 구약의 성도들도 구원을 누린다. 이 약속을 성취하기 위해 성자 하나님이 때가 되어 세상에 오셨고, 그 약속의 성취로써 신자들이 죄 용서 받고 하나님과 화목하게 되며 영생을 누리게 되었다.

---

89 불링거는 삼중적 율법의 용법을 제시하였다. 첫 번째는 우리의 죄를 정죄하고 하나님의 의를 계시하는 것이며, 두 번째는 하나님에 대한 경건한 삶의 규범이며, 세 번째는 형벌에 대한 두려움을 일으키는 역할이다. 고백서에서 불링거는 첫 번째 용법에 집중하여 설명했다. 문병호, "율법의 규범적 본질: 칼빈의 기독론적 이해의 고유성," 「개혁논총」 4 (2006): 11-13.

구원론 : 회심, 칭의, 믿음의 열매인 선행

14-16장에서는 구원론의 신학적 기초를 세운다. 물론 신앙고백서는 후대 개혁주의 신학자들이 다루는 구원의 전 순서(Ordo Salutis)를 제시하고 있지는 않지만, 구원론의 중심이 되는 회심, 칭의와 신앙에 대하여 설명한다. 14장은 회개와 회심에 관하여 진술한다. 회개는 하나님의 선물로써, 성령과 말씀에 의해 인간의 부패한 마음이 회복되어 그의 죄악을 고백하고, 미워하며, 새로운 선한 삶을 살아가도록 노력하는 것이다. 참 회개는 모든 악에서 떠나 하나님에게로 돌아서는 것이다. 이런 근거에서 고백서는 로마 가톨릭의 폐단 중의 하나인 고해성사와 사제중심주의를 비판한다. 고백서에서 회개는 하나님과 개인 사이에 개별적으로 또는 교회 공동체 안에서 공개적으로 고백하는 행위라고 설명한다. 그러나 사제를 통한 대리적 고백, 고해성사는 성경에 어긋나는 행위이다. 이는 단지 고해성사뿐만 아니라 그 너머 자리 잡은 로마 가톨릭의 사제중심주의를 공격한다.

로마 가톨릭은 마태복음 16장에서 그리스도께서 베드로에게 하늘의 열쇠를 주셨다는 말씀에 근거하여 사제가 죄를 사면할 수 있다고 주장한다. 이런 신학적 오류에 근거하여, 중세후기 교황은 죄를 사하는 권위가 있다는 면죄부를 대중에게 팔았다. 하지만 고백서는 복음의 선포가 사면선포요, 오직 그리스도의 피만이 죄의 사면을 가능케 한다고 선언한다. 그러므로 회개한 사람은 그 은혜에 감사하며 옛 사람을 죽이고 새 사람으로 살기 위해 노력해야 하며, 범죄에 대하여 조심하고, 다시금 죄에 빠지지 않도록 기도해야 한다.

15장은 칭의 교리에 대하여 진술한다. 칭의는 "죄를 용서하고, 죄의 허물과 형벌로부터 해방시켜서, 은총을 받아들이게 하여 사람을 의롭다고 선언하는 것을 의미한다."[90] 칭의의 근거는 오직 그리스도이시다. 여기서 고백서는 개혁신학의 전통에서 중요한 칭의개념 중의 하나인 전가교리에 대해 설명한다. 그리스도께서 우리에게 이루시는 칭의는 그 분의 의를 택하신 사람에게 전가하시는 것이다. 전가받은 의는 그리스도로부터 온 것이므로 정결하고 거룩하며 하나님이 보시기에 의롭다. 신자는 완전히 성취된 의를 전가 받았기 때문에 신자의 구원이 확실하다고 선언하는 것이다.[91] 이어서 신앙고백서는 야고보와 바울의 상반된 진술에 대해 고찰하며, 깊은 성경신학적 이해를 보여준다. 야고보서에서 행한 대로 칭의 받는다는 말씀은, 살아있는 믿음은 선행을 낳는다는 뜻이다. 즉 행위가 칭의의 근거가 아니라, 칭의가 선행의 기초이다.

16장은 믿음과 선행에 대한 교리적 기초를 세우도록 설명한다. 신앙고백서는 믿음은 신뢰이며 동의이며, 진리에 대한 이해라고 진술한다. 신앙고백서는 의미심장하게 지성과 감성 요소 전부를 언급한다. 믿음은 단순한 감정의 동요도, 지식의 증가도 아니다. 믿음은 진리를 이해하며 동시에 그 마음에 확신과 진리에 대한 납득과 복종이

---

90 박일민, 『개혁교회의 신조』, 227. 재인용.
91 칭의의 전가교리에 대해서 청교도를 중심의 설명은 다음을 참고하라. 신호섭, 『개혁주의 전가교리』 (서울:지평서원, 2016).

동반한다. 하나님께서는 복음전파라는 믿음의 전달 수단을 통해서 택하신 자녀들에게 믿음을 선물로 주시며, 각 사람들이 믿음의 분량에 따라 자라나게 하신다. 신앙고백서는 이 믿음을 가진 자의 의무에 대하여 설명한다. 고난 중에 인내하며, 참된 고백을 하게 하고 선한 열매들을 맺게 해 준다. 선행은 바로 선한 열매중 하나이며, "신실한 자들이 하나님의 뜻과 말씀의 규범을 따라서 행하는 것이다."[92]

개혁주의 신학에서 믿음은 선행보다 먼저 신자의 삶에 적용된다. 믿음으로 의롭게 된 자가 선행을 행할 수 있는 것이다. 믿음 없는 자는 참된 선행을 할 수 없다. 따라서 구원을 행함의 결과로 돌리는 것이 아니라 은혜의 결과로 돌려야 한다. 신자가 행하는 선행은 믿음으로 하는 것이며, 하나님을 기쁘시게 한다. 하나님께서는 믿음 안에서 은혜로 선을 행한 자들에게 상급으로 부상하신다고 가르친다. 하나님께서 은혜로 선을 행하게 하셨기에, 그것은 우리의 상급이지만 결과적으로 하나님의 은혜이다.

교회론 : 보편적 교회로서 지역교회가 지켜나갈 교회의 사역들에 대한 구체적 예시

제2 스위스 신앙고백서 17-30장까지는 교회론에 대한 진술이다. 30장이 신앙고백의 마지막 장이다. 그렇다면 이 신앙고백에는 종말론에 대한 교리적 기준은 없는가? 고백서에서는 종말에 관한 교리적

---

92 박일민, 『개혁교회의 신조』, 228.

III 종교개혁 이후의 개신교 신앙고백

기준을 현대의 조직신학처럼 진술한 부분은 없다. 그러나 교회론 안에서 신자의 죽음과 관련하여 종말에 대한 교리적 진술을 하고 있다. 그것이 26장에 설명되어 있다.

또한 제2 스위스 신앙고백서는 성찬에 대한 논의가 끝난 22장부터 교회의 여러 실천들에 대해서도 논한다. 예배의 시간, 방식, 자녀의 교육, 심방문제 등 구체적인 교회 실천부분도 다루고 있다. 이것은 제2 스위스 신앙고백서의 저자 불링거의 균형감, 참된 교리와 참된 실천이라는 개혁주의자들의 특징을 보여준다.

17장에서는 교회의 정의와 보편성에 대하여 진술한다. 고백서는 교회를 부르심을 받은 택한 신자들의 모임이라고 정의한다. 교회는 하나님의 법에 의해 통치 받는 하나의 나라이며, 중보자이신 그리스도가 왕이시다. 이런 의미에서 교회는 "보편적"이다. 교회는 하나님 안에서 오직 하나이며, 세계적이어서 세상 모든 곳에 퍼져 있고 모든 시대에 걸쳐 있으며 시공간의 제한을 받지 않는다. 하나님의 "보편적" 교회는 전투적 교회와 승리적 교회의 유형으로 구성되어 있다. 승리적 교회는 천상의 교회이고 싸움을 마치고 그리스도와 함께 승리를 누리는 교회이며, 전투적 교회는 지상의 교회이며 영적 싸움을 지속하고 있는 교회이다. 지상교회 안에는 이스라엘 백성과 이방인이란 비유로, 택자와 비택자 두 부류의 사람들이 있다. 그러나 이 두 부류의 사람이 하나의 교회를 형성한다.93 성경이 가르치는 대로, 교회는 "그리스도의 몸"(골 1:24)이다. 그리고 그 머리는 오직 그리스도 외에는 없다. 성경은 "그를 만물 위의 머리로 주셨느니라 교

회는 그의 몸이니 만물 안에서 만물을 충만케 하시는 자의 충만이
니라"(엡 1:22-23)고 설명한다. 그러므로 그리스도만이 지상교회의 최
상의 머리이다. 따라서 신앙고백서는 지상교회의 주권적인 권위를 가
진 로마교회의 성직제도를 거부한다. 17장은 비록 로마교회의 성직
제도의 오류에도 불구하고 교회는 특정한 질서를 요구한다고 설명한
다. 교회의 일치는 참된 교리를 믿고 교회의 표지, 말씀과 성례를 집
행하는데 달려있다. 17장은 성례의 올바른 시행에 대하여 언급하면
서, 한 가지 권면한다. 성도가 비록 성례를 금지 당했을 때에라도, 섣
불리 그들을 교회밖에 있다고 간주하지 말라는 것이다. 지상의 유형
적인 교회 안에는 항상 알곡과 가라지가 섞여 있지만, 우리는 정확
히 알 수 없다. 따라서 교회가 성급하게 판단하여 어떤 이를 쫓아내
는 일에 신중을 기해야 하며, 교회에 상처를 입히지 않도록 해야 한
다. 이러한 이해는 불링거가 참된 교리의 적용에 있어서 관용함이 함
께 해야 한다는 생각을 가지고 있음을 증거한다. 교리는 정죄보다 바
른 신앙의 교정을 목적으로 해야 한다.[94]

18장은 교회의 제도와 직분에 관하여 진술한다. 신앙고백서는 교

---

93 지상에 있는 교회에 대하여 성경은 다양하게 설명하고 있다. "살아계신 하나님의 성
    전"(고후 6:16), "산 돌 같이 신령한 집"(벧전 2:5), "반석 위에 세워진 집"(마 16:18),
    "진동치 못할 나라"(히 12:28), "진리의 기둥과 터"(딤전 3:15), "정결한 처녀"(고후
    11:2), "그리스도의 신부"(아 4:8), "한 목자 아래 있는 양의 무리"(겔 34:22-23), "그리
    스도의 몸"(골 1:24)이라고 표현한다.
94 박상봉, "하인리히 불링거의 성경론과 교회론," 311-312.

역자를 통해 교회가 어떻게 자신의 표지인 말씀과 성례를 집행해 나가는지 설명한다. 첫째, 하나님께서는 교회를 세우시고, 다스리고 보존하실 때 항상 사역자들을 사용하셨다. 교회의 직분은 하나님께서 지정하신 것이고, 지상에 교회가 존재하는 한 사역자는 존재한다. 하나님께서는 사람을 사역자로 세워 사람들을 향해 자신의 사역을 하게 하신다. 사역자는 말씀을 전파하고 가르치도록 안수 받고 위임 받은 자이다. 말씀을 전파하는 사역을 맡은 자는 하나님께서 그들을 회심의 도구로 사용하시기에 중요하다. 그러나 마치 사역자들이 그 회심을 일으키게 만드는 자로 생각해서는 안 된다. 이 지점에서 신앙고백서는 균형적 시각을 요구한다. 둘째, 교역자의 자격에 대해 설명한다. 교회는 그리스도의 명령에 따라 목사와 교사들을 세웠다. 구약시대에는 족장들과 선지자들을 통해서, 신약시대에는 그리스도를 통해 사도들을 불러 세우셨고, 사도들을 통해 교회의 목사와 교사들을 세우셨다. 새 언약 아래 있는 사역자들은 사도, 선지자, 전도자(복음서 기자), 감독, 장로, 목사, 교사가 있지만, 초대교회의 임시직인 사도, 선지자, 전도자를 제외한다면, 오늘날의 교회까지 이어지는 항존직은 감독, 장로, 목사, 교사로 불러진다. 불링거가 말하는 감독은 로마 가톨릭의 주교가 아니라, 노회의 의장이면서, 교회를 돌보는 자를 언급한다.95

---

95 박상봉, "하인리히 불링거의 성경론과 교회론," 315.

한편, 불링거가 집사의 직책을 언급하지 않은 이유는 그 당시 취리히 교회가 국가와 연합하여 사역들을 진행하고 있었고, 집사의 역할, 가난한 자를 돌보고 도움을 주는 역할은 국가의 빈민복지사들이 수행하고 있었기 때문이다.[96] 셋째, 교역자들의 등급을 나누거나 수도승 제도, 수도자들의 직급과 종류들을 두는 것은 그리스도나 그의 제자들에 의해 제정된 것이 아니다. 교회의 사역자들은 하나님의 소명에 따라 합법적으로 교회의 선출을 통해 택하심을 받도록 해야한다. 그러므로 사역자들은 디모데후서 3:2-7과 디도서 1:7-9에 제시된 것처럼 사도적 규범에 따라 충분한 식견을 가진 자, 성경의 지식을 가진 자, 절제와 경건에 좋은 평가를 받은 사람을 선택해야 한다. 넷째, 교회의 권세와 직분에 대하여 설명한다. 교회 목회사역에 주어진 권세는 하나님께서 임의적으로 주신 권세이다. 그러므로 교역자는 하나님이 권한의 주인이심을 인식하고, 그 권한이 섬김을 위한 것임을 알아야 한다. 신앙고백서는 교역자는 권징을 집행하는 권한이 있다고 언급한다. 권징은 교회의 정결을 위해 죄를 지은 자를 바른 길로 인도하기 위해 성경에 어긋난 행위를 한 자를 징계하는 교회의 행위이다. 권징은 교회를 양육하기 위해 필요하지만, 권징을 통해 압제나 소동이 발생하지 않도록 항상 규칙이 있어야 한다(고전 14:40). 교회가 위임 받은 권세로 사람을 망치려고 하는 것이 아니라 세우려고 해야 한다는 것을 강조한다. 교회에서의 권징은 일반 신자들에게만 국한 되는 것이 아니고 노회를 통해 사역자들에게도 권징

---

96 박상봉, "하인리히 불링거의 성경론과 교회론," 315.

III 종교개혁 이후의 개신교 신앙고백

이 있어야 함을 설명한다.

19장에서 22장은 교회의 표지 중 하나인 성례에 관하여 진술한다. 먼저 19장은 성례에 대해 포괄적으로 논의한다. 신앙고백서는 첫째, 성례를 누가 제정했는가를 설명한다. 성례는 하나님께서 친히 제정하신 것이다. 바른 성례는 말씀, 표징, 표징의 대상으로 이루어진다. 성례에서는 성경을 선포하며, 참된 언약의 표징으로써 물 또는 빵과 포도주가 있다. 그리고 이 표징들은 그 자체로 의미가 있는 것이 아니라, 가리키는 대상 바로 그리스도의 신비, 그리스도와의 연합의 의미가 담겨 있다. 성례를 통해 신자는 영적으로 유익을 얻고 전적으로 하나님을 의지하게 하며, 하나님의 요구가 무엇인지를 깨닫게 된다. 둘째, 성례의 유형에 대하여 설명한다. 성례에는 두 가지가 있는데, 바로 세례와 성찬이다. 신앙고백서는 구약의 할례가 세례로, 유월절 만찬이 성찬으로 이어졌다고 주장한다. 이는 개혁파의 고전적인 해석이다.

20장은 세례에 관하여 더 자세히 진술한다. 세례는 하나님에 의해 제정되었고, 최초로 세례를 베풀었던 자는 그리스도에게 물세례를 준 요한이었고, 요한으로부터 사도들에게로 이어졌다. 예수님은 사도들에게 "아버지와 아들과 성령의 이름으로 세례를 주라"(마 28:19)고 하셨다. 신앙고백서는 한 번 받은 세례는 일생동안 지속되며, 신자의 양자됨에 영구적인 인침이 된다고 설명한다. 세례는 죄 씻음의 상징이며, 하나님과의 언약의 증거이며, 그리스도와 한 몸으로 연합되었다는 상징이다. 죄 씻음을 받고 새롭고 순전한 삶을 살기 위한 하나님의 은혜이다. 20장에서 신앙고백은 개혁신학의 관점에서 세례의 실천에 대한 교리적 기초를 제공한다. 그 기초는 "세례가 여자나 산파에 의해서 거행되어서는 안 된다"는 것이다. 그 이유는 "여자를 교회 사역직의 소명에서 제외시켰기 때문이다. 세례는 사역자의 직분에 속한다."고 진술하고 있기 때문이다.[97] 이 주장은 두 가지 함의를 가지고 있다. 첫째, 세례 없이도 구원은 있다는 것을 암시한다. 그 당시 로마 가톨릭은 세례가 반드시 구원에 필수적이라고 생각했기 때문에, 유아가 출생 도중 사망할 가능성이 높으면 산파가 유아에게 세례를 주도록 허용했다. 성공회와 루터교회는 이런 전통을 유지하기도 하였다. 그러나 개혁파들은 이런 의견에 반대했다.[98] 둘째, 세례는 반드시 교회의 사역자에 의해 베풀어져야 한다. 세례가 바르게 집례되려면, 안수 받은 사역자가 그리스도와 사도가 하신 형식, 물을 사용하고 삼위를 선포하는 단순한 형태로 이루어져야 한다.

21장은 성찬에 관하여 논한다. 성찬은 그리스도께서 최후의 만찬

---

97 박일민, 『개혁교회의 신조』, 261.

98 Jane Dempsey Douglass, "Woman and Continental Reformation," in Religion and Sexism, ed. Rosemary Ruether (NewYork: Simon and Schuster, 1974), 297. 카피토와 같은 개혁주의자들은 이런 사상에 반대하며 산파에 의한 세례나 집에서 이루어지는 세례에 반대했다. Hughes Oliphant Old, The Shaping of the Reformed Baptismal Rite in the Sixteenth Century (Grand Rapids, Michigan: Eerdmans Publishing company, 1992), 53. 칼빈도 카피토처럼 세례가 산파나 여자에 의해 베풀어지지 말아야 한다고 주장한다. John Calvin, 『기독교강요』 김종흡외 역 (서울:생명의 말씀사, 1988), IV.xv.20-22.

자리에서 제정하셨다. 신앙고백서에 따르면, 성찬제정의 가장 큰 의미는 그리스도의 희생으로 우리가 죄사함을 받고 구원을 얻었음을 기념하는 것이며, 그의 몸과 피를 먹고 마심으로 영적으로 활력을 얻고 그의 이름을 기억하는 것이다. 즉 성찬에는 표징과 표징의 대상이 있는데, 외적인 떡과 포도주는 그리스도의 살과 피, 그리스도의 임재를 지칭한다. 그리스도께서는 성찬에 영적으로 임재하신다.[99] 성찬 참여자에게 내면적으로 성령을 통해서 영혼 속에서 은혜를 깨닫게 하고, 외면적으로는 떡과 포도주가 집례자(목사)에 의해서 제공된다. 특이한 점은 고백서가 성찬에 참여하는 자가 떡과 포도주를 받음에 대하여 1) 육체적 먹음, 2) 영적 먹음, 3) 성례적 먹음으로 구분하여 설명하고 있다는 점이다. 육체적 먹음은 빵과 포도주를 먹음이며, 영적 먹음은 성령에 의해 우리 영혼을 살리시고 죄 사함을 베풀며, 성례적 먹음은 성찬예식에 참여하는 동안 그리스도를 머리로 하는 신비적인 몸과 피에 참여한다는 것을 의미한다. 이런 유익들은 오직 믿음으로 성찬에 참여하는 자들에게 주어진다. 따라서 신앙고백서는 신자들이 성찬에 참여할 때 먼저 자신이 그리스도께서 구원을

---

[99] 불링거는 쯔빙글리의 뒤를 이어 취리히의 종교개혁을 진행한 인물이다. 하지만 취리히와 제네바 사이의 취리히 협정 (Consensus Tigurinus, 1549)을 거치면서 쯔빙글리의 기념설을 여전히 버리지 않고 있지만 칼빈의 영적 임재설에 좀 더 가까운 의견을 보여주게 된다. 제2스위스 신앙고백서에서는 칼빈의 영적 임재설에 대한 동의를 많이 드러낸다. Carrie Euler, "Huldrych Zwingli and Heinrich Bullinger," in A companion to the Eucharist in the Reformation, ed. Lee Palmer Wandel (Leiden; Boston: Brill, 2014), 70-73.

위해 행하신 일들을 믿는 믿음이 있는지를 살펴야 한다고 했다. 이러한 가르침에 근거해서 신앙고백서는 로마교회의 미사(Mass)를 용납할 수 없다고 진술한다.

22장은 교회 공동체의 거룩한 모임에 관하여 진술한다. 신앙고백서는 교회의 본질적 사명을 감당하기 위해 거룩한 성도의 회집이 필요함을 설명한다. 교회의 모임은 은밀하게 진행되지 않고, 공적이고 일반적이어야 한다. 하나님을 향한 예배의 장소가 구별되어야 하고, 기도의 모임과 훈련이 필요하며, 진실함과 미덕이 필요하다.

23장은 교회생활에 있어서 기도, 찬송 그리고 일반적인 법규에 관한 내용에 대하여 진술한다. 첫째, 개인이 기도할 때 자기가 이해할 수 있는 말로 기도하며, 교회 사역자, 교회 공동체, 국가의 왕이나 행정관리들, 교회의 필요에 대하여 기도해야 한다고 가르친다. 특별히 공기도에 대해 이야기 하면서, 모든 공기도들이 내용이 유사하거나 동일할 필요는 없으나 지나치게 길거나 지루해서는 안 된다고 설명한다. 둘째, 찬송은 거룩한 모임의 장소에 따라 절제 있게 해야 한다. 셋째, 교회 법규에서는 로마교회처럼 찬송과 기도가 정해진 문구에 따라 하는 것을 불합리한 것으로 판단하고 있다.

24장은 주일, 금식과 음식 규례에 대하여 진술한다. 첫째, 고백서는 특정한 날을 예배에 할애해야 하는데, 초대교회부터 예배를 위하여 따로 정하여 지켜온 주일에 예배를 해야 한다고 권면한다. 신약교회는 주일을 거룩하게 지키되 유대인의 안식일처럼 비성경적인 종교적 관습이 아니라, 복음의 선포와 성례의 날로 지켰다. 고백서는 중세 당시 다양했던, 그러나 성경에 근거가 없는 죽은 사람이나 성자들 위한 축제일을 반대하고, 오직 그리스도의 출생, 고난, 부활, 승천만을 기념해야 한다고 주장한다.100 둘째로, 신앙고백서는 그리스도인에게 금식을 적극 추천한다. 금식은 금욕과 절제를 통해, 우리의 육체의 의존을 버리고 하나님 앞에서 겸손하게 해주며, 육체의 것들을 버리고 성령께 복종하도록 해준다. 금식은 공개적으로 그리고 개인적으로 할 수 있으나, 자유롭게(강요가 아니라) 즐거운 마음으로 하도록 한다. 셋째, 음식은 하나님께서 선하게 창조하신 것이므로 하나님을 경외함 가운데서 적절하게 먹고 즐기는 것이 옳다. 그러나 음식에 대한 무절제, 쾌락 추구, 방종은 하나님의 목적이 아니다(딤전 4:1, 3-4).

25장은 자녀들의 신앙교육과 목회 전반에 대하여 진술한다. 고백서는 25장의 표제로 "세례 받을 자의 교육과 환자의 심방"이라고 정하였다. 신앙에서 자녀들의 교육은 그들을 교회의 한 일원으로 받아들이는 과정이자 방법이며, 바로 세례 받고 한 공동체의 일원이 될 사람들을 교육하는 사역임을 알려준다. 고백서는 다음과 같이 제안한다. 첫째, 교회에서 목회자들은 신앙 안에서 자라나는 자녀들과

---

100 박일민, 『개혁교회의 신조』, 272.

젊은이들에게 십계명, 사도신경, 주기도, 성례와 중요한 교리들을 가르치고 설명함으로 믿음의 기초를 세워주어야 한다. 둘째, 교인들의 심방에 대하여, 신자들의 재난, 병, 유혹을 당할 때 목회자는 심방하고, 필요한 것이 있으면 공급해 주며, 그들을 위로하고 믿음 안에서 흔들리지 않도록 해주고, 사단의 유혹에 대항할 수 있는 용기를 가지게 해 주어야 한다.

26장은 신자의 장례, 그리고 사후의 문제에 대하여 진술한다. 불링거의 뛰어난 개혁주의 의식이 드러난다. 교리는 교리적 논쟁에서 끝나는 것이 아니라 신자의 삶과 직접적으로 연결된다. 사후의 문제, 종말론적 논의는 신자의 삶의 방향과 실천을 결정한다. 26장은 첫째, 신자는 죽은 후에 부활이 있다는 사실을 확신해야 한다고 권고한다. 이 확신 가운데, 주 안에서 죽은 자들을 향해 존경을 표하며, 미망인과 자녀들을 교회가 나서서 보살펴야 한다고 강조한다. 둘째, 신자들은 죽은 자들에 대해 이방인들처럼 지나치게 슬퍼하거나 애곡하지 말아야 한다. 왜냐하면 우리에게는 부활의 확신이 있기 때문이다. 죽은 자들의 운명은 지상의 신자들의 행동에 의해 변화되지 않기에, 죽은 자들을 위하여 제사를 드리거나 돈을 바치면서 기도하는 일과 그들의 고통을 경감하려는 의도를 가지고 노래를 부르지 말아야 한다. 셋째, 죽음과 관련하여 연옥에 대하여 가르치는 것은 기독교의 신앙에 정면으로 위배된다는 점과 죄의 완전한 용서는 그리스도로 말미암는다는 점도 강조한다.

27장은 교회의 다양한 의식과 의례에 관하여 진술한다. 첫째, 신약교회는 율법이 가르치는 의식법을 따를 의무가 없다는 점을 분명히 설명한다. 그 이유는 그리스도께서 오셔서 단번에 율법을 폐하셨기 때문이다. 만일 교회가 유대인의 방식을 좇아서 그들의 의례나 의식들을 행하게 되면 다시 유대교를 도입하는 것이 되기 때문에, 주의해야 한다. 둘째, 개교회들이 각기 약간 다른 의식들을 행한다고 해서 다른 교회라고 간주해서는 안 된다고 권면한다. 27장은 신자들이 의식에서 그리스도를 찾을 수 있게 한 간단한 의례는 사용되어야 하며, 성상숭배와 같은 명백한 의례적 오류는 피하며, 의례의 다양성을 이루어야 한다고 말한다. 여기서 우리는 개혁교회는 무절제한 혁명도, 무비판적 전통의 답습도 아니라 전통의 존중이 함께 하는 교회임을 알게 된다.

28장은 교회의 재산과 그것의 정당한 이용에 관하여 진술한다. 첫째, 교회 재산의 취득과 사용에 대하여 설명한다. 교회들은 신자들이 바친 헌금으로 재산을 가지게 되었다. 이 재산을 교회는 예배, 교육, 교회의 건물 유지와 사역자들의 생활과 가난한 자들의 구제를 위해 사용해야 한다고 설명한다. 둘째, 만일 교회의 재산이 무례히, 무지함으로 그리고 탐욕으로 낭비된다면, 이를 묵과하지 않고 경건과 지혜를 가진 자들이 거룩한 사용을 위해 개혁을 추구해야 한다.

29장은 독신생활과 결혼생활 그리고 가정생활에 대하여 진술한다. 첫째, 독신은 은사로 주어지는 것임으로 끝까지 독신을 유지하고 심각하게 욕정에 불타서는 안 된다고 설명한다. 그러나 만일 이러한 은사가 사리지고 욕정을 느낄 경우 바울이 고린도전서 7:9에서 가르친 말씀을 기억하도록 권고하고 있다. 둘째, 결혼은 하나님께서 제정하셨으며, 한 남자와 한 여자가 서로 하나가 되어 가정을 이루는 축복이다. 따라서 혼인을 귀중히 생각해야 한다(히 13:4). 고백서는 결혼보다 독신을 높이지 않으며, 일부다처제도 반대한다. 신자들의 결혼은 교회의 기도와 축복 속에서 거행되어져야 하고, 결혼한 부부는 서로 화평, 충성, 사랑, 순결함으로써 거룩을 유지해야 한다. 셋째, 자녀들은 신앙 안에서 부모들에 의해 양육을 받아야 되며, 부모는 자기 가족을 돌보아야 할 책임이 있지만, 결혼 후 자녀들은 재능에 따라 직업을 가지고 스스로의 삶을 영위할 것도 가르친다.

30장은 제2 스위스 신앙고백서의 마지막 진술이다. 30장에서 진술하는 행정관리에 대한 설명은 교회 안에서의 행정관리에 대하여 말하는 것이 아니라 국가의 행정관리에 대하여 언급하는 것이다. 이 진술은 교회와 국가에 대한 불링거와 스위스 종교개혁자들의 인식을 보여준다. 첫째, 행정관리는 성경에 따르면, 하나님께서 인류의 질서를 위해 세운 직책이다. 행정관리가 교회에 반대하며 교회를 박해할 수도 있지만, 교회를 유익하게 하는 중요한 직책이다. 둘째, 행정관리의 직책은 먼저 국가의 안정을 가져오는 것이다. 또한 그들은 교회를 순수하게 지키기 위해 우상과 불경을 물리칠 때 가장 성공적인 공직 수행을 하고 있는 것이다. 이것은 제1 스위스 신앙고백서의 27장에서도 언급했다시피 스위스 신학자들의 특징이기도 하다. 그들은 정부의 선한 역할이 교회의 성장은 물론이요, 하나님 공의의 성취에 공헌할 수 있다고 생각했고, 이것을 국가의 진정한 의무로 간주했다. 고백서는 전쟁을 논하며, 재세례파처럼 전적인 전쟁의 부정과 공직 진출 거부는 옳지 않고, 어쩔 수 없는 경우 전쟁을 피할 수 없지만 평화를 추구해야 하고, 사람들이 하나님의 말씀을 지키도록 도와야 한다고 했다. 이런 배경에서 고백서는 공직자를 무조건적으로 경멸하는 자들을 비판한다. 정부가 지니는 질서 유지의 의무를 생각하며 사람들은 정부를 존중해야 한다. 셋째, 정부는 정부의 의무를 성취하기 위해 최선을 다해야 한다. 행정관리는 하나님의 말씀을 듣고 교육받으며, 행정관리들 중에 특별히 사법 관리는 올바른 판단으로 재판을 해야 하며, 사람이나 뇌물에 의해 움직여서는 안 된다는 점을 강조한다. 고백서는 행정관리가 과부나 고아나 고통을 당하고 있는 자들을 보호해 주도록 가르친다. 또한 행정관리들은 모든 범법자들, 치안 방해자, 도적들, 살인자들, 폭력행사 자들, 욕설하는 자들, 위증자들을 향하여 하나님의 명령에 따라 벌을 주도록 칼을 빼들어야 한다고 진술한다.

7) 함께 더 생각해보기

* 믿음으로 의롭다 칭함을 받는 기독교인의 칭의에 대한 이해에서 칭의와 믿음과 선한 행위와의 관계를 어떻게 설명하는지 다시 살펴봅시다.

❶ 스위스 신앙고백서는 참된 선행을 칭의와 믿음과의 관계에서 어떻게 설명하나요?

제2 스위스 신앙고백서 16장 4절에서는 믿음은 "사랑을 통하여 효력을 발생하고 능동적으로 된다고 한다. 기도는 또한 우리 양심을 가라앉히고 하나님께로 거저 다가갈 수 있는 길을 열어, 우리가 확신을 가지고 하나님께 가까이 나아갈 수 있게 하며, 또 그로부터 유용하고 필요한 것을 얻을 수 있도록 한다. 믿음은 우리가 마땅히 해야 할 일을 하게 한다. … 모든 종류의 좋은 열매를 맺게 하며, 선한 일을 하게 해 준다." 이어서 5절에서 "우리는 진정으로 선한 일은 성령으로 말미암아 살아있는 믿음으로부터 자라며, 하나님의 말씀의 뜻과 규칙에 따라 신실한 신자들에 의하여 실행된다고 믿는다."

❷ 신앙고백서에서 참된 선한 행위와 사회적 선한 행위를 구분합니다. 왜 그렇게 구분하는 것일까요?

❸ 칭의와 믿음, 선행의 관계에서 우리가 구원받은 자임을 어떻게 확신할 수 있을까요?

* 스위스 신앙고백서들은 교회가 성도의 삶에 주는 유익이 무엇이
  며, 어떻게 그 유익이 주어진다고 설명하나요? 특히, 제2 스위스
  신앙고백서 17장은 사도신경에서 "거룩한 공회와 성도가 서로 교
  통하는 것"이라는 부분을 설명하면서 교회의 본질과 교회의 직
  무를 설명하고 있습니다. 이 부분을 다시 한 번 읽으면서 생각해
  봅시다.

* 신앙고백서가 설명하는 직분과 오늘날 우리 교회의 직분에는 어
  떤 차이점과 공통점이 있습니까? 차이점이 있다면, 어떻게 개혁
  교회의 모습으로 발전시킬 수 있을지 서로 나눠봅시다.

* 제1, 2 스위스 신앙고백서가 말하는 국가의 의무와 역할에 대해
  살펴보면서, 이전의 루터파의 아우구스부르크 신앙고백서와의
  차이점을 다시 한 번 비교. 정리해 보세요.

03

스코틀랜드 신앙고백서
(Scots Confession of Faith, 1560)

교리를 순결하게 지키려는 필요성과 예수 그리스도를 증거하려는 열망이 스코틀랜드 종교개혁자들에게 일어났고 그 결과 스코틀랜드 신앙고백서를 작성하게 만들었다. 개혁자들은 하나님 말씀에 근거하여 성령의 조명을 받으면서 종교개혁의 신학적 원리인 신앙고백서를 작성하게 되었다. 이번 장에서는 한국 장로교회의 신학과 교리 그리고 교회 정치제도의 기초를 제공한 스코틀랜드 종교개혁의 신학적 원리들을 스코틀랜드 신앙고백서를 통해 밝히고자 한다.

1) 스코틀랜드 신앙고백서 읽어보기

* 스코틀랜드 신앙고백서의 전문과 설명에 대해서는 다음을 참고하라.

- Arthur C. Cochrane. Reformed confessions of the sixteenth Century. Louisville; London: Westminster John Knox Press, 1966.
- Thomas McCrie. Life of John Knox. Edinburgh; London: William Blackwood and Sons, 1855.
- 김영재. 『기독교신앙고백: 사도신경에서 로잔협약까지』. 수원: 영음사, 2011.
- 이광호. 『스코틀랜드 신앙고백서』. 평택: 교회와성경, 2015.

생각하며 고백하기

스코틀랜드 신앙고백서는 비록 4일이라는 짧은 기간 동안에 작성된 신앙고백서이기에 다른 고백서들에 비해 여러 신학 전통을 담거나 체계적으로 교리를 전달한다고 보기는 어렵다. 그러나 오랜 기간 스코틀랜드의 종교개혁을 바라고 노력했던 존 녹스를 비롯한 여섯 명의 목사들이 성경의 핵심을 잘 가르치고, 그 성경이 신자들의 삶에 적용되기를 바라는 목자의 마음으로 작성한 고백서이다. 우리가 그들이 사역하는 교회의 성도라고 생각하며 읽어보자.

2) 스코틀랜드 신앙고백서 배경읽기

참고도서

• 김중락, 『스코틀랜드 종교개혁사: 존 녹스에서 웨스트민스터 총회까지』, 안산: 흑곰북
  스, 2017.

스코틀랜드 신앙고백서가 작성된 역사적 배경은 어떻게 될까?

스코틀랜드 종교개혁은 박해와 순교의 역사였으며, 그 가운데 개
혁교회가 설립되었다. 그 중심에 존 녹스(John Knox)가 있다. 스코틀
랜드의 종교개혁자로 녹스의 삶은 순탄치만은 않았다. 로마 가톨릭
세력에 저항하는 세인트 앤드류 성의 설교자로 섬기다, 로마 가톨릭
을 지원하는 프랑스군에 의해 포로가 되어 1547년부터 49년까지 노
역을 하기도 했다. 에드워즈 6세가 이끄는 종교개혁에 참여했다가,
이후 등극한 메리 여왕의 박해로 녹스는 1554년 제네바로 망명해,

존 녹스가 목회했던 세인트 자일스 교회당

III 종교개혁 이후의 개신교 신앙고백

칼빈의 사상을 배우고, 영국 난민들을 위한 사역을 계속했다. 영국에도 엘리자베스 여왕이 등극한 이후, 스코틀랜드 개신교 세력이 점점 커지면서 스코틀랜드 내부에서는 프랑스-기즈 메리와 가톨릭 연합과, 영국, 개신교 귀족들, 개혁교회 연합의 구도로 서로 격투를 벌이게 되었다. 1558년 후반에 들어서 스코틀랜드의 상황이 완전히 바뀌면서, 스코틀랜드에 광범위한 개신교운동이 일어나기 시작하였다. 이 무렵, 1559년에 녹스가 스코틀랜드로 귀환하였다. 녹스의 귀환은 로마교회의 철학적 궤변, 전통, 그리고 미신적인 신앙 상태에 빠져있던 스코틀랜드 국민들이 영적 무지로부터 벗어나는 전환점이 되었다.

녹스를 중심으로 개신교진영은 종교개혁의 성공을 위해서 프랑스군의 도움으로 개신교를 제압하려던 기즈 메리를 섭정에서 끌어내리고자 전쟁을 하였으나, 갑자기 기즈 메리가 1560년 6월 사망하게 되면서 개혁의 길로 들어서게 되었다.

존 녹스 로마 가톨릭교회의 사제였으나 칼뱅주의를 추종하게 되면서 메리 스튜어트와 투쟁하여 개혁주의를 도입하였다.

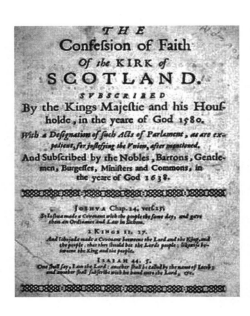

1560년 스코틀랜드 장로교회의 아버지로 불리워진 존 녹스와 5명 개혁자들(John Winram, John Spottiswoode, John Wilock, John Douglas, John Row)이 4일간 작성한 스코틀랜드 신앙고백서다. 이 신앙고백서는 1648년 웨스트민스터 신앙고백서가 장로교회의 표준문서로 대체되기까지 스코틀랜드 장로교회의 첫 번째 신앙고백서로 인정받았다.

장기전이 될 전쟁처럼 보였으나, 프랑스가 스코틀랜드를 포기하고, 그해 7월 6일 에딘버러 조약(The Treaty of Edinburgh)이 체결하면서 모든 외국 군대는 스코틀랜드에서 물러나게 되었다. 곧 8월 1일에 열린 스코틀랜드 의회는 개신교, 특별히 개혁교회를 세우길 원하는 인물들로 구성되었고, 종교에 관한 중요한 사안들이 개신교도들이 제시한 간청에 따라 소개되었다.

개신교 지도자들은 스코틀랜드 교회에 악영향을 미친 로마 교회의 부패들을 제거하는 중요하고 긴급한 일을 수행할 수 있도록 의회가 강력한 힘을 행사해 줄 것을 요청했다. 그들은 세 가지를 요청했다. 첫째, 로마 교회가 주장하는 비성경적 교리를 버려야 한다. 둘째, 로마 교회가 예배에 사용하고 있는 방법들은 예배의 순결성과 근본적인 질서를 회복하기 위해 개혁되어야 한다. 셋째, 부패하고 나태한 성직자들이 독점했던 교회 수입은 경건하고 활동적인 목회사역에 지원하여 교육을 증진시키고 그리고 가난한 자들의 구제를 위해 사용되어야 한다.[101] 이 요청들 가운데 첫 번째 요청에 대한 답변으로 스코틀랜드 의회는 종교개혁을 주도하는 목사들의 개혁요구가 성경에 기초를 두고 있다는 것을 입증할 수 있는 교리들을 요약하여 내어놓도록 지시했다. 이 일을 위해 여섯 명의 목사들이 임명되었다.[102] 이들의 이름은 공교롭게도 모두 존(John)이었다. 스코틀랜드 신앙고백서가 공동의 작업으로 이루어졌더라도, 주된 역할을 했던 것은 녹스였다.[103]

6명의 목사들은 4일 동안 합의하여 작성한 신앙고백서의 내용을 8월 15일 의회에 제출했다. 이 신앙고백서는 1560년 8월 17일 의회에서 낭독되었고 그리고 8월 24일 재가를 받아 합법적인 효력을 발생하게 되었다.[104] 비록 이 신앙고백서가 불과 4일 동안에 합의되고 작

---

101 Thomas McCrie, Life of John Knox (Edinburgh and London: William Blackwood and Sons, 1855), 320-321.

102 여섯 명의 목사들은 존 윈람, 존 스포티스우드, 존 윌록, 존 더글라스, 존 로우 그리고 존 녹스(John Winram, John Spottiswood, John Willock, John Douglas, John Row, and John Knox)이다. 이들을 여섯 명의 존(Johns)이라 부른다.

103 김요섭, "스코틀랜드 신앙고백 교회론의 구조적 특징과 신학적 의미연구," 「성경과 신학」 68(2013), 186-188.

성되었지만 신앙고백서의 내용들은 미리 작성되었던 것처럼 신학적
으로 아주 분명하고 명료했다.105 맥크리(McCrie)의 말처럼, "이 여섯
명의 목사들은 신앙고백서 작성을 위해 준비된 자들이었다."106 스
코틀랜드는 마침내 개신교, 개혁교회 국가로 탄생하게 되었다. 이후
이 신앙고백서에 근거하여 교회의 실질적인 실천을 다룬 제1 치리서
(1560)와 제2 치리서(1578)를 통해 스코틀랜드는 더욱 장로교회의 모
습으로 변모해 나갔다.

스코틀랜드 신앙고백서는 어떤 개혁신학의 전통을 계승하였는가?

스코틀랜드 종교개혁자들은 전문적인 신학자들은 아니었지만 성
경과 신학 지식을 풍부하게 습득했던 자들이었다. 그들은 성경이 하
나님의 말씀이며, 영감으로 기록된 성경 말씀을 성령께서는 그의 백
성들이 이해할 수 있도록 적용시키신다는 진리를 소중히 생각했다.
그들은 신학과 교리의 순수성을 주장했다. 그들에게 신학이란 진리
의 교리들을 전 세계와 바른 관계 가운데 설명하는 것이었다. 교리
를 순결하게 지키려는 필요성과 예수 그리스도를 증거하려는 열망이
스코틀랜드 종교개혁자들에게 일어났고 이 열망이 스코틀랜드 신앙
고백서 작성의 동력이었다.

---

104 Jasper Ridley, John Knox (Oxford: The Clarendon Press, 1968), 376.

105 김중락,「스코틀랜드 종교개혁사: 존 녹스에서 웨스트민스터 총회까지」 p.112에서는 제
1치리서가 작성된 날을 1561년 1월 27일로 명시하고 있다. 안산:흑곰북스,2017.

106 Thomas McCrie, Life of John Knox , 330.

서문의 첫 몇 구절은 개혁주의 신학의 기본 원리를 표현하는 독특한 인상을 준다. 교리, 예배, 삶을 위하여 설명된 신학의 기본 원리들은 절대적 권위를 가진 하나님의 말씀에 기초를 두고 있다. 신앙고백서 작성자들은 이렇게 말했다.

만일 어느 누가 신앙고백서에 기록된 내용에서 하나님의 거룩한 말씀에 상반되는 장(chapter)이나 문장을 언급한다면 ... 우리는 명예를 걸고 하나님의 은혜로 주어진 하나님의 입, 즉 성경으로부터 그에게 만족함을 줄 것이라고 약속한다. 그렇지 않으면 우리는 그가 잘못되었다고 입증할 수 있는 것은 무엇이든 고칠 것이다.107

스코틀랜드 종교개혁자들에게 성경은 '하나님의 입'이었다. 그들은 성경으로부터 신앙고백서의 신학을 세워나갔다. 이런 의미에서 누군가가 신앙고백서에서 성경의 가르침에 위배되는 항목을 발견한다면, 그것을 고칠 것이라고 약속했다.108 성경의 절대적인 권위를 인정한 것이다. 하지만, 종교개혁자들의 성경에 대한 애착심이 성경을 숭배하게 만드는 결과에 이르게 되었다고 말하는 비판적 주장은 근거 없

---

107 스코틀랜드 신앙고백서는 이 부분을 서문에서 이렇게 기록하고 있다. "if any man will note in our Confession any chapter or sentence contrary to God's Holy Word, ... we, upon our honour, do promise him that by God's grace we shall give him satisfaction from the mouth of God, that is, from Holy Scripture, or else we shall alter whatever he can prove to be wrong."

108 John. Knox, The Works of John Knox, vol. 2. ed. David Laing (Edinburgh: James Thin, 1895), 93, 96, 112.

이 빈약하다. 왜냐하면 종교개혁자들은 성경을 우상처럼 숭배하는 것이 아니라, 성경에 계시된 하나님을 믿고 경배한 자들이었기 때문이다. 신앙고백서 작성에 있어 성경의 권위에 대하여 스코틀랜드 신앙고백서 작성자들이 취한 입장은 다른 어떤 종교개혁자들보다 단호했다. 따라서 스코틀랜드 종교개혁자들이 신앙고백서의 모든 신학적 원리와 설명들을 성경에 기초를 두고 작성하려고 노력한 것은 높이 평가되어야 할 부분이다.

스코틀랜드 신앙고백서는 논쟁적이고 체계적이라기보다 칼빈주의 교리를 명확히 가르치고, 삶에 적용하고자 하는 목적을 가지고 있었다.[109] 여러 명의 공동저자와, 짧은 작성 기간은 고백서가 체계적 모습을 갖추기 어려운 이유가 되었음에도 불구하고 고백서는 전체적으로 삼위일체적 구조 가운데 구속사적 순서에 따라 체계적으로 작성되었다.[110] 물론 다른 지역에서 고백되고 있는 개신교 신앙고백서의 내용을 참고한 것은 분명하지만, 스코틀랜드의 상황에 맞는 교리들을 강조하고 적용하였다. 전체적으로 제네바와 깊은 관계를 맺은 녹스의 영향으로 인해, 기독교강요, 제네바 신앙고백서(1537)와 유사할 뿐 아니라, 구조적으로는 프랑스 신앙고백서(1559)를 따른다.

---

109 Jasper Ridley, John Knox, 376. Alasdair I. C. Heron, ed., The Westminster Confession in the Church Today (Edinburgh: The Saint Andrew Press, 1982), 6.
110 김요섭, "스코틀랜드 신앙고백 교회론의 구조적 특징과 신학적 의미연구," 191.

스코틀랜드 신앙고백서는 전체 25장으로 구성되어 있다. 제1장에서 12장까지 신론, 죄론, 성경론(약속의 계시를 담은 성경의 의미로 4장에서 다룬 후, 성경의 권위에 대해서는 19장에서 다룬다), 기독론 그리고 구원론 순으로 진술되어 있고, 나머지 13장에서 25장까지는 교회론으로 구성되어 있다. 스위스 신앙고백서들과는 달리, 벨직 신앙고백서를 따라서 신론이 먼저 나온다. 이런 특징은 프랑스 신앙고백서와의 연결성도 보여준다. 또한 엠던(Emden)과 영국에서 피난민 교회를 섬겼던 폴란드 출신 개혁자 요하네스 아 라스코(Johannes a' Lasco)[111]의 신학과도 밀접한 관계를 보여준다.

내가 기억하는 그 신앙고백서는 비록 간략하지만 준비에 있어서
역사적 관점에서 존 아 라스코의 교리대전(Summa Doctrinae)과
유사하다. 아 라스코의 교리대전은 목사들 가운데서 뿐만 아니라
런던에 있는 외국인 교회의 회원들 가운데서도 신앙고백서로 간
주되어진 것이다. 녹스는 런던과 프랑크푸르트에 있는 목사들과
그리고 교인들과 접촉을 가졌고 일반적으로 그들과 일치했으며,
크게는 예배와 치리 문제에 있어서 그들이 사용한 형태와 배열대
로 채택했다.[112]

---

111 강민, "요하네스 아 라스코" 서울: 익투스, 2019. 9.

112 A. F. Mitchell, The Scottish Reformation (Edinburgh; London: William Blackwood and Sons, 1900), 108-109.

미쳴(Mitchell)은 스코틀랜드 신앙고백서가 스위스 신앙고백서에 비해 간략한 형태로 작성되었지만, 좀 더 엄격하고 분명한 어조로 작성되었다고 평가한다.[113] 이런 명료성 때문에, 스코틀랜드의 개혁신학 발전에 기초 자료로써 역할을 감당할 수 있었던 것이다.

3) 스코틀랜드 신앙고백서 핵심 살펴보기[114]

신론 : 삼위일체 하나님만이 유일하신 신, 우리 하나님이시다.

신앙고백서의 첫 장은 스코틀랜드 개신교도들이 고백하고 인정하는 하나님이 오직 유일하신 하나님이심을 고백하면서 시작한다. 하나님은 우리가 절대적으로 의지하고, 섬기고, 예배하고, 그리고 믿어야 하는 유일신이시다. 하나님의 유일성에 대하여 고백서는 다섯 번이나 홀로(alone) 혹은 오직(only)이란 말로 표현했다. 아마도 그들이 추구하는 개혁주의 신앙이 참 하나님 한 분만을 믿고 경배하는 참된 신앙임을 강조하고 싶었던 것으로 보인다. 그 후 하나님의 속성에 대해

113　A. F. Mitchell, The Scottish Reformation, 103.

114　김중락,『스코틀랜드 종교개혁사: 존 녹스에서 웨스트민스터 총회까지』p.104-105에서는 스코틀랜드 신앙고백서의 몇가지 특징을 다음과 같이 열거한다. 첫째, 하나님의 말씀을 강조한다. 둘째, 그 자체로서의 무오성을 주장하지 않는다. 비성경적인 조항이나 구절이 있다면 수정할 수 있다는 열린 입장을 지니고 있다. 셋째, 존 녹스가 밝혔듯이 『스코틀랜드 신앙고백서』는 4일만에 초안되었다. 다른 신앙고백서와 비교할 때 기교성과 학문적 성격이 다소 부족한 것은 이처럼 급히 만들어졌기 때문인 것으로 보인다. 안산:흑곰북스,2017.

언급하고, 한분 하나님의 본질 안에 세 위격(성부, 성자, 성령)으로 구
분되어 있다는 삼위일체 교리를 고백한다.

창조와 인간론: 하나님의 형상의 의미, 아담의 타락

2장은 하나님의 창조와 인간의 타락을 함께 설명하고 있다. 하나님
의 형상과 모습을 따라 창조된 인간에게 지혜, 통치권, 정의, 자유의
지, 그리고 자의식이 주어졌으며, 전 본성에 있어서 완전한 자로 창
조되었다. 나열된 인간 본성의 속성은 1장 후반부에 하나님께서도 지
녔다고 언급한 속성들이다. 즉, 암시적으로 하나님의 비공유적 속성
(하나님만이 소유하신 속성)과 공유적 속성(하나님께서 자신의 형상대로 창조
하신 인간에게 부여하여, 발견되는 속성)을 드러내고 있다고 볼 수 있다.

3장은 원죄를 다루고 있다. 신앙고백서는 죄를 다루는 내용에서
아담이 첫 범죄자란 사실을 언급하고 있지 않다. 4장에서는 명시적
으로 "아담"이라는 죄인의 이름이 처음 나오는데, 3장에서는 직접적
으로 이름을 언급하지 않고, 그와 그의 후손이라는 표현으로 나타
낸다. 이것은 차후 등장한 웨스트민스터 신앙고백서와 비교할 때, 스
코틀랜드 신앙고백서는 언약신학으로 구원론을 설명하기보다는 "하
나님의 형상"으로서 인간이 처한 전 인류적인 타락에 주목하고 있는
것으로 보인다. 전 인류적 타락과 죄의 통치는 5장에서 그리스도의
재림까지 지속될 교회와 대조된다. 하지만, 스코틀랜드 신앙고백서가
은혜언약에 대한 개념을 무시하고 있다는 의미는 아니다. 이후 4, 5
장에서의 설명은 분명히 그리스도를 통한 언약을 언급한다. 다만 보

다 후대에 발전한 행위언약, 은혜언약의 대조를 통한 설명보다는 죄악의 통치와 그리스도의 통치 약속의 대조를 통해 그리스도의 교회의 번성과 성장을 설명하며 구원론적 함의를 담아내고 있다.

언약과 교회 : 그리스도께서 우리를 구속하신다는 하나님의 약속 때문에 죄악된 세상에도 교회는 확산되어왔다.

4장은 하나님께서 아담의 타락이후에 "여자의 후손이 뱀의 머리를 상하게 할 것이라"(창 3:15)라는 놀라운 약속의 계시가 아담 당시로부터 노아, 아브라함, 다윗 그리고 오실 그리스도에게까지 계속하여 연결되어 있음을 언급하고 있다. 그리고 이 약속은 역사 속에서 교회의 확산과 번영으로 성취되어졌음을 고백한다.

5장은 약속의 성취로써 교회의 번성과 확산이 그리스도의 재림 때까지 계속적으로 이루어진다고 고백한다. 그의 교회로 부르신 백성들이 하나님을 잊었음에도 불구하고, 참 교회와 하나님의 신실하신 약속은 예수 그리스도가 다시 오실 때까지 계속된다. 16장에서 좀더 자세히 언급되는 교회론을 5장에서 다루는 이유는 하나님의 선택된 백성으로 구성된 교회는 죄악을 사하시고 교회를 세우시는 하나님의 약속, 그 언약이 아담으로부터 그리스도에 이르기까지 연속된다는 점을 강조한 것으로 볼 수 있다.[115]

---

115 J김요섭, "스코틀랜드 신앙고백 교회론의 구조적 특징과 신학적 의미연구," 193.

기독론: 예정된 중보자의 고난과 부활

6장은 그리스도의 성육신에 관하여 설명하면서 그리스도를 "하나님의 아들, 그의 영원한 지혜, 하나님 자신의 영광의 본체"로 표현한다. 또한 "그는 바로 다윗의 씨(seed)로, 하나님의 위대한 계획에 따른 사자, 약속된 바로 그 메시아로 태어나셨다."고 고백한다.

7장은 중보자 그리스도와 예정을 연결한다. 고백서에 따르면 그리스도의 인성과 신성은 놀라운 조화를 이루며 구원 사건에 참여하신다. 그리스도의 구원 사건은 하나님의 영원하시며 불변하신 작정에 기인하고 있다. 하나님의 영원하시고 불변하신 작정으로부터 그의 모든 백성의 구원이 시작되고 예속된다. 즉, 신앙고백서는 예정론과 기독론을 연결지어, 그리스도 안에서의 하나님의 주권적인 작정이 그리스도와 연합한 성도의 신앙과 삶에 직접적으로 적용됨을 강조하고 있다. 고백서는 예정론을 구원론과 연결시켜 예정론을 사변적으로 다루지 않고 그리스도 안에서의 신자의 삶과 밀접하게 연결된 교리임을 보여준다.

이런 맥락에서 8장은 7장의 부연설명으로 보인다. 앞서 언급한 선택 교리를 다루며, 다시금 이 교리를 기독론과 연결 짓는다. 예수 그리스도 안에서 세상의 기초가 놓이기 전에 우리를 선택하신 것은 오직 하나님의 은혜라고 고백한다. 신학적으로 그리스도 안에서의 선택이며, 창조 전 선택설을 주장하는 것처럼 보인다. 특별히 예수 그리스도를 "우리의 머리, 우리의 형제, 우리의 목자 그리고 우리 영혼의 위대하신 감독(the great bishop of our souls)"으로 표현하며, 따라서 신자는 하나님의 선택이 그리스도 안에서 무조건적이라는 믿음의 확신에 기초하여 살아가야 함을 보여준다.

9-11장은 그리스도의 고난, 장사, 부활, 그리고 승천에 대하여 다룬다. 이 조항들 안에는 예수 그리스도께서 성취하신 영광스러운 사역의 일반적인 교리들이 언급되어 있다. 반복적으로 중보자라는 명칭을 그리스도에 적용하여 언급하는데 그리스도의 고난, 죽으심, 부활, 승천, 즉 그리스도의 삶 전체가 우리의 구원을 위하여, 하나님과 우리를 중보하시기 위해 이루어졌음을 밝힌다.

성령 : 우리의 구원은 오직 성령의 사역으로 적용된다.

12-14장까지는 성령의 사역에 대하여 다루고 있다. 우리의 믿음과 선행 역시 성령의 사역의 결과임을 밝히고 있다. 우리의 믿음과 확신이 우리 안에 있는 본성의 힘이 아니라 성령의 영감으로 발생했다. 우리의 선행도 성령의 능력으로만 가능하다. 12장은 중생과 성화의 관계와 순서를 명확하게 구분하여 설명하지는 않고 있다. 초기 개혁파는 중생을 좀 더 넓은 의미에서 전체 신자의 삶을 통해 진행되는 것으로 이해했다. 칼빈이 중생과 회개, 성화를 연결지어 전 생애에 걸친 회개의 과정, 하나님의 형상의 회복으로 언급한 것과 유사하다.[116]

---

116 존 칼빈, 「기독교강요」, III.iii.9.

참된 선행 : 하나님께 인정받는 행위

13–15장에서는 선행의 원인과 하나님 앞에서 인정받는 선행이 무엇인가를 언급하고 있다. 선행의 원인은 인간의 자유의지가 아니라 참된 믿음이며, 그 믿음을 우리에게 주신 인간의 마음에 내주하시는 주 예수의 영, 성령이시다. 고백서는 하나님 앞에서 인정받는 선행에 대해 율법의 완전함과 인간의 불완전함에 대하여 언급하면서 설명한다. 율법이 계시하는 선행은 두 가지이다. 하나는 하나님을 공경하는 것이며, 다른 한 가지는 이웃의 유익을 위한 선행이다. 그러나 신앙고백서는 매우 분명하게 인간의 어떤 공로나 선행도 하나님 앞에서는 자랑할 수 없음을 강조하고 있다. 성령께서 선행을 실천하도록 우리 마음에서 역사하시기에, 우리의 선행이 하나님께 인정받더라도 그것 역시 전적으로 하나님의 역사이다. 우리는 자랑할 것이 없다.

교회론 : 그리스도의 몸으로 보편교회를 지향하는 유형 교회

16장부터 25장은 교회에 대해 고백한다. 16–18장은 먼저 교회에 대해 교리적으로 설명한다. 16장에서 신앙고백서는 칼빈을 따라 교회를 하나님에 의해 선택된 사람들의 무리라고 정의한다. 교회는 예수 그리스도를 진실한 믿음으로 받아들이고 그를 바르게 예배하는 사람들의 모임이다.[117] 교회의 머리는 그리스도이며, 교회는 예수 그리스도의 몸이요 신부이다. 고백서는 교회의 특성을 무형교회와 유형교회로 구분하여 설명한다. 보편적 의미를 가진 무형교회의 특성

---

117   김요섭, "스코틀랜드 신앙고백 교회론의 구조적 특징과 신학적 의미연구," 198–199.

을 보편적(Catholic) 교회, 시대와 인종을 넘어서는 하나님의 선택받은 자들의 모임으로 설명하고 있다. 이 교회는 오직 하나님만 온전히 아는 무형교회이다.

18장에서는 16장의 무형교회의 설명에 이어서 이 세상에서 가시적으로 드러나 있는 유형교회에 대하여 진술하고 있다. 우리는 교회의 표지에 의해 유형교회들 가운데서 참된 교회를 거짓 교회로부터 구별할 수 있다. 신앙고백서는 참 교회가 받아들이는 표지들을 다음과 같이 설명한다. 첫째, 말씀의 참된 전파이다. 둘째, 예수 그리스도에 관한 성례의 올바른 시행이다. 셋째, 하나님의 말씀을 따라서 선행을 행하도록 하기 위한 교회의 권징이다.118 개혁교회가 제시하는 교회의 세 표지를 스코틀랜드 신학자들은 고백하고 있다. 그들은 이 표지들을 성실히 이행하는 것이 참 교회이며, 그 교회 안에 그리스도가 계신다고 했다.

17장은 영혼 불멸의 주제를 다루고 있다. 이런 주장은 교회론에서 벗어난 것으로 보이지만, 무형 교회를 다루는 16장과 어려운 스코틀랜드 교회 상황을 고려할 때 의미심장하다. 이것은 영혼은 불멸하므로 현재의 어려움을 견디면, 최종적으로 비가시적 교회의 승리를 경험할 때가 온다는 것을 선포하면서 스코틀랜드 교회 성도들에게 위

---

118 James Bulloch (a modern translation by), The Confession of the Faith and Doctrine Believed and professed by the Protestants of Scotland, 72.

III 종교개혁 이후의 개신교 신앙고백

로를 주고 있다.[119]

19장부터 25장은, 특별히 18장에서 설명하는 교회의 세 표지, 말씀, 성례, 권징에 대해 좀 더 자세히 설명한다. 19장과 20장은 성경의 절대적 권위가 신학적 원리를 제공한다고 강조한다. 신앙고백서는 성경의 권위가 하나님으로부터 온 것이지, 사람들이나 혹은 천사들로부터 온 것이 아님을 명백히 진술하였다. 성경의 권위를 인정하지 않고 그 권위가 교회로부터 주어졌다고 받아들이는 것은 "하나님에 대한 신성모독이며 그리고 참 교회를 모욕하는"(to be blasphemous against God and injurious to the true Kirk) 것이라고 했다. 따라서 교회는 항상 그의 신부이자 목자이신 분의 목소리, 성경을 듣고 복종해야 한다. 교회의 권위가 합법적인 종교회의를 통해 사람들에게서 선언된 것이라고 해도 성경에 의해 판단해야 한다. 왜냐하면 그것은 인간에 의한 것이기 때문이다. 몇몇 종교회의는 교리적으로 그리고 중요한 문제들에 있어 잘못된 것이 있다.

21-23장까지는 성례(세례와 주의 만찬)에 관한 교리적 원리를 제시한다. 종교개혁 시기 성례에 관한 문제는 로마 교회와 강하게 대립되는 부분이다. 고백서는 성례 교리가 하나님에 의해 제정된 이유를 언약 밖에 있는 사람들과 언약 안에 있는 그의 백성 사이에 가시적 구

---

119 김요섭, "스코틀랜드 신앙고백 교회론의 구조적 특징과 신학적 의미연구," 194.

별을 위해서뿐만 아니라 하나님의 백성들의 신앙을 행동으로 옮기기 위한 것이며, 그들의 마음에 하나님의 약속에 대한 확신을 인치기 위해서라고 밝힌다. 신앙고백서는 성례의 올바른 시행을 위해 두 가지가 필요하다고 진술한다. 첫째, 성례는 하나님의 말씀을 설교하도록 권세를 주시고 합법적으로 임명 받은 목사들에 의해 시행되어야 한다는 것이다. 둘째, 성례는 하나님께서 지시하신 방법과 요소(빵과 포도주)들로 시행되어야 한다. 이와 같이 시행되지 않은 경우 성례는 중지되어야 한다고 설명했다.

24장은 시민 행정관들에 대하여 다루고 있다. 황제들이나 왕들이나 도시들을 통치하는 행정장관들의 권한이나 권세는 모두 하나님 자신의 영광을 드러내기 위하여 하나님의 거룩한 법령에 의해 지명되거나 임명되었다. 이런 의미에서 세속 권위는 존중을 받아야 한다. 이는 하나님께서 위임하신 권위를 존중하는 것이다. 한편으로 정부는 교회를 도와 공의를 지켜야 할 의무가 있다. 이런 주장을 통해 스코틀랜드 종교개혁자들은 정부의 지지 가운데 종교개혁을 완수하고 싶었을 것이다.

마지막 25장에서 스코틀랜드 신앙고백서는 신자들이 하나님으로부터 받게 되는 은사들에 대하여 다룬다. 하나님의 말씀이 참되게 전파되고 성례가 바르게 시행되며, 권징이 하나님의 말씀대로 실행된다면, 이것이 확실하고 오류가 없는 참된 하나님의 교회라는 표지이다. 참된 교회의 신자들이 마음과 행동에 거짓 없는 믿음으로 예수 그리스도를 그들의 입으로 고백한다면 하나님이 주시는 은사들을 받게 된다. 이 세상에서 예수 그리스도의 피를 믿는 믿음으로 죄 사함을 받게 되며, 마지막 심판 때에 육체의 부활의 은혜를 받게 된다. 여기서 스코틀랜드 신앙고백서는 종말이 가시적 교회의 마지막 모습이라는 것을 보여준다. 악한 자들이 섞인 현재의 불완전한 교회가 종말에는 하나님의 완전한 교회로 변할 것이다.[120]

4) 함께 더 생각해보기

* 스코틀랜드 신앙고백서와 제1, 2 스위스 신앙고백서의 첫 번째 신앙고백의 내용을 살펴봅시다. 각 신앙고백서가 서로 다른 교리로 시작하고 있다면, 그 이유는 무엇이라고 생각하나요?

* 스코틀랜드 신앙고백서는 유형교회와 무형교회를 어떻게 설명하고 있나요?

❶ 신앙고백서가 교회의 유형을 구분하는 이유는 무엇일까요?

---

[120] 김요섭, "스코틀랜드 신앙고백 교회론의 구조적 특징과 신학적 의미연구," 196-197.

❷ 스코틀랜드 신앙고백서에서 교회론을 다루면서, 영혼불멸의 교리를 언급합니다. 그 이유는 무엇일까요?

* 스코틀랜드 신앙고백서는 예정론과 기독론을 어떻게 연결시켜 설명하고 있나요?

❶ 예정론과 기독론의 연결에서 주요하게 강조되는 교리는 무엇인가요?

❷ 예정론에서 기독론적 이해를 분리시켜 이해하면 어떤 오류나 위험에 빠지는지 생각해 봅시다.

* 우리 사회에는 기독교인이 아니더라도 선한 행위를 하는 사람들이 있습니다. 그리스도인으로서의 우리의 삶과 비교하여 생각해 봅시다.

❶ 기독교인이 아닌 자들의 도덕적 행위를 어떻게 바라봐야 할까요? 기독교인이 아닌 자들의 도덕적 행위와 기독교인으로서 우리의 행위의 차이는 어디에 있나요?

❷ 종교개혁자들은 교회의 표지를 두 가지, 즉 말씀과 성례로 삼는데, 녹스는 스코틀랜드 신앙고백서에서 하나를 더 추가합니다. 그것이 무엇일까요? 왜 녹스는 그것을 교회의 표지로 삼았는지, 그 이유를 기독교인의 삶과 연결시켜 생각해 봅시다.

04

벨직 신앙고백서
(Belgic Confession, 1561)

벨직 신앙고백서는 전체 37장으로 구성되어 있다. 종교개혁 이후에 개혁자들에 의해 작성된 고백서들의 특징은 개혁교회의 교리적 틀을 세우는 것이었다. 무엇을 믿고, 무엇에 근거하여 가르침을 받는 즉, 어떻게 신앙과 삶을 실천하며 살아야 할 것인가를 신앙고백을 통해 제시하고 있다. 호처스는 칼빈의 사상과 벨직 신앙고백서를 비교하며 신앙고백서가 가지는 루터교와의 차이점에 주목한다.

1) 벨직 신앙고백서 읽어보기

* 벨직 신앙고백서의 전문과 설명에 대해서는 다음의 책을 참고하라.

- Philip Schaff, 박일민 옮김. 『신조학』. 서울: 기독교문서선교회, 1984: 6장.
- 김영재. 『기독교신앙고백: 사도신경에서 로잔협약까지』. 수원: 영음사, 2011.
- 클라렌스 바우만, 손정원 옮김. 『벨직 신앙고백서 해설』. 서울: 솔로몬, 2016.
- 신호섭. 『벨직 신앙고백서 해설』. 서울: 좋은씨앗, 2019.

생각하며 고백하기

벨직 신앙고백서는 특별히 박해가 계속되던 벨기에, 네덜란드 지역에서 귀도 드 브레라는 목회자에 의해 작성되었다. 그는 고백서를 통해 개혁교회 교리를 변증하면서, 고난 받고 있는 성도들을 위로하고 용기를 주고 싶었다. 교리로 인한 육체적 박해가 없는 시대에 살지만, 오히려 우리는 교리 오염으로부터 영적으로 쉽게 노출되어 있지 않은가? 우리의 믿음의 선배들은 어떤 교리들을 목숨 걸고 지켰을까?

2) 벨직 신앙고백서 배경읽기

벨직 신앙고백서가 작정된 이유와 그 과정은 어떻게 될까?

벨직 신앙고백서 대부분은 귀도 드 브레(Guido de Bres, 1522–1567)라는 한 사람에 의해 벨기에와 네덜란드 개혁교회를[121] 위해 작성되었다.[122] 1522년 베르흔(Bergen)에서 태어난 드 브레는 성경연구와 개혁교회의 교육을 통해 종교개혁 신앙을 갖게 되었다. 신앙 때문에 그는 고국에서 추방을 당했으나 에드워드 6세의 도움으로 영국에서 피난생활을 할 수 있었다. 그때 당시 부서(Bucer), 아 라스코(a Lasco), 버미글리(Vermigli) 등 저명한 개혁파 종교개혁자들이 개신교 진영의 패배로 인한 탄압을 피해 에드워드 6세의 보호를 보장받고 독일에서 영국으로 피난 와 있었다.[123] 이 곳에서 드 브레도 그들과 교제를 나

---

[121] 1579년 우트레흐트 연합을 통해 북부 7개주들이 모여 네덜란드 공화국이 탄생되기 이전까지, 네덜란드와 벨기에는 스페인의 지배를 받고 있는 한 지역으로 간주되었다. 이 지역은 종종 저지대 국가들(Low countries)이라고 불리웠다. 북부 7개주, 이제 네덜란드가 된 나라와, 여전히 스페인의 지배를 받게 된 남부지역, 지금의 벨기에 지역은 나라가 나뉘어지긴 했지만, 본래 한 나라라는 생각이 19세기까지 존재하였다. 이 때문에 19세기 초반 나폴레옹의 몰락이후 1815년부터 빌렘 1세는 벨기에 지역까지 포함하는 통합 네덜란드의 왕으로서 유럽각국의 인정을 받으며 등극했다. 하지만 차후 벨기에 지역의 가톨릭 세력들의 주도로 일어난 독립운동을 통해, 1839년 벨기에는 독립하여, 자신의 왕국을 건설했다.

[122] 드 브레의 저작문제는 여러 논쟁들이 있지만, 벨직 신앙고백서의 대부분이, 적어도 개념들을 모으고 정리하는 작업은 드 브레에 의해 이루어졌을 것으로 본다. 이상웅, "벨직신앙고백서의 역사적 배경과 37조에 담긴 종말론," KJR 36 (2015): 110–111; 호쳐스는 저작의 특징, 그 당시의 고백, 그리고 동시대 개혁파 목사들의 드 브레에 대한 존중을 제시하며 벨직 신앙고백서의 저자를 귀도 드 브레로 보아야 한다고 주장한다. Nicolaas Gootjes, The Belgic Confession. Its History and Sources (Grand Rapids, Michigan : Baker Academic, a division of Baker Publishing Group, 2007), 33–58.

[123] Benedict, Christ's Churches Purely Reformed, 234–237.

귀도 드 브레 벨직 신앙고백서(Belgic Confession)는 귀도 드 브레(Guido de Bres)에 의해 쓰여졌으며, 그는 이로 인해 1567년에 순교하였다.

누고 그의 신학을 발전시켜 나갔다. 그는 다시 고국으로 돌아와 순회 전도를 하며 여러 번 도피생활을 경험하기도 하였다.

　드 브레가 신앙고백서를 작성하게 된 것은 개혁교회의 신앙이 하나님의 말씀에서 비롯되었다는 것을 입증하기 위해서였다. 1521년 카를 5세는 이단을 핍박하는 칙령을 발표했다. 왜냐하면 일부 재세례파 교인들의 국가를 부정하는 발언들이 황제에게는 자신의 정치적 권위에 대한 위협으로 보였기 때문이다. 이 칙령은 개신교 전체를 이단으로 규정하였다. 이 칙령에 근거하여 벨기에와 네덜란드에서는 개신교회들을 향한 박해가 일어났다. 이 당시 드 브레는 개혁파 교인들은 결코 국가를 대항하는 재세례파들이 아니라 성경에 따라 참된 기독교 교리를 고백하고 법률을 준수하는 자들임을 입증하기 위해 신앙고백서를 작성하기로 했다.

1561년 드 브레는 개혁파들의 박해가 중지되길 바라고 신앙의 진리를 증거하고자 도르닉 성벽 안으로 자신이 작성한 신앙고백서를 던지게 된다.[124] 그러나 박해는 멈추지 않았고, 그는 발랑시엔느에서 사역을 하다가 결국 브뤼셀 법정에서 명령 불복이라는 죄목으로 1567년 5월 31일에 사형을 당했다.[125]

벨직 신앙고백서는 어떻게 작성됐을까?

벨직 신앙고백서는 귀도 드 브레에 의해 작성된 뒤 1562년에 필립 2세에게 보내졌다. 드 브레는 신앙고백서 작성 당시 라이덴 대학의 신학교수인 아드리안 드 사라비아(Adrian de Saravia)와 오렌지 공의 궁정 목사인 모테투스(H. Modetus)와 윙겐(G. Wingen)의 도움을 받아서 프랑스어로 된 신앙고백을 작성했다. 칼빈의 제자이었던 프란시스 유니우스(Francis Junius)는 이 신앙고백에 약간의 수정을 가한 후에 16개 조항으로 요약하여 제네바 교회와 다른 교회들에 보내어 승인을 요청했다. 이 신앙고백서는 안트베르펜 회의(1566)와 바젤 회의(1568), 1571년 엠덴(Emden) 노회에서 개혁교회 신앙고백서로 채택되었으며, 1619년 도르트 총회에서 수정 채택되므로, 네덜란드 개혁교

---

124 이상웅, "벨직 신앙고백서의 역사적 배경과 37조에 담긴 종말론," 115.

125 박일민, 『개혁교회의 신조』, 286; 이상웅, "벨직신앙고백서의 역사적 배경과 37조에 담긴 종말론,"116-117.

회와 유럽 개혁교회들의 보편적 신앙고백으로 인정받게 되었다.[126]

구조적으로 살펴볼 때, 벨직 신앙고백서는 전체적으로 세밀한 조직신학적 구조를 보여주거나, 구원론 순서를 따르고 있지 않다. 예를 들어 25, 26조처럼, 구원론에 대한 고백을 진행하다 다시 기독론 설명으로 돌아가는 경우도 있다. 아마도 이 고백서가 귀도 드 브레라는 개인이 작성했기 때문에, 그런 약점이 드러날수도 있는 것 같다. 하지만 목회자로서 조국의 박해 상황을 보며 간절한 마음으로 작성했던 드 브레의 마음이 느껴지는 따뜻한 신앙고백이기도 하다. 예를 들어 26장은 그리스도의 중보를 신자의 두려움과 확신과 연결지어 설명한다. 두려움 때문에 신자들이 이단에 빠지고 오류를 범하지 않도록, 그들이 확신 가운데 자신의 구원을 믿고 중보자이신 그리스도만 의지하길 바라며, 기독론을 신자의 감정과 지성을 함께 자극하며 설명하고 고백한다. 이런 특징은 오늘날 개혁교회의 교리 설교와 수업에서 배워야 하는 자세이다. 교리의 가르침이 딱딱하게 느껴지고, 현실과 유리되어 있다고 느끼는 것은 교리 자체의 잘못이 아니라, 교리를 설명하고 나누는 선생의 자세가 오히려 더 개혁되어야 한다.

목사들은 현실을 묵상하며, 교리와의 연결점을 찾고 그것이 주는 기쁨과 감격을 함께 성도들과 나누며 교리를 설교하고 가르쳐야 할 것이다.

---

126 박일민, 『개혁교회의 신조』, 287.

구조적 약점에도 불구하고 신학적 측면에서 벨직 신앙고백서는 개혁주의 신앙을 잘 요약정리 했으며, 그런 특징들이 개혁교회가 벨직 신앙고백서를 받아들이는 이유가 되었다. 벨직 신앙고백서는 16세기 말 경부터 네덜란드 개혁교회의 대표적인 신앙고백서 중 하나로 인정을 받고 있다. 이 신앙고백서가 작성된 이후로 벨기에와 네덜란드 개혁교회들은 모든 공적인 교회 활동을 이 신앙고백에 대한 승인을 전제로 시행하였다.

종교개혁 이후에 개혁자들에 의해 작성된 고백서들의 특징은 개혁교회의 교리적 틀을 세우는 것이었다. 신자는 무엇을 믿고, 무엇에 근거하여 가르침을 받아야 하는가, 즉, 어떻게 신앙과 삶을 실천하며 살아야 할 것인가를 신앙고백을 통해 제시하고 있다. 호쳐스는 칼빈의 사상과 벨직 신앙고백서를 비교하며 신앙고백서가 가지는 루터란과의 차이점에 주목한다. 기독론, 성찬론, 계시론과 교회론에서 벨직 신앙고백서는 칼빈의 사상과의 연속성을 강하게 보여준다.[127]

이런 특징은 개혁교회가 이제 가시적 공교회의 일치를 소망하기 보다는, 비가시적인 공교회의 일치를 주장하며, 각 교단간의 차이를 인식하고 그 차이들이 성경에 비추어 평가하는데 주목하고 있음을 보여준다.

벨직 신앙고백서는 작성 당시 존재하던 개혁파 신앙고백서들과 호

---

127 Grootjes, The Belgic Confession, 59-70을 참고하라.

III 종교개혁 이후의 개신교 신앙고백

응한다. 벨직 신앙고백서에 직접적인 연관성을 보여주는 신경은 칼빈이 작성한 초안을 토대로, 프랑스 개혁교회를 대표하는 목사 앙투안드 라 로슈 샹디외(Antoine de la Roche Chandieu, 1534–1591)와 베자등이 수정한 프랑스 신앙고백서(Confessio Gallicana, 1559)이다. 벨직신앙고백서는 신학적 사상뿐만 아니라 특정 단어와 구조적 유사성을 보이며, 몇 부분들은 똑같은 문장이 등장한다.[128] 즉, 벨직 신앙고백서는 제네바, 위그노의 정통 개혁주의의 영향을 받아 작성한 신앙고백서이다. 이런 개혁주의 특징은 벨직 신앙고백서가 개혁교회 내에서 권위를 누리는 근거가 되었다.

그러나 벨직 신앙고백서는 17세기 초 아르미니우스주의자들의 수정 요구를 받으면서 본문 해석에 대한 혼란을 맞게 되었다. 이에 네덜란드 개혁교회는 1619년 4월 29일 도르트(Dort) 총회에서 아르미니안주의자들이 고백서의 수정을 요구하는 것은 부당하다고 밝히고, 벨직 신앙고백서의 권위를 재확인하였다. 신앙고백서의 본문을 이해하기 위해 프랑스어, 화란어, 라틴어 번역판을 내기도 했다. 번역판을 내놓을 때 본문에 대한 약간의 수정도 포함되었다. 수정된 내용은 신앙고백서 본문에 관한 내용이 아니라 용어나 길이에 대한 것이었다.[129] 벨직 신앙고백서는 하이델베르크 교리문답과 함께 유럽의 개

---

128 Grootjes, The Belgic Confession, 20; 62–67. 호쳐스는 이 책에서 베자(Beza)의
    신앙고백서도 갈리아 신앙고백서 정도는 아니자만, 분명히 드 브레가 벨직 신앙고백
    서 작성에 참고했다고 언급한다. Ibid., 71–91.

혁교회에 널리 사용된 신앙고백서가 되었다. 오늘날도 미국의 화란 계통의 개혁교회는 벨직 신앙고백서를 그대로 고수하고 있다.

3) 벨직 신앙고백서 핵심 살펴보기

벨직 신앙고백서는 전체 37장으로 구성되어 있다. 우리가 살펴보는 벨직 신앙고백서는 1618년부터 1619년까지 열렸던 도르트 총회에서 개정한 본문이다. 그 이유는 첫 번째로, 이 개정 본문이 네덜란드의 개혁교회, 미국과 캐나다의 장로교회에서 공식적으로 사용하고 있는 판본이기 때문이다. 두 번째로, 비록 도르트 총회에서 벨직 신앙고백서가 화란어로 번역되는 과정에서 프랑스 원본 내용이 수정이 되었지만, 번역자들은 조심스럽게 원문의 의미를 살리려고 노력했으며, 몇 표현들의 변용과 제거를 빼고는 원본과 개정본이 신학적으로, 의미적으로 동일하다고 볼 수 있다.[130]

신론과 성경론 : 영감된 성경이 증거하는 삼위일체 하나님

벨직 신앙고백서 1–13장은 신론과 성경론을 긴밀하게 연결하며,

---

129 주요 수정 작업이었던 1566년의 안트베르펜 노회와 1618-9년의 도르트 회의에서의 벨직 신앙고백서 수정은 각각 Grootjes, The Belgic Confession, 120–131; 150–159을 참고하라.

130 도르트 총회의 벨직 신앙고백서 번역과 수정에 대해서는 Grootjes, The Belgic Confession, 150–159를 참고하라.

성경으로만 참되게 알 수 있는 하나님의 본성과 사역을 고백한다. 먼저 1, 2장은 신론과 성경론의 요약과 깊은 관계를 보여주고, 이런 이해를 배경으로 3-7장에서는 성경에 대해, 8-13장은 하나님에 대해 더 자세히 설명한다.

1장에서는 유일하신 하나님과 그분의 참되고 진실한 성품을 고백한다. 2장은 하나님을 어떻게 인식할 수 있는가, 즉 계시에 대하여 설명한다. 우리가 이제까지 살펴본 종교개혁 이후 신앙고백서들은 신론 또는 성경론으로 시작해서 인간론과 구원론으로 설명을 진행하였다. 아우구스부르크 신앙고백서와 스코틀랜드 신앙고백서는 신론을 시작으로 구원론으로 이어졌고, 제1, 제2 스위스 신앙고백서는 성경론으로 시작해 신론, 인간론, 기독론, 구원론 순서로 진행하였다. 벨직 신앙고백서는 하나님과 그의 계시를 연결지어 설명하는 프랑스 신앙고백서들의 특징을 잇는다. 특히, 성경 목록을 수록한 것은 프랑스 신앙고백서의 특징을 그대로 이어받은 특징이다. 한편으로 벨직 신앙고백서는 프랑스 신앙고백서보다 특별계시로서 성경의 신적 특징에 집중한다. 이는 웨스트민스터 신앙고백서로 이어져 개혁교회의 특징으로 자리 잡는다.

벨직 신앙고백서는 전통적인 개혁신학의 계시 이해대로, 일반계시로서, 자연과 특별계시로서 성경이라는 구조를 제시한다. 자연을 통한 하나님의 계시는 사람에게 확신을 주기 충분하기 때문에, 사람은 하나님을 모른다고 고백할 수 없다. 그럼에도 불구하고 자연계시는 구원에 대한 명료한 지식을 포함하고 있지 않고, 오직 특별계시로서 성경만이 인간에게 참 구원의 길을 보여준다.

신앙고백 3-7장은 성경에 대하여 설명한다. 3장은 성경의 영감에 대해 고백한다. 하나님께서는 친히 선지자, 사도들을 통해 성령의 감동으로 성경을 기록하게 만드셨다. 주목할 점은, 신앙고백서는 시내산에서 모세에게 직접 돌판에 자신의 말씀을 기록하신 사건인 출애굽기 32장 16절, 34장 28절에 대해 언급하는 것이다. 이것은 성경의 저자로서 하나님을 인식하고 강조하는 표현이다. 4장에서는 신구약 66권만이 정경이라는 점을 분명히 기록하고 있다. 5장은 성경의 위엄과 권위가 왜 주어지는 가를 설명한다. 성경은 교회가 그것들을 받아들이고 인정했기 때문이 아니라, 그 성경들이 하나님께로부터 나왔으며, 성령이 친히 성경이 하나님의 말씀임을 증언하고 있기 때문에 권위가 있다. 특별히 벨직 신앙고백서는 성령에 의한 성경의 자증성을 더욱 강조한다. 성령의 증언에 의해 성경이 하나님의 말씀이라는 사실과 그 권위가 분명히 드러난다.[131]

6장은 정경과 외경의 차이점이 무엇인가를 밝힌다. 고백서는 외경은 기독교 신자들이 믿음이나 기독교를 확증하는 증거를 삼는데 있어서 권위나 효력을 가지고 있지 않다는 점을 지적한다.[132] 이는 분

131　Van den Belt, The Authority of Scripture in Reformed Theology, 6-9.

　　III 종교개혁 이후의 개신교 신앙고백

명히 로마 가톨릭에 대한 반박이다. 종교개혁 당시 개혁자들은 로마 가톨릭이 외경의 구절들을 취해 잘못된 교리를 주장하고 있다고 비판했다. 예를 들어, 로마 가톨릭은 죽은 자들이 연옥에서 심판을 기다리며 잠정적인 상태에 머물러 있어서, 지상의 행위, 기도나 연보로 그들을 천국으로 이끌 수 있다는 주장을 외경인 마카비 2서를 근거로 주장했다.133 성경 외에 어떠한 책도 성경에 준하는 권위가 없다는 주장, 외경을 거부하는 주장은 바른 교리를 세우는 기초이다. 7장은 성경의 충족성에 관하여 고백한다. 우리가 믿는 성경은 하나님의 뜻을 충분하게 보여주고 있으며, 인간의 구원을 위하여 믿어야 할 것들을 충분하게 가르치고 있음을 믿는다고 고백한다. 그러므로 신앙고백서는 참과 진리를 구분하는 무오한 신앙의 규범은 오직 성경이라고 고백하며, 성경만이 하나님으로부터 온 유일한 진리임을 천명한다.

신앙고백 8장에서부터 13장까지는 1장에서 고백되었던 신론에 관하여 좀 더 자세히 서술한다. 8장에서는 삼위일체 교리에 대한 근본적인 원리를 고백한다. 유일하신 한 분 하나님의 본체는 하나이나 그 본체 안에 서로 나누어 질 수 없는 세 인격, 성부, 성자, 성령 하나님이 계신다는 고백이다. 9장은 한 하나님 안에 삼위로 계신다는 것

---

132 외경은 다음과 같다. 에스랑3,4서, 토비트서, 유딧서, 지혜서, 예수 시락서, 바룩서, 에스더 첨가서, 풀무불 속의 세 소년의 노래, 수산나, 벨과 용, 므낫세의 기도, 마카비 상하, 등이다.
133 McGrath, 『종교개혁사상』, 241.

을 성경의 가르침으로 증거한다. 구약과 신약에서 다양한 구절을 증거로 제시한다. 그리고 마지막에, 고대의 이단들을 언급하고 삼위일체에 대해 다룬 기독교 초기의 세 개의 신경, 사도신경, 니케아 신경, 아타나시우스 신경을 받아들인다고 선포하며, 개혁교회의 공교회 전통을 선포한다. 10장은 삼위 가운데 제2위이신 예수 그리스도에 관하여 고백한다. 신앙고백서는 여기서 기독론 전체를 논하지 않고 오직 그리스도의 신성이 참되다고 말한다. 11장은 삼위 가운데 성령 하나님에 관하여 진술한다. 성령께서는 영원 전에 성부와 성자로부터 나오신 본체에서 동일하신 하나님이시다. 12장은 삼위 하나님의 사역, 창조에 관하여 진술한다. 하나님께서는 천지만물을 무로부터 창조하셨고 모든 피조물들에게는 각자의 존재와 모양과 형태로 창조주를 섬기도록 직분을 주셨다고 고백한다.

13장은 삼위일체에 관한 마지막 고백으로써 하나님의 섭리에 관하여 진술한다. 하나님의 섭리는 무엇인가? 섭리는 하나님께서 창조 이후 자신의 뜻에 따라 천지 만물을 다스리시고 보살피시는 사역을 의미한다. 이 지점에서 벨직 신앙고백서는 스위스 신앙고백서에서 8장에 나오는 것처럼, 하나님의 섭리와 죄의 문제를 설명한다. 하나님은 직접적으로 악한 자들의 행동을 조정하지 않으시므로 악한 일이 이루어지도록 허용하신다. 그러나 하나님께서는 신앙고백이 말하는 것처럼 최후의 심판에서 그 악을 처벌하실 것이다. 그러므로 이 고백이 그리스도인에게 많은 위로와 감동을 준다. 왜냐하면 우리는 이 고백을 통해 우리의 삶과 세상의 일들이 하나님의 뜻대로 이루어진다는 것을 알게 되고, 하나님의 선하심을 의지하며 최후의 상급을 기대하게 된다.

인간론 : 하나님의 뜻을 행할 의지조차 없이 전적으로 타락한 인간, 죽음에서 벗어나는 하나님의 선택하신 자들

신앙고백 14장에서 17장까지는 인간론, 인간의 범죄와 타락에 관하여 진술한다. 14장에서는 하나님의 형상을 따라 의를 행할 수 있게 창조된 인간을 말한다. 그러나 창조된 인간이 하나님의 말씀에 순종하지 못하고 "마귀의 말에 귀를 기울임으로써 고의적으로 스스로 죄를 범하고 그 결과로 사망과 저주에 매이게 되었다."[134] 범죄의 결과로 인간은 모든 면에서 죄의 부패로 오염되고, 하나님의 뜻을 행할 자유의지를 잃어버렸다. 뒤에서 다루겠지만, 이 14장에서 언급하는 자유의지에 대한 부분은 차후 아르미니우스 논쟁에서 중요한 다툼거리가 된다. 아르미니우스는 인간은 선을 행할 자유의지가 있으므로 벨직 신앙고백서의 14장은 수정되어야 한다고 주장한 반면, 고마루스는 벨직 신앙고백서에 전적으로 동의한다.[135]

15장은 죄의 특성이 어떠한가를 밝히고 있다. 먼저, 신앙고백서는 아담의 범죄는 전 인류에 미치는 죄, 원죄라고 말한다. 그리고 난 후, 죄의 전가, 유전에 대해 언급하는데, 후대의 개혁파에서 발전한

---

134 박일민, 『개혁교회의 신조』, 300. 재인용.
135 도르트 신경의 역사적 배경 부분을 참고하라.

개념인 행위언약의 대표자로서 아담이 인류의 대표로 언약을 맺은 것을 실패하므로 죄를 지었다는 개념이 전면적으로 드러나지 않고, 죄의 유전에 집중한다. 고백서는 원죄로부터 인간은 어떤 수단으로도 도망칠 수 없다고 고백한다. 16장은 왜 하나님의 자녀들이 영원한 죽음과 파멸에서 제외되는가 하는 점을 진술한다. 그 이유는 하나님께서 그의 선택을 따라서 특정한 사람들을 구하셨기 때문이다. 고백서는 예정이 행위로 말미암지 않는다고 명백히 언급한다. 16장도 14장과 함께 아르미니우스 논쟁 당시 중요한 논쟁의 주제였다. 17장에서는 범죄한 인간의 구원이 오직 그리스도에게서 나옴을 고백한다.

기독론 : 구원 성취를 위해 인간이 되신 성자 하나님, 그리고 구원의 적용

신앙고백 18장에서 21장까지는 그리스도에 관한 교리를 다룬다. 기독교 교리들 가운데 핵심적으로 강조되어야 할 교리중의 하나는 그리스도에 관한 교리이다. 18장은 택자의 구원을 위해 하나님께서 예정하신 때에 독생자를 세상에 보내 구원의 경륜을 성취하셨다고 진술한다. 고백서는 그리스도께서 참된 인성, 인간의 몸과 영혼 모두를 취하셨다는 것을 고백한다. 19장은 그리스도의 양성에 대한 교리를 진술한다. 18장에서 언급한 신성이신 성자가 인성을 취하심에 대해, 고백서는 그리스도의 양성이라는 의미는 두 분 성자가 아니시고, 두 분 인격이 아니라 두 본성이 하나의 인격 안에서 연합되었다는 것을 말한다. 칼케돈 신경의 고백을 반복하면서, 고백서는 흥미롭게 그리스도의 전 삶에서 신성과 인성이 결합되어 있다는 것으로 그 연합

III 종교개혁 이후의 개신교 신앙고백

의 영원성을 설명한다. 20장은 그리스도께서 인간이 되신 목적을 하나님의 구속계획과 연결 짓는다. 하나님께서는 불순종한 인간에게 공의로운 심판을 하셔야 하나, 그것을 그리스도께서 담당하시므로 신자가 구원을 얻었다고 설명한다. 21장은 20장의 부연설명이자, 기독론의 마지막 관점인 그리스도의 속죄에 관하여 고백한다. 예수 그리스도는 우리의 영원한 대제사장이시며, 친히 속죄의 제물이 되셨다.

신앙고백 22장에서 26장까지는 구원론에 관하여, 예수 그리스도께서 이루신 구속의 사건을 하나님께서 선택하신 자들이 어떻게 받아들이며, 어떻게 죄와 죽음으로부터 건짐을 받을 수 있는가에 대하여 고백한다. 22장, 23장은 칭의에 대해 설명한다. 먼저 22장은 이신칭의의 원리에 대해 서술한다. 하나님께서는 신자의 마음에 성령을 통하여 믿음을 일으키고 이 믿음으로 말미암아 예수 그리스도의 모든 공로를 공유하므로 죄인이 의롭다하심을 얻게 된다. 벨직 신앙고백서는 믿음 그 자체가 인간을 의롭게 할 어떤 능력을 지닌 것이 아니라 단지 그리스도의 의를 받아들이는 도구라는 점을 강조한다. 23장에서는 믿음으로 의롭다함을 얻는 칭의에 대하여 좀 더 세밀하게 진술한다. 벨직 신앙고백서는 그리스도의 순종, 공로, 의가 믿음으로 우리의 것이 된다는 표현을 통해, 제2 스위스 신앙고백서의 15장과 호응하면서, 개혁파 핵심교리 중의 하나인 전가교리에 대해 이야기하고 있다. 24장은 하나님의 은혜로 의롭다함을 받은 자들의 삶에는 성화와 선행이 동반된다는 점을 진술한다. 성령을 통한 중생은 죄인을 새 사람으로 만들고, 그 새 사람은 새 삶을 산다. 이런 의미에서 신자가 선을 행하더라도 그것은 인간의 공로가 아니다. 왜냐하면 선행은 전적으로 우리 안에 소원을 두고 행하시는 하나님의 은혜로 성취된 것이기 때문이다. 그러므로 신자는 주님의 공로를 의지하고 성령의 감동, 감화로 성화의 길을 걷게 된다.

25장과 26장은 구조적으로는 명료하지 않다. 왜냐하면, 기독론적 언급이 구원론 마무리 부분에 나오기 때문이다. 이는 벨직 신앙고백서의 신학적 강조점이라고 할 수 있다. 신앙고백서는 25-26장에서 성육신으로 인한 그리스도의 두 본성에 근거하여 타락한 인간이 얻게 된 칭의, 믿음, 성화를 언급한 후, 이 모두가 전적으로 그리스도의 공로이며, 사역이라고 주장한다. 이 지점에서 다시 한 번 그리스도의 공로의 의미와 중보자의 역할을 강조하여 인간의 칭의, 믿음, 성화가 모두 그리스도의 두 본성의 본질적 사역이자 중보자의 역할이 낳은 결과라는 것을 강조한 것으로 보인다. 25장은 그리스도께서 율법을 성취하셨으므로 우리에게 율법의 의무는 없지만, 그럼에도 율법이 보여주는 진리를 따라야 한다고 권고한다. 26장은 그리스도의 중보에 대해 진술한다. 고백서에 의하면, 인간은 부패한 뒤 전적으로 무능력하여 선을 행할 수 없고, 하나님의 원수가 되었다. 그러나 신-인이신 그리스도께서 순종하시므로 중보자가 되시고, 하나님과 인간 사이의 관계를 회복하셨다. 그러므로 하나님께서는 유일한 중보자이신 예수 그리스도를 통하여 신자들이 하나님께 부르짖으며, 그의 명령과 가르침을 따라 살아가며, 그의 은혜를 간구하기 위해 은혜의 보좌에 담대히 나아가게 하셨다. 이것이 중보자를 통해 신자들에게 베푸신 하나님의 은혜이다. 여기서 신앙고백서는 다른 중보자를 제시하는 것을 비판한다. 종교개혁 당시 대표적인 예는 바로 성인숭배였다. 예를 들어 로마 가톨릭에서는 마리아가 은혜를 가지고 있어 그 은혜를 나누어 줄 수 있다고 여겼다.136 그러나 종교개혁자들은 이런 주장들은 또 다른 중보자를 제시하는 일이라고 전적으로 거부한다. 신앙고백서는 개혁자들처럼 가톨릭의 잘못된 교리에 대해 전적으로 부정하며, 이런 잘못된 종교적 실천의 근거가 두려움이라고 설명한다. 구원에 대한 두려움에 사람들이 확신을 얻기 위해 여러 방법들을 찾았다는 것이다. 고백서는 신자에게 변치 않는 중보자 그리스도만 보며 그 분을 의지하며 담대히 나아가자고 권면한다.

교회론 : 고난에도 영적 질서를 유지하는 거룩한 신자들의 모임, 교회

벨직 신앙고백서의 신학적 진술 가운데 가장 많은 내용, 27장부터 36장까지는 교회를 다루고 있다. 27장은 교회의 보편성에 대하여 진술한다. 교회는 그리스도에 의해 구원의 인침을 받는 신자들의 거룩한 회중과 모임이다. 고백서는 가시적 교회의 보편성에 주목한다. 구약시대부터 지금까지 교회는 영원히 존재한다. 특정한 장소에 제한되지 않는 그 교회의 영원한 통치자는 왕이신 그리스도이시며, 그분은 교회를 통치하시고 보존하신다. 28장은 보편적 교회의 일원으로 회중은 함께 연합해야 하는 의무를 가졌다고 강조한다. 교회는 구원받은 자들의 집합체이다. 모든 회중은 머리이신 그리스도와 연합되

---

136 McGrath, "종교개혁사상," 100.

어 있다. 따라서 한 몸으로 연합되어 있는 지체들끼리 하나님께서 부여해 주신 은사에 따라 교회의 유익을 위해 봉사해야 할 의무가 있다. 신앙고백서의 이 조항은 프랑스 신앙고백서 26항으로부터 온 것으로 보인다. 특별히 "그리스도의 멍에(the yoke of Christ)라는 표현이 유사하다.[137] 두 신앙고백서 모두 교회가 고난 받는 상황에서 작성되었다. 그래서 고백서들은 고난에 처한 신자들에게 하나님의 교회를 떠나지 말 것을 권면한다.

29장은 교회 공동체 안에 참 신자들과 거짓 신자들의 공존을 설명하면서, 한편으로 거짓된 교회와 참 교회를 구별하는 교회의 표지에 대하여 진술한다. 벨직 신앙고백서가 제시하는 교회의 표지는 스위스 신앙고백서나 다른 개혁파 신앙고백서들과 공통점과 함께 독특한 특징을 보인다. 벨직 신앙고백서는 참 교회의 표지로, 말씀의 선포, 성례의 집례, 권징을 제시한다. 이것은 개혁교회에 보편적인 이해이다. 그러나 벨직 신앙고백서는 여기서 하나 더 표지를 제시한다. 이것은 그리스도인의 표지로서 참된 교회에 소속된 신자들의 표지이다. 참된 신자는 의를 쫓으며, 성령의 도움으로 죄에 맞서 싸우며 이웃을 사랑하는 자들이다. 이 표지는 개혁파에 일반적으로 수용되지 않는 의견이지만, 벨직 신앙고백서 작성 당시 고난받는 개혁교회의 상황을 고려할 때, 개개인의 신자들에게 위로를 주는 동시에 참된 신자로서 당당히 살아갈 것을 요구하는 고백서 저자 드 브레의 의도

---

[137] Gootjes, The Belgic Confession, 85.

를 엿볼 수 있다.

30-32장은 교회정치에 대해 논한다. 30장은 영적 질서로써 교회
정치는 성경에 근거해서 세워져야 한다고 주장한다. 교회의 직분에
는 목사, 장로, 집사의 직책이 있다. 목사는 설교와 성례의 직무를
맡은 자이며, 장로, 집사는 목사를 도와 참된 교리를 세우는 직책이
다. 31장은 교회 직분자들, 목사, 장로, 집사의 직분에 관하여 좀 더
세밀하게 설명하고 있다. 교회가 목사, 장로, 집사를 선택할 때에는
성경이 가르치는 질서에 따라 합법적으로 선거를 통해 선택해야 한
다고 주장한다.

이런 주장은 프랑스 위그노로부터 영향을 받은 것으로 보인다. 제
네바의 경우 목사와 장로의 선출에 시의회의 추천 또는 승인이 필요
했다.[138] 프랑스 위그노들은 국가의 지원을 받을 수 없었던 상황에서,
교회가 자유롭게 선거하여 목회자, 장로, 집사들을 뽑았다.[139] 32장
은 교회 질서를 세우고 평화로운 교회를 유지하기 위해 규정들을 제
정하고 수립해야 하는 필요성을 제기한다. 이러한 규정들을 수립함
에 있어 그리스도께서 제정해 놓으신 것과 멀어져서는 안 된다는 점
을 강조한다. 교회의 규칙들과 규범들은 인간에게서 나온 생각들과
방식이어서는 안 된다. 그리고 이러한 목적을 이루기 위해 성경에 근

---

138 John Calvin, "Draft Ecclesiastical Ordinances September & October 1541,"
in Calvin: Theological Treatises, ed. J. K. S. Reid (Philadelphia: The
Westminster Press, 1954), 59-60; 63.

139 Benedict, Christ's Churches Purely Reformed, 163-165.

거하여 권징이 필요하다고 언급하고 있다.

33–35장은 성례에 관하여 진술한다. 고백서는 하나님께서 성례를 통하여 신자에게 하나님의 은혜의 증거로 삼으시며, 신자의 믿음을 성장케 하시고 강하게 하심을 믿도록 한다고 선언한다. 성례는 표와 인이며, 성령께서 그것을 사용하셔서 능력 있게 하신다. 예수님께서 제정하신 성례는 세례와 성찬뿐이다. 34장은 상당히 긴 설명과 함께 세례에 관하여 진술한다. 이 조항은 세례의 개혁주의 의견을 제시하면서, 특별히 재세례파를 비판한다. 저자 드 브레가 개혁파가 재세례파와 다르다는 것을 황제에게 보여주고자 벨직 신앙고백서를 기록했다는 사실을 기억하면, 재세례파와 가장 두드러지게 차이가 나는 세례에 대해 고백서가 길게 반박하고 있는 이유를 이해할 수 있을 것이다.

신앙고백서는 세례가 새 언약의 상징으로 할례를 대체하고 죄사함을 상징한다고 언급한다. 형식에 있어서 예수님께서는 아버지와 아들과 성령의 이름으로 세례를 받을 것을 명령하셨다(마 28:19). 종교개혁 당시 재세례파는 잘못된 세례의식(가톨릭으로부터 받은 세례)을 받은 신자들은 재세례를 받아야 하며, 유아세례는 성경적 근거가 없다고 주장했다. 벨직 신앙고백서는 세례를 다시 반복할 수 없다는 점을 강조하며 재세례파를 비판한다. 이유는 한 번 받은 세례는 일평생동안 그 효력이 계속되기 때문이며, 세례의 은혜의 근거는 집례자가 아니라 하나님이기 때문이다. 덧붙여 신앙고백서는 성경적 근거(골로새서 2:11)를 제시하며, 언약의 가정 안에 있는 자녀들에게 유아세례를 베푸는 것을 정당한 것으로 고백하고 있다. 35장은 성찬에 관하여 진술한다. 세례와 마찬가지로 성찬 역시 예수 그리스도께서 제정하신 것으로, 그리스도께서 구속사역 과정에서 죄의 값을 대신 지불하시고 피를 흘려 죄를 깨끗이 사하시는 그의 사역을 예표로 보여주신 것이다. 성찬은 주님께서 다시 오실 때까지 기념하도록 제정해 주신 것이다. 신자들은 믿음 안에서 성령의 감동하심으로 참여한다. 그럼에도 이 성찬은 모든 사람이 참여할 수 없음을 또한 명시한다. 경건치 못한 사람은 성찬 참여가 정죄에 이르는 길이라는 점을 밝히고 있다. 신자들은 성례를 겸손함과 경외함으로 받고 이를 통하여 신앙을 가지고 고백해야 한다.

36장은 국가의 행정관리들에 대하여 개혁주의 이해를 잘 요약하여 진술한다. 먼저 신앙고백서는 행정관리의 필요성에 대하여 언급한다. 이 세상이 악하기 때문에, 질서를 지키기 위해 하나님께서 행정관리를 주셨다. 그러므로 행정 관리들은 그들의 직분을 통해 신령한 사역을 보호하고, 우상숭배와 거짓된 예배를 제거하거나 막아내고, 그리스도의 나라가 성장하도록 해야 하며, 더 나아가 시민들의 복지생활에 관심을 가지고 보살피는 일을 해야 한다. 신앙고백서는, 모든 국민들은 행정관리들의 다스림을 받아야 하고 세금을 납부해야 하며, 그들에게 존경과 경의를 표시해야 하고 하나님의 말씀에 위배되지 않는 한 모든 일에 있어 그들에게 복종해야 함을 요구한다.

신앙고백서의 마지막인 37장은 종말론에 관한 교리적 진술을 담고 있다. 물론 종말론에 관한 교리적 관점을 한 장에 담아내기 어렵지만, 신앙고백서는 간단명료하게 한 장에서 다루고 있다. 먼저 고백서는 산 자와 죽은 자를 심판하고 세상을 심판하고 정화시키기 위해 그리스도께서 재림하실 것을 진술한다. 모든 사람은 하나님의 심판대 앞에 선다.[140] 먼저 심판 이전에 모든 자들이 부활하고 산 자들과 함께, 하나님의 심판대 앞에서 그들의 말과 행위에 따라 선악 간에 심판을 받게 될 것이다. 심판의 결과에 따라 악인들은 죽지도 않은 채 마귀와 함께 영원한 불 속에서 고통을 당하게 될 것이다. 하지만 택함 받은 신자들은 하나님 앞에서 영광과 존귀의 면류관을 쓰고 영광의 나라 가운데서 슬픔 없이 지내며, 하나님의 약속을 충만히 누리게 된다. 결과는 두 가지, 하나님의 심판이 불신자들에게는 두렵고 떨리는 것이지만, 택함을 받은 자들에게는 최대의 희망과 위로가 된다고 설명한다.

4) 함께 더 생각해보기

* 벨직 신앙고백서는 어떻게 우리가 하나님을 알 수 있다고 설명합니까?

---

[140] 이상웅, "벨직 신앙고백서의 역사적 배경과 37조에 담긴 종말론," 125-126.

(벨직 신앙고백서 1-7조를 읽고 생각해 봅시다.)

❶ 하나님 인식에서 일반계시와 특별계시의 구분점이 무엇인가요?

❷ 특별계시로서 성경이 지닌 권위를 신앙고백서는 어떻게 설명하는지 정리하시고, 그 의미가 무엇인지 서로 나눠보세요.

❸ 지금 우리시대는 성경의 권위를 어떻게 이해하고 있는지 생각해 봅시다. 성경의 진리를 거부하는 자들에게 최고의 권위인 성경의 참된 진리를 어떻게 증거할 수 있을까요?

* 벨직 신앙고백서에 나타난 참된 교인의 표지를 찾아보세요.

❶ 참된 교인의 표지가 각자 자신에게서 나타나는지 살펴봅시다.

❷ 왜 벨직 신앙고백서는 참된 교인의 표지를 규정했는지 생각해 봅시다.

05

하이델베르크 교리문답

(Heidelberg Catechism, 1563)

'사도신경'은 사도들의 신앙고백이란 의미이며, 각 사도들이 한 구절씩 작성했다는 전설이 있기도 했지만, 신경 자체는 사도들로부터 직접적으로 유래한 것은 아닌 것으로 보인다. 초대교회부터 신경은 정확한 교리를 수호하기 위해서, 그리고 사람들에게 그 교리를 가르치기 위해서 시작되었다. 현재와 같은 형태로 전해지게 된 것은 중세 시기로 추정된다.

1) 하이델베르크 교리문답 읽어보기

* 하이델베르크 교리문답의 전문과 설명에 대해서는 다음의 책을 참고하라.

* 김영재. 『기독교신앙고백: 사도신경에서 로잔협약까지』. 수원: 영음사, 2011.
* 리얼 비어마. 신지철 옮김. 『하이델베르크 교리문답 입문』. 서울: 부흥과 개혁사, 2012.
* 자카리아스 우르시누스. 원광연 옮김. 『하이델베르크 요리문답 해설』. 파주: 크리스챤다 이제스트, 2016.
* 케빈 드영. 신지철 옮김. 『왜 우리는 하이델베르크 교리문답을 사랑하는가』. 서울: 부흥과 개혁사, 2012.
* 양승헌. 『하이델베르크 요리문답을 기초로 세우는 크리스천 믿음』 상, 하. 서울: 디모데, 2017.

생각하며 고백하기

하이델베르크 교리문답은 다른 고백서, 신경, 교리문답들과는 다르게 루터파와 개혁교회가 번갈아 가며 교회 개혁의 주도권을 차지했던 하이델베르크 지역에서 작성되었다. 따라서 교리문답의 작성자는 그리스도 안의 형제이지만 성경의 진리에 있어서 다른 이해를 가지고 있던 루터파 교인들을 설득하며, 참된 개혁주의 진리를 그들의 마음에 심어주어야 했다. 교리문답이 때로 모호해 보이는 표현들을 사용하면서도 점층적으로 명확한 개혁주의를 설명하는 길로 어떻게 나아갔는지 살펴보며 읽어보자.

2) 하이델베르크 교리문답 배경읽기

하이델베르크 교리문답은 왜 작성됐을까?

팔츠지역의 중심지인 하이델베르크는 독일 황제를 뽑는 선제후가 다스리는 지역으로서, 정치적 그리고 경제적으로 중요한 지역이었다. 프리드리히 3세가 하이델베르크의 선제후로서 오토 하인리히의 뒤를 이어 1559년경부터 하이델베르크를 통치하기 시작했다.

팔츠의 종교개혁은 프리드리히 2세로부터 시작되었지만, 본격적으로는 오토 하인리히부터 시작되었다. 하인리히 선제후는 개신교에 호의적이었지만, 루터파와 개혁파의 차이를 명확하게 인식하지 못했다. 그가 초빙했던 하이델베르크 대학의 교수진을 보면 루터파와 개혁파가 함께 섞여 있었다.[141] 하인리히 통치기간 동안에 루터파와 개혁파의 갈등은 고조되고 있었고, 프리드리히 3세가 등장할 당시에, 이러한 갈등은 루터파와 개혁파 사이의 성찬논쟁으로 두드러졌다.

프리드리히 3세는 이러한 논쟁 가운데서 멜란히톤에게 문의를 구했고, 멜란히톤은 엄격한 루터파 성찬론보다 개혁파의 성찬론을 지지해 주었다.[142] 멜란히톤의 지지는 프리드리히 3세가 아우구스부르크 신앙고백서의 변경판을 수용하는 동력이 되었다. 이 과정에서 프

---

141 이남규, "하이델베르크 요리문답서의 역사적 배경과 그 의미" (Refo 500 Asia 하이델베르크 요리문답 1차 아카데미, 발제), 15.

142 이남규, "팔츠의 교회법에 끼친 칼빈의 영향," 「칼빈연구」 10(2013), 148.

1563년에 하이델베르크에서 열린 총회에서 채택된 교리문답. 이 하이델베르크 교리문답은 도르트 총회에서(1618-1619) 네덜란드 신앙고백(1561), 도르트 신조와 더불어 "통일된 형태의 세 고백서"(Three Forms of Unity)로 받아들여졌다.

리드리히 3세는 개혁파 성찬론에 확신을 가지게 되었고, 더 나아가 제국의회에도 개혁신앙을 고백하기까지 하였다. 더 나아가 그는 외교적 역량을 발휘하여 아우구스부르크 신앙고백서 변경판도 신앙고백으로 받아들이도록 하였다.[143] 개혁주의로 노선을 정한 선제후는 루터파 교수들을 내보내고, 개혁주의자들을 초빙하는데, 그 사람들이 카르파르 올레비아누스, 자카리아스 우르시누스, 임마누엘 트레멜리이다. 이 사람들이 하이델베르크 신앙교육서의 핵심적 역할을 감당하였다.

---

[143] 이남규, "하이델베르크 요리문답서의 역사적 배경과 그 의미," 16.

프리드리히 3세는 자신이 통치하는 지역에 개혁주의 종교개혁을 확고히 하고, 후손들을 교육하기 위해서 신앙교육서를 작성하도록 했다.[144] 신앙교육서의 작성에는 하이델베르크 신학부 교수들과 팔츠 지역 목회자들이 위원회 형태로 참여하였고, 그 결과물로 하이델베르크 교리문답이 작성되었다. 1563년 1월 19일 하이델베르크 교리문답은 총회를 통과하였고, 이후 각국 언어로 번역되면서 국제적인 신앙고백으로 자리 잡았다.

하이델베르크 교리문답은 이전에 우리가 함께 보았던 다른 고백서들과 다르게 루터파와 개혁파가 서로 국가의 대표종파로 뿌리 내리기 위해 다투면서도, 서로 개신교 진영에 속해 있음을 인식하고 지켜야 했던 지역, 팔츠에서 작성되었다. 그렇기 때문에, 교리문답은 루터파 신학에 대해 반박하면서도, 그들을 감정적으로 자극하지 않게 작성되었다. 하이델베르크 교리문답이 가진 균형잡힌 신학적 태도는 하이델베르크 교리문답이 여러 개혁파 국가들로부터 환영을 받은 이유였다.[145]

---

144 Lyle D. Bierma et al., An Introduction to the Heidelberg Catechism. Sources, History, and Theology. With a Translation of the Smaller and Larger Catechisms of Zacharias Ursinus (Grand Rapids, MI: Baker Academic, 2005), 49.

145 Christoph Strohm, "The Heidelberg Catechism in the Context of Sixteenth-and Seventeenth-Century Calvinism," in The Power of Faith. 450 Years of the Heidelberg Catechism, eds. Karla Apperloo-Boersma and Herman J. Selderhuis (Göittingen: Vandenhoeck & Ruprecht, 2013), 95-103.

하이델베르크 교리문답은 실제적으로 교회에서 적용하도록 팔츠 교회법에 규정되어 있었다. 교회법에 따르면, 세례예식과 성찬예식 사이에 고백하도록 되어 있었다. 그 이유는 세례를 받고 이제 새롭게 신자의 삶을 시작하는 사람들이 하이델베르크 교리문답으로 교육받아 성찬에 참여하는 성숙한 그리스도인으로 변화되길 바랐기 때문이다.146 하이델베르크 교리문답은 서론(1-2문), 1부 비참(3-11문), 2부 구원(12-85문), 3부 감사(86-129문)로 구성되어 있고, 52주 매 주마다 나누어 설교하도록 하였다.

하이델베르크 교리문답은 어떻게 작성됐을까?

하이델베르크 교리문답의 작성자에 다양한 사람들이 참여했다는 의견들이 있는데, 그럼에도 교리문답 작성에서 핵심적인 역할을 감당했던 2명의 신학자가 있는데, 바로 우르시누스와 올레비아누스이다. 그 중 실제적인 저자는 우르시누스로 볼 수 있다.

①올레비아누스

올레비아누스는 트리어 출신, 법학자이다. 칼빈의 강력한 영향을 받아 제네바로 가서 그의 신학을 배우고, 제네바 신앙교육서를 독일

---

146 Wim Verboom, "Catechism Teaching in the Netherlands," in The Power of Faith. 450 Years of the Heidelberg Catechism, eds. Karla Apperloo-Boersma and Herman J. Selderhuis (Göttingen: Vandenhoeck & Ruprecht, 2013), 169-171.

자카리아스 우르시누스(Zacharias Ursinus). 종교개혁자이며, 칼빈주의자였던 그는 카스파르 올레비아누스와 함께 하이델베르크 교리문답서를 작성했다.

어로 번역하였다. 1559년 고향 트리어에서 종교개혁을 시도하다 위험을 당하고, 1561년 하이델베르크 대학에서 교의학을 가르치게 되었다. 우르시누스가 하이델베르크에 온 뒤로는 그에게 교의학 교수직을 넘기고, 교회 사역에 집중하게 된다. 올레비아누스는 하이델베르크 교리문답 작성위원회에 속하여 작성에 참여했고 가시적으로 참여했다는 증거도 있다. 올레비아누스가 신앙교육서의 초안을 작성하였다는 증거는 없지만, 신앙교육서 80문(성만찬과 미사의 차이에 대한 문답)에 추가를 선제후에게 제안했고, 선제후가 받아들인 것을 볼 때 중요한 역할을 감당했음은 분명하다.[147]

---

147 이남규, "하이델베르크 요리문답서의 역사적 배경과 그 의미", 19

②우르시누스

우르시누스는 1534년 오스트리아 브레슬라우에서 태어났고 1550
년부터 비텐베르크에서 교육을 받기 시작했고, 1558년에는 멜란히톤
의 추천서를 지니고 진로를 탐색했을 만큼, 멜란히톤에게 많은 영향
을 받았다. 우르시누스는 고향에서 가르치다 성찬 논쟁에 휘말려 고
향을 떠나 취리히를 거쳐 하이델베르크로 오게 되었다.

우르시누스는 도착과 함께, 하이델베르크 대학 교의학 교수로 봉
직하게 되었다. 그는 하이델베르크 교리문답 작성에 제일 핵심적인
역할을 감당하였다. 이남규는 우르시누스가 작성한 소교리문답과 대
교리문답은 구성과 문답에 있어서 하이델베르크 교리문답과 밀접한
관계를 맺고 있으며, 거의 초안에 가깝다고 평하고 있다.[148] 존 네빈
은 하이델베르크 신앙교육서가 우르시누스의 단일 작품이라고까지
주장한다.[149] 하이델베르크 교리문답의 실제 저자 논쟁은 명확하게
해결되지 않고, 다양한 사람들이 저작에 참여한 것처럼 보이지만,[150]
우르시누스가 핵심저자요, 최종적 편집자로 대부분의 교리문답 작성
에 주도적 역할을 했다고 볼 수 있다.[151]

---

148 이남규, "하이델베르크 요리문답서의 역사적 배경과 그 의미", 19

149 자카리아스 우르시누스, 『하이델베르크 요리문답해설』 원광연 역 (경기: 크리스챤다
이제스트 , 2006), 24.

150 Bierma et al., An Introduction to the Heidelberg Catechism, 53–57.

151 Bierma et al., An Introduction to the Heidelberg Catechism, 74.

3) 하이델베르크 교리문답 핵심 살펴보기

위로의 교리문답 하이델베르크의 전체 구조 : 비참, 구원, 감사, 1주 (1-2문)

하이델베르크 교리문답은 독특하게도 우리의 위로를 물어보며 시작한다.: "1문: 사나 죽으나 그대의 유일한 위로는 무엇입니까? 대답: 사나 죽으나 나는 몸도 영혼도 나의 것이 아니요 나의 신실하신 구주 예수 그리스도의 것입니다. [...]"[152] 1문의 대답은 우리의 위로의 실체가 그리스도임을 말하고 있다. 그리고 삶과 죽음이라는 표현을 통해 우리 전인격이 오로지 그리스도의 것임을 명시하고 있다. 하이델베르크 교리문답서 1부의 표제가 비참임을 생각할 때, 인간의 비참한 현실을 지적하기에 앞서서 진정한 위로를 먼저 제시하고자 하는 저자의 의도가 엿보인다. 우리의 비참함이 크면 클수록 위로가 더 감사하게 느껴진다.

또한 1문은 우리에게 주어지는 위로를 단순한 마음의 평안이 아니라 구속사적으로 다루고 있다. 우리가 그리스도의 것이라는 사실은 예수님의 구속사역과, 하나님의 주권적 사랑으로부터 기인하는 것이다. 또한 그 위로는 성령에 의해 보증되며 신자의 삶에 적용되어 간다. 1문의 대답 마지막 부분에 하나님께서 우리를 준비된 삶으로 살아가게 하신다고 언급함으로, 위로가 감사의 삶, 거룩의 삶으로 이어

---

152 이 책에서 하이델베르크 번역은 우르시누스, 『하이델베르크 요리문답해설』을 참고했다.

III 종교개혁 이후의 개신교 신앙고백

져야 함을 언급한다.

2문은 1문보다 더 명확하게 하이델베르크 교리문답의 구도를 보여준다. 이미 1문의 흐름을 주목하면, 구원-감사의 삶이라는 구도를 보여주고 있다. 2문은 보다 명확하게 하이델베르크 교리문답 전체 구도를 제시한다. 2문의 질문은 우리가 참된 믿음을 가지기 위해 알아야 할 것이 몇 개인가이다. 이 질문은 21문에서 참된 믿음을 확실한 지식과 굳은 신뢰라고 언급하는 것과 호응한다. 2문에서 묻고 있는 지식은 참된 믿음이 요구하는 그리스도인이 확실하게 알아야 할 내용이다. 그것이 바로 3가지, 즉 비참, 구원, 감사이다. 이후 진행되는 교리문답서의 흐름을 보면, 우선 인간의 비참함(1부: 3-11문)에 대해 철저히 살핀다. 인간 자신의 비참함을 바라보면서 자연스럽게 구원을 가져오는 중보자를 바라보게 만든다(2부: 12-19문). 그리고 난 후, 중보자로 그리스도와 그가 주시는 구원을 설명하는데, 바로 여기에 사도신경이 위치한다. 그리스도의 삶과 사역을 사도신경의 흐름을 따라가면서 설명한다. 그 후 사도신경에 없는 칭의, 성례에 대한 문답을 진행한 뒤, 86문부터 3부에 해당되는 "감사"를 이야기하며, 십계명과 주기도문을 가르친다.

비참 : 2-4주(3-11문)

3-5문은 삼단논법을 통해 비참함을 우리에게 적용시킨다. 이렇게 짧은 3개의 문답으로 하이델베르크 교리문답서는 인간의 비참한 현실을 직면하게 만든다. 이로써 하이델베르크 교리문답의 목적은 명

확하다. 인간이 자신의 죄와 비참의 모습을 바로 인식하므로 그 죄의 문제를 해결할 수 있는 방법을 찾아 갈 수 있도록 인도하기 위함이다. 그래서 우르시누스도 비참을 아는 것은 구원을 향한 열망을 불러 일으킨다고 말한다.153

교리문답은 성경에서 율법을 행하지 않는 자는 저주에 처한다는 성경의 말씀을 대전제로 삼고, 나는 율법을 행하지 못한다는 소전제를 거쳐, 결국 율법을 행하지 못하는 나는 저주 아래 있다는 사실을 깨닫게 한다.154 모든 사람은 하나님의 법 앞에서 자신의 비참함을 깨닫게 된다. 우리는 본성적으로 하나님과 이웃을 미워하는 본성을 가지고 있다(5문). 주목할 점은 하이델베르크 교리문답이 말하는 율법의 의미이다. 교리문답은 하나님의 율법을 하나님 사랑, 이웃 사랑으로 제시한다(4문). 결국 율법의 본질을 사랑으로 제시하고 있다. 이러한 율법 이해는 회개를 언급하면서 동일하게 제시된다. 90문부터 회개와 선행을 하나님을 사랑하여, 하나님의 뜻을 지키는 것으로 말하고 있다. 그리고 이어지는 십계명의 설명도 하나님 사랑, 이웃 사랑으로 귀결된다.

6-11문은 인간이 비참하게 된 원인을 찾아 들어간다. 1-5문이 '당신은'이라고 물어보며 교육받는 사람에게 인간 실존을 직면하게 해주

---

153 우르시누스, 『하이델베르크 요리문답해설』, 67.
154 우르시누스, 『하이델베르크 요리문답해설』, 77.

었다면, 6문부터 11문은 비참한 현실에 처한 보편적 인간이 그 현실에서 탈출할 수 있는 출구를 묻는 형식으로 진행되어진다. 6문은 웨스트민스터 소요리문답의 1문을 연상케 하듯이, 인간을 창조하신 하나님의 창조목적을 이야기한다. 하나님께서는 거룩한 자신의 형상을 따라 하나님을 찬양하도록 인간을 창조하셨다. 비참의 원인은 창조가 아니라 인간이 하나님을 떠났기 때문이며, 비참에서 건지시는 하나님의 사역은 본래 창조된 대로 인간을 그 분의 형상을 닮아가게 하는 일이다. 교리문답은 아담과 관계된 기나긴 언약신학의 관점에서 설명을 하고 있지는 않지만, 인간의 비참의 원인이 하나님이 아니라 인간이라는 것을 명확히 밝혀주고 있다.[155]

8문은 인간의 무능력에 대한 확정선언인 동시에 희망을 함께 제시하여주는 문답이다. 인간은 구원에 관하여 철저히 무능력이고, 소망이 없다. 하지만, 동시에 성령으로 거듭날 때까지는 무능력하다는 표현을 통해서 교리문답은 성령이 변화시키시면 우리가 선을 행할 수 있음을 암시한다. 이 성령에 의한 인간의 변화는 3부가 시작되는 86문에서 다시 언급된다.

9문부터는 하나님의 의로우심과 인간의 비참의 관계가 논의된다. 교리문답은 만약 하나님께서 인간이 지킬 수 없는 율법을 주신 게 그 분의 목적이었다면, 인간은 부당한 대우를 받게 된다는 논리적

---

155 우르시누스는 그의 해설서에서 언약적 개념으로 타락한 본성의 유전에 대해 논의한다. 우르시누스, 『하이델베르크 요리문답해설』, 101.

비판을 받을 수 있다고 언급한다. 따라서 인간의 비참에 대한 바른 이해는 하나님의 의로우심과 관계되어야 한다. 하나님의 법은 의롭기에 그 법을 어긴 자들은 의와 거룩함을 더럽힌 자들이다. 벌이 없는 법은 강제력을 지니지 못하며, 입법자의 의지도 불분명하다. 그래서 하나님의 율법은 어기는 자에게 영원한 징벌을 내리는 하나님의 단호한 뜻을 담고 있다. 11문은 문답자들의 의구심을 미리 예측한 질문 같다. 하나님의 자비와 하나님의 의에 대한 논쟁은 기독교 역사이래로 늘 논쟁거리였다. 특별히 하나님의 속성의 완전성과 전능하심과 관계되어 논쟁이 지속되어 왔다. 교리문답은 담담히 그러나 단호하게 이야기한다. 하나님은 참으로 자비로우신 분이며 참으로 의로운 분이시다고 주장한다. 하나님의 자비는 그의 공의를 손상시키지 않으며, 하나님의 공의는 그의 자비를 가리지 않는다.

요약한다면, 인간의 비참의 원인은 인간의 불순종에 있다. 하나님은 자신의 형상을 따라 창조하시고 그들이 지킬 수 있는 율법을 주셨으나 아담의 불순종으로 모든 인류는 선행을 행할 수 없는 무능력의 상황가운데 처하게 되었다. 죄와 비참을 다루는 1부는 구원을 우리가 얻을 수 없으며 다른 누군가가 필요하다는 사실을 절실히 깨닫게 해준다. 그가 바로 2부에서 다루는 중보자, 예수 그리스도이시다.

구원 : 5-31주일(12-85문)

하이델베르크 교리문답서 2부는 구원에 대해 나눈다. 구속의 역사와 구속사에 속한 교회에 대해 논의한다. 2부 처음부분인 12-19문

III 종교개혁 이후의 개신교 신앙고백

은 비참에서 구원으로 가는 길은 중보자 예수 그리스도뿐임을 보여 준다. 12문은 다시 한 번 인간의 비참함과 심판에 직면한 사실을 지적하면서 그 비참함을 피할 수 있는 답을 이야기한다. 교리문답은 그리스도를 바로 이야기하지 않고 하나님의 의에 대한 완전한 값을 치러야 함을 먼저 제시한다. 12문에서 희망이 제시되었다. 하나님의 의에 대한 완전한 값을 치르면 하나님과 화해할 수 있는 것이다. 그렇다면 우리가 지불할 수 있을까? 신앙교육서는 단호히 아니라고 이야기한다(13문). 인간이 아닌 누군가는 가능하지 않을까? 14문은 대답을 하면서 중보자의 조건을 암시한다.

첫째, 인간이 지은 죄의 빚을 하나님께서는 인간에게서 취하시기에 중보자는 인간이어야 한다. 둘째, 어떠한 피조물도 하나님의 진노를 감당하거나 다른 피조물을 구할 능력은 없다. 그러하기에 인간은 불가능하다. 14문에 암시된 중보자의 조건은 15문에서 명확하게 요약 제시된다. 바로 참 인간이자 참 하나님이셔야 한다는 것이다. 중세 가톨릭 신학자들은 그리스도의 중보직이 오직 인성과만 관계되고 신성은 도움역할이라고 생각했다. 그러나 하이델베르크 교리문답은 칼빈을 따르며, 그리스도의 중보직이 그의 전인격, 신성과 인성이 함께 요구되는 직책이라고 설명한다.[156]

---

[156] 김재윤 "하이델베르크 요리문답 기독론의 특징과 공헌," 「개혁논총」 33(2015), 50-51.

16-17문은 중보자는 죄값을 치르기 위해 의로운 인간이어야 하며, 반면에 하나님의 진노는 하나님만이 감당하실 수 있기에 참 하나님이셔야 한다고 설명한다. 18문은 마치 영화의 절정 장면처럼, 이제까지 설명한 중보자가 바로 예수 그리스도시라고 고백한다. 19문은 태초부터 하나님의 계시로, 또 성경을 통해 중보자에 대한 예표가 나타났음을 증언한다. 20문은 예정과 언약을 연결한다. 행위언약의 대표자로 아담이 지은 죄악이 모든 인류를 비참에 놓이게 만들었다. 하지만 은혜언약의 대표자 중보자 그리스도의 유익은 오직 그리스도와 연합하는 일부 사람들만 누리게 된다.

21-22문은 믿음으로 그리스도와의 연합하여 그의 유익을 누린다는 논지를 전개하면서, 하이델베르크 교리문답의 특징, 늘 신자의 삶과 진리의 관계를 강조하는 모습을 보여준다. 교리문답 21문은 믿음은 지식이며, 신뢰이며, 성령이 마음에 믿음을 불러 일으키신다고 설명한다. 우르시누스는 성령은 복음이라는 수단을 통하여 사람의 의지와 마음에 믿음을 일으키신다고 가르친다.[157] 이후 하이델베르크 교리문답 53문과 65문에서 반복적으로 성령께서 신자에게 참된 믿음을 일으키시며, 그리스도의 연합의 유익에 그들을 참여하게 하신다고 지적한다.[158] 22문에는 믿음의 내용이 사도신경에 담겨 있기에, 우리는 사도신경에 담긴 요약적 내용을 알아야 할 뿐만 아니라 가르

---

157 우르시누스, 『하이델베르크 요리문답해설』, 206.
158 김재윤 "하이델베르크 요리문답 기독론의 특징과 공헌," 55.

쳐야 한다고 말한다.

23-25문은 사도신경의 개론적 설명과 함께 삼위일체를 설명한다. 23문은 사도신경을 12부분으로 구분하며 사도신경의 조목을 설명한다. 24문에서는 12조목이 성부 하나님과 창조, 성자 하나님과 구속, 성령 하나님과 성화에 대하여 가르치고 있다고 말한다. 교리문답은 언급하지 않지만, 우르시누스는 삼위 하나님이 분열되거나 독단적으로 창조, 구속, 성화를 진행하지 않고 공동의 사역으로 이루시지만, 각자의 고유한 사역이 있다고 추가적으로 설명한다.159 25문은 하나님의 계시, 성경을 통해 하나님께서 자신이 구별된 삼위이시며 한 분 하나님이시라고 말씀하셨기 때문에 우리가 삼위일체에 대해 고백한다고 지적한다. 교리문답은 삼위일체를 우리가 다 이해할 수 없지만, 오직 성경이 삼위일체를 증언하기 때문에 우리가 믿고 고백한다고 주장한다.

26-28문은 하나님의 창조와 섭리, 그리고 교리와 생활의 밀접한 연결을 설명한다. 26문은 창조에 대해 자세히 설명하기보다 하나님이 우리의 아버지이시며, 전능하신 하나님이 우리의 어려움을 해결하시는 사역에 집중한다. 교리문답은 하나님은 무에서 세계를 창조하셨으며, 지금까지도 작정과 섭리로 세상을 통치하신다고 고백한다. 하나님이 우리의 아버지가 되시는 것은 그리스도를 통하여 이루어진

---

159 우르시누스, 『하이델베르크 요리문답해설』, 219-220.

다. 1문에서 우리의 위로가 무엇이냐는 질문에 답을 하듯이, 교리문답은 하나님이 아버지시고, 전능하신 분이시기에 어떠한 악과 고통이라도, 우리가 흘리는 눈물이라도 하나님께서는 선으로 바꾸실 수 있다고 담대히 고백하며 우리에게 위로를 준다. 27문은 섭리는 하나님의 전능하심과 관계된다고 고백한다. 세계가 멸망하지 않고 지속되며, 생명이 유지되는 모든 일이 하나님의 섭리, 전능하신 능력 때문이다. 우르시누스는 하나님의 섭리는 하나님의 창조의 지속하심이라고 지적한다.160 그렇다면, 하나님의 창조와 섭리는 우리의 삶에 무슨 위로와 유익을 주는가? 28문은 하나님께서 작정하신대로 섭리하시므로 지금도 이 세상을 통치하고 자신의 사역을 이루어 나가시기 때문에, 하나님의 뜻은 성취된다. 따라서 우리에게 어떤 역경이 오더라도 우리는 하나님의 사랑 안에 거하고, 그 분의 뜻이 성취되기를 기대하며 희망을 가질 수 있다.

29-34문은 그리스도 그 분이 왜 우리의 구주인가 설명한다. 29문은 사도신경에서 "우리 주 예수 그리스도"라고 고백하는 순서를 따라서, 먼저 구주의 의미를 설명한다. 우리가 구세주라고 고백하는 이유는 오직 예수만이 우리의 구원자이시기 때문이다. 다른 구원의 길은 없다. 그래서 30문에서 그 당시 여전히 강하게 남아있던 가톨릭의 성인숭배를 비판한다. 교리문답은 예수를 믿고 구원을 받거나, 다양한 방식으로 그 분을 거부하여 구원을 받지 못하거나, 단지 두 길밖

---

160 우르시누스, 『하이델베르크 요리문답해설』, 261.

에 없다고 주장한다. 31-32문은 유일한 구원자 그리스도의 삼중직, 즉 선지자, 제사장, 왕 되심을 그리스도인의 존재와 연결한다. 31문은 삼중직의 연결고리로 "기름부음"을 제시한다. 성경에서 기름부음 받는 대표직책이 선지자, 제사장, 왕이기 때문이다. 교리문답은 하나님의 선택과 성령의 기름부음으로 예수 그리스도는 선지자로서 하나님의 뜻을 계시하고, 대제사장으로서 그를 제물로 드려 우리를 구원하고 중보하시며, 왕으로서 우리를 다스리고 보존하신다고 고백한다. 중보자의 삼중직책은 그리스도인이라는 명칭과도 연결된다.

32문은 우리가 믿음으로 그리스도의 지체가 되어, 우리도 기름부음 받고, 선지자로서 그리스도가 주신 계시를 믿기에 그의 이름을 고백한다고 선언한다. 또한 제사장으로서 희생하신 그리스도를 따라 우리 몸을 산제사로 드리며, 왕 되신 그리스도처럼 그의 대적과 싸우며 그와 함께 만물을 통치한다. 그리스도인은 그리스도를 닮아가는 자들이다. 33-34문은 그리스도의 신성에 대해 고백한다.

33문은 우리는 양자로서 하나님의 자녀가 되었지만, 하나님의 독생자는 그리스도밖에 없다고 설명한다. 우르시누스는 독생자라는 표현이 그리스도의 신성을 암시한다고 주장한다. 하나님의 아들은 하나님이시다. 그리스도는 한 위격이시며, 성부와 성령과 본질이 동일하시다.[161] 34문은 29문과 연결되어 그리스도가 우리의 주인 되시며, 우리 구원의 핵심이라고 강조한다. 그 분만이 구원의 길이기에, 구원

---

161 우르시누스, 『하이델베르크 요리문답해설』, 319.

받은 우리는 이제 그분의 소유이다.

35-52문은 사도신경의 순서를 따라 그리스도 사역을 처음부터 재림까지 설명한다. 35문은 "그는 성령으로 잉태하사 동정녀 마리아에게 나셨고"라는 사도신경의 고백은 성자 하나님께서 마리아를 통해 인성을 취하셨다는 의미라고 설명한다. 우르시누스는 그리스도의 성령에 의한 잉태와 마리아로부터 출생이란 표현은 신성과 인성의 연합, 죄 없이 태어나신 그리스도의 인성을 의미한다고 설명한다.[162]

36문은 그리스도께서 두 본성이라는 사실은 우리의 중보자 되시며, 무죄하신 그리스도께서 나의 죄를 담당하므로 나의 죄를 그의 거룩하심으로 가리는 유익을 얻는다고 우리를 위로한다. 37문은 그리스도의 고난이 그의 생애 마지막인 고난주간뿐만 아니라 그의 일생에 걸쳐 지속되었고, 고난주간에 절정을 이루었다고 설명한다. 우리의 구원은 오직 그리스도께서 자신을 희생하셨기 때문에 이루어졌다. 38문은 고난이 왜 "본디오 빌라도 아래에서" 이루어져야 했는지를 다룬다. 그것은 빌라도가 그 당시 유대의 재판권한이 있는 총독이었기 때문이다. 그리스도께서 무죄라는 선언을 받으시고 다시 정죄 받아 십자가에 처형 받으시므로 무죄하신 분이 우리의 죄 때문에 죽임 당하셨다는 사실이 적나라하게 드러난다.[163] 39문의 설명처럼, 십자가의 의미가 하나님의 저주이므로 무죄하신 그리스도의 죽으심

---

162 우르시누스, 『하이델베르크 요리문답해설』, 351-352.
163 우르시누스, 『하이델베르크 요리문답해설』, 369.

은 우리의 죄가 하나님의 저주에 속한다는 사실을 증거 한다.

그렇다면 왜 그리스도는 죽으시기까지 했는가? 다른 고난으로 충분하지 않은가? 하나님은 공의로우시므로 죄는 처벌받아야 하며[164] 우리의 죄의 벌은 사망이므로 죄를 사하기 위한 보상 역시 그리스도의 죽음뿐이라고 40문에서 고백한다. 41문은 그리스도께서 장사지낸 바, 즉 그리스도의 장례식이 실행된 것은 그가 실제로 죽으셨다는 입증이라고 설명한다. 장례절차를 통해 그리스도의 죽음이 실제 벌어진 일이며, 만인들이 눈으로 확인한 일이라는 사실이 드러난다. 한편으로 질문이 생긴다. 그리스도께서 우리를 대신해 죽으셨다면, 왜 우리는 여전히 죽어야 하는가? 교리문답은 42문에서 구원받은 우리에게 육체의 죽음은 죄의 징벌이 아니라, 죽으므로 영생에 들어가야 한다고 설명한다. 우르시누스는 신자에게는 죽음의 원인인 죄가 제거되었으나 그 죄가 단번에 완전히 우리 안에 없어진 것이 아니라, 죄책이 그리스도의 대속으로 사해졌기 때문에, 여전히 인간인 우리는 죽는다고 주장한다. 그러나 그리스도인에게는 구원의 영생이 선물로 주어진다는 기쁨도 공존한다.[165]

43문은 그리스도의 죽으심에 대한 유익을 추가로 설명한다. 우리는 종종 거룩하게 살려는 우리의 노력이 고생이고 의무로만 여기지만, 거룩한 삶은 그리스도께서 죽으심 때문에, 마침내 가능하게 된

---

164 우르시누스, 『하이델베르크 요리문답해설』, 373.
165 우르시누스, 『하이델베르크 요리문답해설』, 382.

일이며, 하나님께서 우리를 창조하신 목적을 성취할 수 있는 유익인 것을 잊어버린다. 교리문답은 그리스도의 죽으심을 통해 우리가 우리 자신을 감사 제사로 드리는 것이 바로 신자의 유익이라고 강조한다. 이 책 앞에서 사도신경을 논하며 언급한 것처럼 한국교회가 사용하는 사도신경에는 없지만, 역사적으로 사용된 사도신경에는 "지옥에 내려가셨고"라는 표현이 있다. 44문은 이 표현이 실제 그리스도의 영혼이 지옥에 내려가셨다는 의미가 아니라 십자가에서 당한 그리스도의 고난이 형언할 수 없이 깊은 "영혼의 슬픔과 고통"이었고, 그 고통과 슬픔에서 우리를 구원하셨다는 확신을 위로로 준다고 증언한다.

45문에서 52문은 그리스도의 부활부터 재림으로 이어지는 그리스도의 높아지심에 대해 설명한다. 45문은 그리스도의 부활이 우리의 구원의 보증이라고 설명한다. 부활은 칭의, 중생, 영화의 확실한 보증이며, 우리를 구원의 생명에 참여하게 한다. 46문은 그리스도의 하늘에 오르심, 승귀는 그리스도께서 하늘로 올라가사 우리의 유익을 위해 거기에 거하시며 장차 심판하시려 재림하신다는 것을 증언한다. 우르시누스는 그리스도께서 천국으로 올라가셨기 때문에, 우리는 이제 우리가 천국의 시민이요(빌3:20) 천국이 장차 우리가 거하는 본향이라는 사실을 알게 된다고 설명한다.[166]

---

166 우르시누스, 『하이델베르크 요리문답해설』, 408.

III 종교개혁 이후의 개신교 신앙고백

47-48문은 다소 신학적으로 깊은 이해를 제시한다. 하이델베르크 교리문답은 칼빈의 기독론을 따라간다. 칼빈과 교리문답은 그리스도의 신성은 편재하지만 인성은 특정한 장소에 제한된다고 설명하면서, 참 하나님이신 그분은 편재하셔서 언제나 우리와 함께 계신다고 설명한다. 루터파들은 그리스도의 인성도 신성과 위격적 결합을 했기 때문에 편재한다고 보면서, 자신들의 공재설의 증거로 삼았다. 공재설은 가톨릭처럼 실제 살과 피로 변하지는 않아도, 그리스도의 몸과 피가 성찬 때 위에, 아래, 옆에 공존한다는 루터파 성찬론이다. 그러나 개혁파는 그리스도의 인성은 하나님 보좌 우편에 머물며, 그분의 신성만 편재 하신다고 주장한다.167

두 본성은 분명 연합되어 있지만 신성은 편재하고, 인성은 하늘 하나님의 보좌 옆에 계신다. 49문은 예수 승천의 유익을 첫째, 그리스도가 우리의 대언자 되시고, 둘째, 우리도 장차 천국에 간다는 보증이며, 셋째, 성령이 우리에게 오심이라고 증언한다. 그리스도는 계속 우리를 위해 하나님 우편에서 중보하시고 대언하신다. 그렇다면 그리스도께서 하나님의 우편에 앉아 계신다는 것은 어떤 의미인가? 50문에 따르면, 그 뜻은 그리스도께서 교회의 머리요, 세상의 통치자가 되신다는 의미이다. 우르시누스는 그리스도께서 하나님 우편에 앉으심은 그리스도의 신성을 증거하고, 그리스도의 인성의 높아짐,

---

167 이남규, "하이델베르크 요리문답서 구조에 나타난 개혁신학의 특징," 「신학정론」 33권 1호 (2015): 244.

중보자직의 완전함과, 존귀의 완전함이 성취되었음을 의미한다고 설명한다.[168] 51문은 그리스도의 영광, 우편에 앉으심이 성령의 은사가 우리에게 부어지며, 우리를 원수에게서 보호하시는 유익을 준다고 고백한다. 하이델베르크 교리문답은 예정에 대해 독립적으로 다루고 있지는 않는다, 52문에서 그리스도의 재림 때 하나님의 구원이 그의 예정하심에 있다는 것을 택함 받은 모든 사람이라는 표현을 통해 밝히고 있다.[169] 하나님께서는 최후의 때에 심판자로 서시지만, 예정 받은 신자는 그 때 하늘의 영광과 기쁨을 누리므로 오히려 그 심판을 기대하고 기다려야 한다.

53-58문은 사도신경 마지막 부분을 간략하게 설명하고 있다. 53문은 성령에 대해 두 가지, 성령의 신성과 사역에 대해 설명한다. 성령은 성부, 성자 하나님과 한 하나님이시다. 성령은 그리스도의 유익에 신자를 참여하게 하고, 영원히 함께 신자 안에 거하신다. 교리문답은 성령의 사역을 무엇보다 신자에게 믿음을 일으키는 일, 구원으로 이끄는 일에 집중하여 설명한다. 하이델베르크 교리문답은 다른 고백서들과 다르게 교회론을 한 부분으로 묶어 설명하지 않는다. 54문에서 거룩한 공회에 대해서, 55문에서 성도의 교제에서 간략하게 정리하고, 그 이후에 교회의 세 표지로 세례, 성찬, 권징의 설명에서 다시 등장한다. 아마도 하이델베르크 교리문답과 비슷한 시기에

---

168 우르시누스, 『하이델베르크 요리문답해설』, 425-426.
169 이남규, "하이델베르크 요리문답서 구조에 나타난 개혁신학의 특징," 245-246.

정리된 팔츠 교회법이 있기 때문에 비교적 간략하게 교회론을 설명하고 있는 것으로 보인다.[170] 54문은 거룩한 보편적 교회를 창세부터 종말까지 택함 받은 백성들의 모임으로 설명한다. 예정을 보편적 교회와 연결시키고 있다. 55문은 사도신경이 언급하는 성도의 교제를 두 단계로 나누어 설명한다.

첫째, 성도는 그리스도의 지체로 그리스도의 은사에 참여하는 자들이다. 둘째, 성도들은 각기 자신의 은사를 기쁘게 구원의 사역을 위해 사용한다. 이게 바로 성도의 교제이다. 그러므로 성도의 교제는 친교를 넘어서 그리스도께 연합된 자들의 동역이다. 56문은 그리스도의 사역을 설명하면서 제시된 내용이지만, 교리문답은 사도신경을 따라 설명하기 때문에 후반부에 다시 배치하였다. 교리문답은 죄사함을 그리스도의 사역의 보상으로, 하나님께서 이제 더 이상 정죄하지 않으시는 것이라고 설명하면서, 우리가 그리스도의 의를 전가받는다고 주장한다. 이후 59문부터 자세히 설명하는 칭의의 개념이 여기서 간략히 제시된다.

45문에서 설명했던 그리스도의 부활에 대한 내용은 이제 우리의 몸의 부활로 이어진다. 57문은 죽은 이후 영혼이 먼저 그리스도와 함께 있고, 차후 육체가 부활하는데, 그리스도처럼 영육이 연합되어 부활한다고 고백한다. 교리문답은 악인에 대해서는 언급하지 않

---

170 권호덕, "'하이델베르크 신앙교육서'의 신학특징에 대한 연구," 199.

지만, 우르시누스는 악인은 육체를 떠날 때 지옥에 간다고 부연 설명한다.[171] 하나님께서 악인을 심판하고 영원한 처벌을 내리시기 위해 악인을 부활시키신다.[172] 58문은 사도신경의 마지막이자, 우리 구원의 마지막 종착지인 영생을 고백한다. 신자는 하나님을 찬양하며, 기쁨으로 영원히 살게 된다.

59-64문은 칭의에 대해 논한다. 하이델베르크 교리문답은 칭의를 구원사역의 핵심으로 본다. 59문에 문답에 따르면, 믿음의 유익은 이제 신자가 그리스도 안에서 의롭다 여김을 받고 영생의 상속자가 되는 것이다. 60문은 칭의는 오직 참된 믿음으로 받으며, 우리의 공로 없이, 오직 은혜로 그리스도께서 그의 의와 거룩을 우리에게 전가하시고 우리는 믿음으로 그 은혜를 받는 것이라고 설명한다. 개혁신학은 우리가 중생이후 바로 전적으로 거룩해지지 않고 여전히 죄에 머무는 상태에 있음을 칭의에서 그리스도의 의의 전가와 연결하여 설명한다. 우리는 죄인이지만, 그리스도의 의가 우리에게 전가(imputation)되므로 하나님께서 우리를 의로운 자로 판단하시는 것이다. 61문은 오직 믿음으로 전가받은 그리스도의 의가 우리의 의로 하나님께 비춰진다고 고백한다. 62문이 설명하는 것처럼, 선행으로 보이는 우리의 행위들은 완전한 의로운 행동이 아니라 죄로 더럽혀진 행위이기 때문에, 하나님에게 의로 불릴 수 있는 선행이 아니다.

---

171 우르시누스, 『하이델베르크 요리문답해설』, 510.

172 우르시누스, 『하이델베르크 요리문답해설』, 519.

따라서 63문이 계속 고백하는 것처럼, 우리는 현재와 미래에 하나님께서 주시는 은혜와 유익은 우리 선행의 보상이 아니라 은혜로 주신 선물이다. 64문은 우리의 방종을 경고한다. 늘 칭의는 오해를 받는다. 우리의 선행이 무가치하다는 의미는 우리가 마음대로 살아도 된다는 의미가 아니다. 무가치한 우리가 구원받았다면 우리는 감사의 열매로 선행을 행하여야 한다.

65-68문은 믿음, 성례와 성례의 유익에 대해 설명한다. 65문은 성령께서 우리의 믿음에 역사하실 때 복음전파로 믿음을 일으키시고 성례로 믿음을 확증하신다고 지적한다. 우르시누스는 말씀이 선언서라면, 성례는 표징이라고 비유하며, 성례가 믿음을 확증하게 한다고 설명한다.[173] 66문은 성례가 복음의 약속, 그리스도의 죄사함과 영생에 대한 눈에 보이는 표징이라고 설명한다. 우르시누스가 지적하듯이 성례가 우리의 믿음을 확증하는 것은 성례 자체가 가지고 있는 힘이 아니라, 하나님께서 성례를 행하는 자들에게 눈에 보이는 예식을 통해 보이지 않는 약속을 상기시키시고 은혜를 주시겠다고 약속했기 때문이다.[174] 67문의 고백처럼 말씀과 성례는 오직 신자를 그리스도의 복음으로 나아가게 하는 원인이며 유익이다. 마지막으로 68문은 그리스도께서 제정한 성례는 오직 두 개, 세례와 성찬뿐이라고 선언한다.

---

173 우르시누스, 『하이델베르크 요리문답해설』, 555.
174 우르시누스, 『하이델베르크 요리문답해설』, 568.

69-74문 세례의 의미와 유익을 설명한다. 69문은 세례는 물로 씻는 행위를 통하여 그리스도의 피와 성령으로 우리의 죄가 씻음 받았다는 약속을 확증하는 성례라고 고백한다. 70문에 따르면, 그리스도의 피와 성령으로 죄가 씻음 받았다는 세례의 의미는 그리스도의 구속사역에 근거해 우리가 구원을 받고 성령으로 새롭게 되어 그리스도를 닮아가 죄에 대해 죽고 거룩함으로 산다는 의미이다. 우리가 중생 또는 회심했다고 할 때, 그 결과는 두 방향으로 나타난다.

죄에 대해 죽으며, 그리스도를 닮아가는 새 사람으로 살아난다. 71문은 세례 제정 때 하신 그리스도의 말씀에 근거할 때, 세례를 통해 주어지는 은혜는 흔들림 없는 사실이라고 강조한다. 72문은 물로 씻는 행위 자체가 죄를 사하는 능력이 있는 것이 아니라, 행위는 표이고, 내적으로 그리스도의 피와 성령이 죄를 씻는다고 설명하면서 세례에 대해 가질 수 있는 오해를 해소시킨다. 이런 배경에서 73문이 말하듯, 세례가 중생의 씻음, 죄의 씻음이라고 불리는 것은 그 행위 자체의 능력이 아니라 물로 씻는 행위를 보며 신자는 우리의 죄가 그리스도의 사역을 통해 씻겨나간다는 은혜를 확신하기 때문이다. 74문은 세례의 마무리로 유아 세례문제를 언급한다. 개혁교회 전통은 유아 세례의 근거로 유아, 신자들의 아이 역시 하나님의 언약에 포함되어 교회의 일원으로 인정해야 한다는 성경의 증언을 제시한다. 구약의 할례가 생후 8일째 남자아이에게 이루어져서, 그 아이가 이스라엘 백성임을 확증했던 것처럼, 유아세례를 통해 신자의 자녀가 하나님의 교회의 일원임을 확증한다.

III 종교개혁 이후의 개신교 신앙고백

75-82문 두 번째 성례, 성찬에 대해 논한다. 75문은 성찬의 유익을 두 가지로 제시한다. 첫째, 성찬의 떡과 잔을 보면서 그리스도의 십자가 희생, 몸이 찢기고 피를 흘리신 사역이 나를 위한 희생이라는 사실을 기억한다. 둘째, 떡과 잔을 먹으며 그리스도께서 구속사역의 유익을 우리 영혼에 주셔서 성장하게 하시고 영생까지 보존하신다. 우르시누스는 세례가 언약을 맺었다는 표라면, 성찬은 언약이 보존된다는 표라고 말한다.[175] 따라서 하이델베르크 교리문답은 성찬의 유익이 우리가 그리스도께서 행하신 대속사역에 참여하는데 있음을 반복하여 설명한다.

76문은 그리스도를 믿음으로 죄사함과 영생을 얻고 그리스도와 연합하였기 때문에, 성찬에서 먹고 마시는 일은 우리가 그리스도의 지체로서 성령을 따라 거룩한 삶을 살아야 한다는 선언이라고 설명한다. 77문에서 제시하듯 성찬을 시행해야 하는 근거는 예수님의 말씀, 특별히 고린도전서 11:23-26과 10:16-17절 말씀이다. 78문은 가톨릭의 성찬론과 루터파의 공재설을 반박한다. 성찬 때 떡과 포도주는 세례 때 물이 죄씻음의 상징이듯이 그리스도의 몸과 피의 상징이

---

175 우르시누스, 『하이델베르크 요리문답해설』, 614.

176 아우구스부르크 신앙고백서 10조항을 살펴보면 루터파의 공재설을 이해하는데 도움이 된다. 개혁파들이 왜 공재설이 성경에 어긋난다고 생각했는가는 제1 스위스 신앙고백서 21-23조항에 요약 제시되어있다. 하이델베르크 교리문답 47-48문에서도 루터파 공재설의 논리가운데 하나인 그리스도의 인성의 편재를 반박하는 내용을 확인할 수 있다.

지, 실제 그리스도의 몸과 피로 변화되지는 않는다.176 화체설과 공재설은 그리스도께서 "이것이 나의 몸이요, 나의 피다"고 말씀하신 성경 말씀을 문자적으로 해석해, 성찬의 떡과 포도주가 그리스도의 몸과 피가 된다고 주장했다. 종교개혁 당시에는 매우 중요한 주제였다. 우르시누스는 이 한 조항에 많은 페이지를 할애하여, 성경의 근거, 화체설과 공재설의 오류에 대해 낱낱이 살피고 있다.177

79문은 성찬 제정 말씀의 의미는 음식을 먹고 우리의 몸이 생명을 얻듯이 진정한 영혼의 양식이신 그리스도께서 우리를 먹이시고, 우리는 그의 고난에 참여하고 우리가 그리스도께 연합되어 있다는 사실을 확신하게 하는 의미라고 설명한다. 80문은 가톨릭 미사의 오류에 대해 설명한다. 미사가 가톨릭 성찬예식의 명칭은 아니지만, 가톨릭 미사의 중심에는 성찬예식이 있다. 교리문답에 따르면, 성찬은 그리스도께서 우리의 구속사역을 성취하셨다는 것을 증거한다. 그러나 미사는 사제들에 의해 집행되는 예식 없이 죄사함도 없다고 가르치며, 예식의 떡과 포도주를 숭배해야 한다고 주장하는 우상숭배이다. 그렇다면 참된 성찬에 참여할 자는 누구인가? 81문은 성찬에 참여하기 합당한 사람은 죄를 슬퍼하며 죄사함을 믿으며 그리스도께서 우리의 죄를 덮으심을 믿는 자, 더욱 삶이 거룩하기를 소망하는 사람이다. 외식하는 자는 참여하지 않아야 하며, 참여한다고 한들 자신의 죄를 먹고 마시는 행위에 불과하다. 82문은 성찬에 참여하기

---

177 우르시누스, 『하이델베르크 요리문답해설』, 627-665를 보라.

합당하지 않을 자들에 대해 회개의 열매가 보일 때까지 성찬 참여를 제외할 의무가 있다고 선언한다. 성찬 참여를 금지하는 교회의 권한은 이후 83-85문에서 설명하는 권징과 밀접하게 연결된다. 성찬의 유익을 생각하면, 성찬 참여를 금지하는 교회의 선언은 신자에게 그리스도의 언약의 유익과 교회 공동체로부터 분리된다고 선포하는 중대한 권고이다.

83-85문은 개혁교회가 생각하는 교회의 세 표지중 하나인 권징을 설명한다. 교리문답은 권징을 천국의 열쇠 중 하나라고 부른다. 83문은 천국의 열쇠를 복음 선포와 권징이라고 말한다. 왜냐하면 복음 선포는 불신자를 신자로 만드는 성령의 도구이며, 권징은 교회 일원이 교회 밖의 일원으로 간주될 수 있음을 선포할 수 있는 도구로써 천국의 문을 열고 닫는 열쇠와 같은 역할을 한다.

84-85문은 이에 대해 좀 더 자세히 설명한다. 먼저 84문은 복음 선포가 천국을 여는 열쇠가 될 때는 신자가 믿음으로 복음을 받아들일 때, 그들의 죄가 사함을 받고 교회가 공적으로 선포할 때이다. 반대로 닫힐 때는 회심하지 않는 자는 영벌에 처한다고 증언할 때이다. 85문은 권징은 교회의 일원이 지속하여 죄를 짓고 권고에도 회개하지 않을 때, 교회가 그들에게 성찬 참여를 금지하고 사귐에서 제외시키는 행위이다. 그러나 권징 받은 자들이 회개하고 그것을 입증할 때 교회는 그들을 다시 교회의 일원으로 받아들인다. 개혁교회는 이 권징을 신구약에서도 나타나듯이 교회를 더럽히지 않기 위해 반드시 필요한 행동이라고 보았다. 우르시누스는 복음 선포와 권징 권

한이 목사에게 맡겨져 있다고 말하는데, 그것은 목사 자체가 위대해서가 아니라 그 직분이 교회를 위해 지정된 직분이기 때문이다.[178]

우르시누스는 권징이 가져오는 여러 예민한 교회의 분란들에 대해서도 고민하였다. 결론적으로 그는 권징의 목적이 교회를 보존하고 범죄한 일원을 회개하게 만드는 것이지 그들을 파멸로 몰고 가고자 함이 아니라는 결론에 도달하였다. 이런 의미에서 각자의 목회상황을 고려해 권징의 목적을 기억하고 선포하며, 여러 권고를 거치고 범죄한 신자의 이야기를 듣고 정의롭고 공평하게, 또 온 교회가 면밀하게 살펴서 권징이 이루어져야 한다고 주장하였다.[179]

감사 : 32-52주일(86-129문)
하이델베르크 교리문답 3부의 표제는 감사로, 구원받은 우리의 삶이 감사의 삶이요, 감사의 표현으로써 거룩한 삶, 성경에 근거하여 예수 닮아가는 삶이어야 함을 가르치고 있다.

86-90문에서는 교리문답의 3부에 대한 전체적인 개론을 설명한다. 86문은 행위와 구원의 문제의 핵심을 지적한다. 초대교회부터 율법의 행위로 의를 얻을 수 있다는 펠라기우스와 같은 이단들도 있었고, 반대로 극단적으로 부도덕한 삶을 살면서도 구원을 얻을 수

---

178 우르시누스, 『하이델베르크 요리문답해설』, 711.
179 우르시누스, 『하이델베르크 요리문답해설』, 714-715.

있다는 이단들도 있었다. 그러나 성경은 여기서 교리문답의 선행은 공로로써 구원을 성취하는 원인은 아니지만, 그럼에도 회심한 자는 마땅히 하나님께 드리는 감사의 삶으로 선행을 한다고 지적한다. 따라서 선행은 하나님께 드리는 감사와 찬양이다. 선행을 통해 우리에게는 하나님께 구원받았다는 확신을 주며, 이웃들은 우리의 선행을 보고 하나님께 나아오게 된다.

결국 선행은 하나님 사랑, 이웃 사랑을 의미한다. 하나님 사랑, 이웃 사랑을 이룰 수 있도록 성령을 보내시고, 성령께서 우리에게 힘을 주셔서 하나님의 뜻에 합당한 선행을 이룰 수 있게 하신다. 87문이 명백히 지적하듯이 감사한 삶을 살지 않는 자들은 성경에 따르면 구원받지 못한 자로 간주될 수 있다. 여기에서 감사의 행위가 회개의 결과라는 점을 염두에 두어야 한다. 교리문답은 회심에 대해 88-90문에서 설명하는데, 88문은 회심은 옛 사람이 죽고 새 사람이 사는 것이라고 요약한다. 회심의 두 가지 면 중, 첫 번째는 바로 옛 사람이 죽는 것이다. 89문은 옛 사람이 죽는 모습은 죄를 슬퍼하고 나아가 미워하고 피하는 것이라고 고백한다. 과거에 내가 지었던 죄악들을 슬퍼하는 회개의 눈물과 함께 죄를 미워하고 죄가 있는 곳은 피하는 것이다. 그러나 회심은 한 걸음 더 나아간다.

90문은 회심의 두 번째 측면으로, 새 사람으로 하나님의 뜻대로 사는 것이라고 말한다. 회심은 단순한 후회가 아니다. 삶의 방향의 전환이다. 나의 죄들을 하나님께 고백하고 새 사람으로 사는 것이 진정한 회심이고, 새 사람으로서 하나님을 사랑하고 기뻐하면서, 하나님의 뜻을 지키는 것이 감사이다. 우리는 죄의 비참함에 머물러 있다. 그런데 예수님은 하나님의 공의를 이루시고 우리를 구원해주셨다(16-18문). 이제 우리는 그리스도의 구속사역에 의지하여 회심함으로 하나님과 화해하게 된다. 우리는 믿음으로 그리스도께 연합되어 있는 사람이며, 살든지 죽든지 그리스도의 것이다(1문).

91-115문은 감사의 표현으로써 선행과 선행의 대표적 예로써 십계명에 대해 설명한다. 91문은 짧지만 선행에 대한 교리문답의 내용을 함축하고 있다. 선행은 하나님이 명하신 것, 바로 율법을 따라 행하는 것이며, 하나님께서 신자에게 부어 주신 믿음을 따라 행동하는 것이다. 신자의 선행은 부족하지만 하나님께서 은혜로 불완전한 행위를 선행으로 인정하신다.[180] 신자는 중생하기 전까지는 선행을 행할 수 없다. 왜냐하면 오직 믿음으로 하는 행위만을 하나님께서는 선행으로 인정하시기 때문이다. 92문은 율법의 대표 예시로써 십계명을 제시한다. 우르시누스는 성경에서 제시되는 율법들이 도덕법, 의식법, 재판법으로 구성되어 있으며, 모든 율법을 통해 하나님의 뜻을 알 수 있으나, 도덕법은 계속하여 순종해야 하는 율법이지만, 의식법과 재판법은 예표로써 역할을 하며 오늘날 모두에게 일반적으로 적용되지는 않는다.[181] 93문은 전통적인 십계명 구분에 따라 십계명

---

180 우르시누스, 『하이델베르크 요리문답해설』, 764-765.
181 우르시누스, 『하이델베르크 요리문답해설』, 776-778.

이 하나님을 향한 우리의 태도와 이웃을 향한 태도로 구성된다고 설명한다.

먼저 교리문답은 1-4계명은 하나님을 향한 우리의 태도를 가르치는 구절로 제시한다. 94문과 95문은 제1계명이 우상숭배를 멀리하고, 오직 하나님만을 의지하며 신뢰하고 복종하며 하나님의 뜻만을 따라 살아갈 것을 명한다고 설명한다. 우상숭배는 하나님 외에 다른 존재를 만들어 그것을 신뢰하는 것이다. 우르시누스는 우상숭배 금지의 적극적인 의미는 "하나님만 사랑하라"는 명령이라고 설명한다. 참된 사랑은 두 가지를 포괄하는데, 첫째는 우리가 사랑하는 대상의 안전과 보존을 바라는 것이며, 둘째는 우리가 그 사랑의 대상과 연합하거나 그 대상이 우리와 연합되기를 바라는 것이다. 그러므로 우리는 예수 그리스도의 사랑으로 변화되고 회복되어 하나님에 대한 사랑을 확증하여 오직 하나님만 섬기는 자리에 서야 할 것이다.182

96문은 제2계명이 우상숭배의 구체적 실례로써, 우리가 하나님을 형상으로 만드는 행위뿐만 아니라 하나님의 명령하신 방법 외에 다른 방식으로 예배하는 행위 역시 우상숭배라고 설명한다. 교리문답은 다른 이방 종교를 섬기는 행위뿐만 아니라 우리가 마음대로 예배드리는 행위 역시 우상숭배라고 말한다. 97문은 성경이 분명하게, 피

---

182 우르시누스, 『하이델베르크 요리문답해설』, 807-808.

조물을 경배하기 위해 형상을 만들거나 하나님을 섬긴다는 목적으로 형상을 제작하는 것은 당연히 우상숭배라고 말한다. 98문이 이야기하는 것처럼, 형상이 성경을 알려 주는 도구라고 정당화하며 교회에서 허용하는 행위도, 하나님의 말씀을 거부하고 형상을 통해 하나님을 알 수 있다고 주장한다면, 그것도 우상숭배이다. 오늘날과는 다르게 종교개혁 시기에 대부분의 사람들은 글을 읽을 수 없었다. 가톨릭은 여러 동상들과 성당의 그림들이 그들에게 성경을 알려 주는 도구이기 때문에, 유익하다고 주장했다. 그러나 개혁주의는 하나님께서는 복음 선포를 통해 믿음을 불러일으킨다고 주장한다. 아무리 교육적 목적이라 하더라도, 성상은 그 자체가 숭배의 대상이 되었기 때문에 우상숭배이다.

99-100문은 제3계명을 두 부분으로 나누어 설명한다. 첫째로 하나님의 이름을 남용하지 않고, 둘째로 하나님의 이름을 경솔하게 욕되게 사용하는 것을 금지한다.[183] 경솔하게 하나님의 이름을 장난스럽게 사용하고, 욕으로 사용하지 말아야 한다. 하나님은 이런 모욕을 당하실 때 진노하신다. 따라서 신자는 하나님의 이름을 정당한 맹세에서 사용할 수 있지만, 자신의 죄를 감추기 위해 부르지 말아야 한다. 101문에서 말하는 경건한 자세로 국가 앞에서 하나님의 영광을 위해 하나님의 이름을 부를 수 있다. 102문은 성인들이나 다른 피조물로 맹세하는 행위는 하나님만이 진실을 판단하시는 판결자이

---

183 우르시누스, 『하이델베르크 요리문답해설』, 843-845.

심을 부정하고 하나님의 존귀를 피조물에게 돌리는 행동이라고 설명한다. 결국 우리는 하나님의 이름을 정당하고 정의롭게 부르는 신자가 되어야 한다.

103문은 제4계명 안식일을 지키라는 명령의 의미는 다음과 같이 말한다. 첫째, 안식의 날 주일에 예배, 말씀 교육, 성례, 구제를 집행한다. 둘째, 성령께서 내 속에 역사하심으로 매일매일의 전 삶이 거룩한 날처럼 살아가게 되므로, 이 세상 삶을 천국에서의 삶의 시작으로 만든다. 한국교회의 좋은 전통 중 하나는 주일성수에 대한 강조이다. 주일을 거룩하게 지키는 행위는 전 삶을 드리며 교회 공동체성을 강화하는 행동이다. 주일을 거룩히 지킴으로 나의 신앙만 성장하는 것이 아니라 말씀선포를 통해 불신자를 회개하도록 하며, 성례를 통해 신자들이 하나님의 구원을 확증하며, 구제를 통해 약한 지체를 돌본다. 주일을 통해 우리는 천국을 확장해 나간다.

104-115문은 이웃사랑에 대한 십계명, 5-10계명을 다룬다. 104문은 부모의 개념을 권위를 행사하는 자로 확장해 권위에 대한 우리의 태도를 지적한다. 교리문답은 하나님께서 권위를 통해서 우리를 다스리시기 때문에, 우리는 부모와 권위자에게 공경을 보이며 선한 권고에는 복종하면서 그들의 약함에는 인내를 가지라고 권한다. 그러나 교리문답은 무조건적인 복종을 권고하고 있는 것이 아니다. 우르시누스는 5계명이 권위 있는 자들에게도 동등하게 요구되는 명령일 뿐 아니라, 이 계명은 사람을 높이는 것이 아니라 직책을 허용하신

하나님을 존중하라는 명령이라고 설명한다.[184]

105-107문은 제6계명 살인하지 말라는 명령은 소극적으로는 살인과 살인의 뿌리가 되는 미움, 분노 등을 금하며, 적극적으로는 이웃 사랑과 원수 사랑을 명령한다고 고백한다. 통치자 즉, 국가가 무장을 한 이유도 사적인 복수를 막고 공적이며 정당한 법집행을 통해 사회정의를 유지하고자 함이다. 제6계명은 단지 실제 살인뿐 아니라 사람들을 욕하며 상처 주는 행위, 역시 금지한다. 오늘날 우리의 삶을 돌아볼 때 너무 많은 곡해와 잘못된 정보를 전달하고 공유하여 사람들에게 상처를 주고 있는지 돌아보아야 한다. 106문은 이런 의미에서 살인으로 이어지는 미움, 시기, 분노, 복수심 등 우리의 부정적 감정들을 버릴 것을 권고한다. 107문은 우리가 이웃을 사랑하며 심지어 원수에게도 선을 행하는 일이 제6계명에 대한 적극적 의미의 실천이라고 설명한다.

108-109문은 제7계명 간음하지 말라는 명령은 부정한 모든 것이 죄이기에 멀리해야 한다는 명령이며, 우리가 결혼한 상태이거나 독신이거나 모두 신실하고 정숙한 삶을 살라는 명령이다. 109문은 우리의 몸이 성령의 성전이기에 몸을 거룩하게 하고자 하는 하나님의 뜻을 따라 하나님께서 금기하시는 모든 것을 거부하고 멀리해야 한다고 고백한다. 우르시누스는 순결의 의미는 독신생활을 할 때는 모든 방종과 음란을 멀리하는 것이고, 결혼생활 중에는 결혼제도 안에서

---

184 우르시누스, 『하이델베르크 요리문답해설』, 900-901.

기쁨을 누리되 그밖에 모든 정욕들, 매춘, 간음뿐만 아니라 그 생각과 그것을 자극하는 것들을 멀리하는 것이라고 설명한다.[185]

교리문답 110문은 도둑질하지 말라는 제8계명은 실제 훔치는 행위와 함께 이웃의 소유를 취하고자 하는 모든 속이는 행동들, 합법적이지 않은 경제거래, 은사를 낭비하는 일도 도둑질이라고 정의한다. 교리문답의 110문은 현재 그리스도인에게도 주는 교훈이 크다. 현대 경제활동에서 때로 사기로 돈을 취하는 행위뿐만 아니라 계량을 속이고 높은 이자를 탈취하거나 합법적 탈을 쓰고 상대방의 돈을 얻는 행위들이 종종 일어난다. 우리는 이것을 도둑질이라 생각하지 않을 때가 있지만, 교리문답은 분명히 부정한 경제활동도 제8계명을 어기는 행위라고 말한다. 또한 나태, 하나님께서 우리에게 주신 은사를 쓰지 않는 행위도 하나님께서 마땅히 받아야 할 것을 갈취하는 도둑질이다. 111문은 제8계명의 적극적인 성취는 이웃의 유익을 지키고 늘려나가며, 그들을 나의 몸같이 대접하고, 구제에 힘쓰는 것이라고 가르친다. 우리의 것을 나누고 함께 공유하는 천국의 모습을 그리고 있다.

112문은 제9계명 거짓증거하지 말라는 명령은 문자 그대로 거짓증거하지 않을 뿐 만 아니라, 더 나아가 사람을 힐난하지 않고 경솔히 판단하고 그것에 근거해 정죄하지 않아야 한다는 하나님의 명령이

---

185 우르시누스, 『하이델베르크 요리문답해설』, 921-927.

다. 하나님께서는 거짓에 분노하신다. 제9계명에 근거해 우리는 적극적으로 정직하게 살고 대화하며, 이웃의 진실을 증명하고 그들의 명예를 지켜야 한다. 교리문답의 제9계명에 대한 설명 역시 현대사회에 매우 적실하다. 일상생활에서 우리는 얼마나 쉽게 적은 정보로 다른 사람들을 판단하고 정죄하지 않는가? 우리의 피해를 두려워하며 무고하게 고소당한 사람들의 정직을 증명하길 거부하지 않는가? 교리문답은 적극적인 거짓말뿐만 아니라 정직과 진리를 지키지 않고 쉽게 정직을 다루는 모든 행위를 제9계명을 어기는 행위로 본다.

113문은 제10계명, 네 이웃의 소유를 탐내지 말라는 하나님의 계명에 어긋나는 욕망을 제거하고 죄를 미워하고 의를 즐거워하라는 명령이라고 고백한다. 우르시누스는 탐심과 정욕이 연결되어 죄를 조장하기에 성경이 금지한다고 설명한다.[186] 우리는 회심한 자들로 죄를 미워하고 의를 사랑한다.

114-115문은 율법을 다루는 종언인 동시에, 우리의 성화의 과정의 어려움을 설명한다. 114문은 회심한 신자들이 율법을 실천하더라도 그것은 완전한 행위가 아니라고 말한다. 단지 이 세상에서 거룩한 순종의 삶을 시작했을 뿐이라고 설명한다. 그러므로 신자들은 완성을 향해 이 세상에서 최선의 노력을 통해서 성장해야 한다. 115문은 114문을 읽은 신자들의 의문에 대답한다. 우리가 이 세상에서 완전

---

186 우르시누스, 『하이델베르크 요리문답해설』, 941-942.

할 수 없다면, 왜 하나님의 율법을 엄격하게 지켜야 하는가? 그 이유는 첫째로, 우리의 죄악을 깨달아 그리스도의 의만 바라보게 되며, 둘째로 하나님의 형상의 회복이라는 목표를 향해 성령의 도움을 간구하기 위해서이다. 첫째와 둘째 유익은 함께 연결된다. 교리문답은 우리의 부족함을 자각할수록 하나님께 더 간구하게 되고, 그 간구함은 성령의 역사를 통해 우리의 발전으로 이어진다고 가르친다. 기도는 우리가 더 거룩하기를 소원하는 간구이다. 그리고 하나님께서는 그 간구를 들으시고 우리를 더 성장하게 하신다.

116-129문에서는 참된 기도의 예시로 주기도문을 가르친다. 116-118문은 기도가 무엇이며, 왜 필요한지, 하나님의 기도에 필수적 요소와 형식에 대해 가르친다. 116문은 기도의 정의와 필요성에 대해 설명한다. 기도는 회심한 사람이 마땅히 행하여야 할 감사의 중요한 부분이다. 하나님께서는 당신의 은혜를 간구하는 자에게 그 은혜를 주시기로 작정하시기 때문이다. 기도는 우리가 부족하다는 것을 깨달을 때, 우리의 결핍이 완전하시고 은혜로우신 하나님만을 바라보는 것이다. 따라서 117문은 하나님이 들으시는 기도는 첫째, 하나님께서 명령하신 모든 것을 실천하기를 간구하는 기도요, 둘째는 비참함을 깨달아 하나님의 위엄에 겸손하게 나아가는 것이요, 셋째는 우리는 자격이 없지만 하나님께서 우리의 기도를 들으신다는 확신으로 기도하는 것이라고 고백한다. 교리문답은 기도의 출발, 목표, 확신을 함께 언급한다. 기도는 우리가 부족하다는 인식에서 시작하며, 우리가 하나님의 도움으로 하나님의 형상을 닮아감을 목표로 하며, 바른

기도를 할 때 하나님께서 응답하신다는 확신 가운데 이루어진다.

119-129문까지 바른 기도의 예인 주기도문을 통해 우리가 해야 하는 기도를 가르친다. 119문 주기도문 전문을 기록하며 우리가 배워야 하는 기도의 예를 보여준다. 120문은 주기도문의 서문인 하늘에 계신 우리 아버지를 설명한다. 하나님이 우리의 아버지이시라는 의미는 무엇인가? 그것은 우리가 그분의 자녀로 아버지이신 하나님께로부터 우리의 필요를 공급받는다는 사실을 가르친다. 우리는 기도할 때 이 사실을 매번 기억해야 한다. 하나님께서 우리의 아버지 되시기에 우리에게 유익이 되지 않는 땅의 것을 간구하지 않고, 우리의 신앙 성숙을 위한 모든 것을 간구해야 한다. 그때에 아버지 되신 하나님께서 우리에게 은혜를 주시고 기도에 응답하실 것이다. 121문은 '하늘에 계신'이란 의미는 두 방향, '하늘을 향하여'와 '하늘로부터'를 함께 암시한다고 고백한다. 먼저 우리의 아버지 하나님이 하늘에 계시기에, 우리는 이 땅을 간구하는 것이 아니라 아버지가 계신 하늘의 고귀한 것을 간구하게 된다. 또한 하나님께서 하늘에 계신 전능하신 하나님이시기에 우리가 바른 기도를 한다면 하나님께서는 전능하신 능력으로 하늘로부터 그 모든 기도를 성취하신다.

하이델베르크 교리문답은 주기도문의 간구를 6개로 나누어 설명한다. 122문이 설명하는 첫 번째 간구는 "이름이 거룩히 여김을 받으시오며"이다. 이 기도는 우리가 주를 바로 알기를 간구하고, 주께 경배하며, 주님의 성품을 세상에 드러내며, 우리의 삶을 하나님이 지도하셔서 우리로 인해 하나님의 이름이 모욕당하지 않고 존귀하게 되길 바라는 간구이다. 하나님의 이름은 하나님 자신, 하나님의 속성과 역사들, 하나님의 계명과 권위, 하나님을 향한 고백을 지칭한다.[187] 거룩함의 의미가 거룩한 것을 인정하고 높이며, 다른 부정한 것들과 구분된다는 것을 숙고할 때, 하나님의 이름을 우리가 거룩히 높이는 것은 그 분의 자녀로 하나님의 성품을 드러내며, 하나님의 이름을 경배하며 존중하는 것으로부터 출발함을 알게 된다.[188]

123문은 둘째 간구를 설명한다. 둘째 간구인 "주의 나라가 임하옵시며"로 하나님의 나라가 세상에 확장되고 하나님의 교회가 보존, 발전되며 하나님의 나라의 완성 때까지 하나님의 적들을 멸하기를 간구하는 기도이다. 교리문답은 하나님의 나라라는 용어가 일반적으로 하나님의 통치를 가리키며, 특별하게는 교회를 가리키는 표현이라고 설명한다. 개혁주의는 세상을 변화시키는 주체로서 교회를 이해하고 세상을 하나님의 법으로 변화시키기를 하나님께 간구한다.

124문은 셋째 간구, "주의 뜻이 하늘에서 이루어진 것처럼 땅에서도 이루어지이다"는 오직 선하신 하나님의 뜻에 우리가 순종하며, 하늘에서 온전히 하나님의 뜻을 섬기는 천사들처럼 우리도 하나님의 뜻을 온전히 섬기기를 바라는 기도라고 고백한다. 교리문답은 하

---

187 우르시누스, 『하이델베르크 요리문답해설』, 979-980.
188 우르시누스, 『하이델베르크 요리문답해설』, 980.

나님의 뜻에 집중하며, 그 뜻을 우리가 순종하길 바란다.[189] 왜냐하면 하나님의 뜻은 하나님의 명령이며, 하나님의 작정이다. 하나님의 뜻, 작정은 분명히 성취된다. 그러나 우리가 하나님의 명령을 어기므로 하나님의 뜻이 이 땅에 성취되는 일에 우리가 불복한다. 한편으로 하나님의 뜻이 분명히 이 땅에 성취된다는 성경의 증언을 함께 고려한다면, 우리에게는 불복이라는 파멸의 길로 나아가든지. 아니면 하나님의 뜻을 간구하며 그 뜻을 성취하는 일에 동참하는 길을 가든지 양자택일해야 한다. 신자는 후자를 선택한다.

125문의 넷째 간구는 "우리에게 일용할 양식을 주옵시고"이고, 그 간구는 우리 몸에 필요한 것과 우리의 은사 등 모든 것이 하나님으로부터 오기에 하나님만을 의지하는 기도이다. 교리문답은 두 단계로 이 구문을 이해한다. 먼저 이 간구는 음식을 넘어 우리 생활에 필요한 모든 것을 하나님께서 주시기를 바라는 기도이다. 그러나 필요에 대한 요구를 넘어서는 더 중요한 핵심은 하나님께서 은혜로 모든 것을 우리에게 허락하시고 주시는 것을 기억하고, 우리 존재의 목적인 그 분을 더 의지하기를 간구하는 것이다.

126문은 다섯째 간구를 설명한다. "우리가 우리의 죄를 사하여 준 것 같이 우리 죄를 사하여 주옵시며"는 주의 은혜로 우리가 있는 것처럼, 우리는 빚진 자로 우리에게 죄 지은 자를 사하시고 죄인인 우

---

189 우르시누스, 『하이델베르크 요리문답해설』, 991.

리가 하나님만 바라보고 악을 구하지 않기를 바라는 기도이다. 교리문답은 하나님의 죄 사함이 마치 우리의 선행, 다른 이들의 죄를 사해주시는 행동에 달려있다고 이 구절을 해석하는 것을 거부한다. 주기도문의 이 간구는 이미 그리스도께 용서받은 자, 은혜의 빚을 진 자로서 세상에서 그리스도의 자비를 실천하는 삶을 살기 바라는 기도이다. 우리는 여전히 죄인으로 살아가기에 늘 거룩한 삶을 살고자 하나님께서 힘주시기를 간구한다.

127문은 여섯째 간구로 "우리를 시험에 들게 하지 마옵시고, 다만 악에서 구하옵소서"이며, 이 간구는 우리는 연약하므로 성령께서 우리를 강건하게 지키시고 마귀의 항상 계속되는 공격에서 하나님의 도우심으로 승리하기를 바라는 기도이다. 교리문답은 시험이라는 표현이 무엇보다 우리의 연약함으로 인해 우리가 죄에 끌려가는 것과 죄를 범하고자 하는 모든 유혹들이라고 설명한다. 유혹들은 사탄과 마귀로부터 오고 세상으로부터도 온다. 따라서 이 간구는 무엇보다 우리에게 닥치는 모든 시험들에서 우리를 하나님께서 지켜주시기를 바라는 기도로, 하나님의 모습을 닮아가고자 하는 깊은 간구이다. 신자의 삶을 교리문답에서는 감사의 삶으로 표현하는데, 이 삶은 그리스도를 닮아가는 삶이지만 신자는 이 세상에서 여전히 완전하지 않고 완전을 향해 나아간다.

주기도문의 결론은 "나라와 권세와 영광이 아버지께 영원히 있사옵나이다."이다. 128문은 주기도문의 결론이 하나님이 왕이시며, 우리의 간구를 이루어주실 전능하신 분이시며 이루어 주시기를 바라는 분이시다는 신자의 고백이라고 설명한다. 따라서 우리는 서문에서 간구한 것처럼 하나님의 거룩하신 이름이 영광 받으시기를 간구하며 기도를 마무리한다. 교리문답은 주기도문의 결론이 주기도문 전체 간구들을 요약 정리한다고 보는 것 같다. 6가지의 간구는 이 한 문장으로 요약되어, 우리가 이 간구를 고백하므로 하나님의 뜻과 나라가 이루어지시길 간구하고, 우리의 필요를 채워주시는 하나님을 신뢰하며 하나님의 영광, 그 분의 이름이 존귀하게 되기를 기도한다. 129문에서 말한 것처럼, 최종적으로 기도를 마치며 "아멘"이라고 고백하므로 우리는 하나님께서 우리의 기도를 확실히 들으셨음을 안다. 아멘은, 하나님은 약속을 지키시는 분으로 우리의 기도를 듣는다고 약속하셨으니, 하나님은 우리의 기도를 이루어주신다는 확증의 선언이다. 또한 우리의 간구가 이루어지길 바라는 간절함의 표현이다.[190]

4) 함께 더 생각해보기

* 하이델베르크 교리문답 1-2문이 요약하는 신자의 삶의 모습은 무엇인가요?

---

190 우르시누스, 『하이델베르크 요리문답해설』, 1024.

❶ 그리스도인의 유일한 위로로써 내가 그리스도의 것이라는 고백의
의미를 생각해 봅시다.

❷ 2문이 제시하는 비참-구원-감사의 구조에서 그리스도와의 연합이
어떻게 각 부분을 잇고 있는지 살펴보시고, 그 의미를 생각해 봅시
다.

구원으로 넘어가는 길목에서: 20문: 모든 사람들이 아담을 통하
여 타락한 것처럼 그리스도를 통하여 모든 사람들이 구원을 받는
것입니까? 대답: 아닙니다. 참된 믿음으로 그리스도에게 접붙여져
그의 모든 축복을 받은 사람들만이 구원을 받게 됩니다.

감사로 넘어가는 길목에서: 90문: 새 사람으로 산다는 것은 무엇
입니까? 대답: 그리스도를 통하여 온 마음으로 기뻐하고 하나님
께서 원하시는 모든 선을 즐거이 행하는 것입니다.

* 하이델베르크 교리문답서가 작성되는 과정에서 루터파와 격렬한
성찬론 논쟁이 있었습니다. 그래서 80문을 나중에 첨가하였습니
다.

❶ 성찬의 의미는 무엇입니까? 성찬에서 떡과 포도주를 먹는다는 의미
는 무슨 의미인지 생각해 봅시다.

❷ 성찬에 참여하기 전에 행해야 할 조건이 있습니다. 어떤 사람이 성찬에 참여할 수 있습니까?

❸개혁교회가 성찬과 권징을 연결시킨 이유가 무엇이라고 생각합니까?

❹ 성찬에 참여하는 나의 모습을 반추해 봅시다. 우리는 어떤 마음으로 성찬에 참여해야 하며, 앞으로 우리의 교회의 성찬은 어떻게 이루어져야 하는지 서로 이야기를 나누어봅시다.

* 하이델베르크 교리문답서의 구조(비참-구원-감사)에서 나타난 하나님의 율법의 기능은 무엇입니까?

❶ 비참을 설명하는 부분에서 율법은 어떤 기능을 합니까?

하이델베르크 교리문답서 5문: 당신은 모든 계명(예수의 계명: 하나님 사랑과 이웃사랑)을 완전히 지킬 수 있습니까? 대답: 아닙니다. 나는 하나님과 내 이웃을 미워하는 본성을 가지고 있습니다.

⑵ 하나님의 율법으로서 십계명이 하이델베르크 교리문답서의 3부 감사 부분에서 회개와 함께 나옵니다. 왜 감사의 영역에서 십계명을 언급하는 것일까요? 감사로써의 선한 행위는 어떤 의미인지 자신의 생각을 나누어 봅시다.

91문: 선한 일은 무엇입니까? 대답: 우리 자신의 의견이나 사람의 관습에 따라서 하는 것이 아니라 하나님의 율법에 따라서 하나님의 영광을 위하여 참된 믿음으로만 행하는 일이 선입니다.

❸ 하이델베르크 교리문답서에 나오는 십계명 중 하나를 선택하여, 긍정적 의미와 부정적 의미를 생각해 봅시다. 기독교인의 행위의 규범으로써 십계명의 윤리 강령이 지금 우리에게 여전히 유효한가요? 유효하다면, 어떤 의미에서 그리고 어느 범주에서 유효한지 각자의 생각을 나누어봅시다.

* 참된 기도의 예시로 교리문답서가 가르친 주기도문에 비추어 나의 기도는 어떻게 변화해야 할까요? 교리문답서에서 가르친 예수 그리스도의 간구는 무엇에 집중하고 있는지 살펴보시고, 내가 드리는 간구에서 무엇이 결여되어 있는지 생각해 봅시다.

06

도르트 신경
(Canons of Dort, 1619)

도르트 신경은 도르트 총회에서 논의하여 채택한 5대 교리를 중심으로 작성되어 있다. 각 교리의 중요성에 따라 교리 영역에서 다루는 조항에는 차이가 있다. 제1교리는 18장으로 설명되어 있고, 제2교리는 9장으로, 제3,4 교리는 하나로 묶어 17개 조항으로 진술했으며, 제5교리는 15장으로 진술되어 있다. 또한 각 교리의 마지막에는 잘못된 교리에 대한 반박이 이어진다. 이 장에서는 교리의 설명을 중심으로 하며, 잘못된 교리의 반박은 간략히 다루도록 한다.

1) 도르트 신경 읽어보기

* 도르트 신경의 전문과 설명에 대해서는 다음의 책을 참고하라.

- Philip Schaff. 박일민 옮김. 『신조학』. 서울: 기독교문서선교회, 1984: 6장.
- 김영재. 『기독교신앙고백: 사도신경에서 로잔협약까지』. 수원: 영음사, 2011.
- 클라렌스 바우만. 손정원 옮김. 『도르트 신경 해설』 서울: 솔로몬, 2016.
- 정요석. 『전적부패, 전적은혜. 도르트 신경의 역사적 배경과 해설』. 수원: 영음사, 2018.

생각하며 고백하기

도르트 신경은 기나긴 교리논쟁과 도르트 회의 기간 동안 세계 개혁교회 지도자들이 함께 모여 합의한 결과물이다. 몇 개의 교리에 집중한 신경이기 때문에 다양한 교리를 배우는데 적합하지는 않다. 그럼에도 칼빈주의 5대 교리의 근간이 되었고, 특별히 예정과 구원의 관계에 대해 우리에게 자세히 설명하는 신경이다.

2) 도르트 신경 배경읽기

도르트 신경은 왜 작성됐을까?

도르트 신경은 벨직 신앙고백서의 수정을 요구하며 일어난 아르미니안주의자들이 제기한 교리적 문제들을 수습하는 과정에서 작성되었다. 이 과정은 정치적 변화와 동반되어 일어난 사건이었다.

네덜란드의 16세기 후반부터 17세기 중반에 이르는 기간은 발전의 시기이자, 전쟁의 시기였다. 1560년대부터 네덜란드와 벨기에 지역에 개혁주의 신앙의 물결이 일기 시작했지만, 그 당시 이 지역의 지배자였던 스페인 왕 필리페 2세는 독실한 가톨릭교도였다. 그는 정치적 안정과 종교적 통일을 추구하며, 1567년 알바 공작을 파견해 군사적으로 개혁파를 제압하려고 시도했다. 알바공작은 벨기에를 수복하고, 개혁파에 대한 탄압을 지속하며, 북쪽으로 전진해 갔다. 1572년부터 북부 여러 주들은 오렌지 공 빌렘을 총독(Stadtholder)으로 선임하고, 그를 중심으로 알바에 대항해 나갔다. 그 결과 전쟁이 교착상태로 지속되었고, 1576년 헨트 평화조약(Pacificatie van Gent)이 맺어지고 네덜란드 지역에서는 개혁파 교회의 예배의 자유가 허용되었다. 하지만 스페인과의 긴장은 계속되었고, 북부 주들은 1579년 우트레흐트 연합을 통해 네덜란드 공화국을 건국했다. 하지만 지도자 빌렘이 1584년 암살로 사망하자 구심점을 잃게 되었고, 네덜란드 지도자들은 영국의 엘리자베스에게 보호를 요청했고, 여왕의 대리인으로 레스터 공작이 잠시 왔지만, 1587년 영국으로 복귀해버렸다.191

이런 상황에서 네덜란드는 두 명의 지도자에게 많은 영향을 받았다. 첫 번째 인물은 올던바르네벨트(Johan van Oldenbarnevelt, 1547–

---

191 Jonathan I. Israel, The Dutch Republic. Its Rise, Greatness, and Fall, 1477–1806 (Oxford; New York: Oxford University Press, 1995), 129–232를 참고하라.

III 종교개혁 이후의 개신교 신앙고백

1619)이다. 그는 홀란드 주 행정장관으로서 온건한 성격으로 종교적 관용을 주장하는 사람이었다. 다른 한 인물은 빌렘의 아들로서 군사력을 가지고 있었던 오란여공 마우리츠(Maurits of Oranje, 1567-1625)였다. 두 사람은 벨기에 지역에 주둔하고 있던 스페인 세력에 힘을 합쳐 대항하고 있었다. 올덴바르네벨트는 전쟁비용의 압박에 프랑스에 스페인과의 중재를 요청했고, 그 결과 1609년 4월 9일 안트베르펜에서 스페인과 네덜란드의 평화조약이 체결되었다. 하지만 마우리츠 공과 그의 지지자들은 휴전에 반대했다.[192] 이로 인해, 휴전 이후 두 사람은 갈등하게 된다.

신학적으로는 아르미니우스 이전에도 네덜란드의 개혁주의 확산에 대한 반발들이 있었다. 비개혁파 목사들과 인문주의자들은 연합하여 칼빈주의의 확산에 저항했다. 그들은 양심의 자유를 호소하며, 하이델베르크 교리문답과 벨직 신앙고백서에 동의한다고 선언하는 서명을 목회자에게 의무적으로 요구하는 일에 반대했으며, 또한 엄격한 칼빈주의적 예정론에 반대하고, 국가가 교회의 여러 문제들에 개입하는 것에 찬성했다.[193] 이로 인하여 교리적 논쟁이 17세기 초반부터 레이든 대학에서 심화되었다. 그 시작의 중심에 아르미니우스 (James Arminius, 1560-1609)가 있었다.[194] 아르미니우스는 원래 엄

---

192 Israel, The Dutch Republic, 399-401.

193 김요섭, "공동의 신앙고백 위에서의 교회의 일치: 도르트 회의의 역사적 배경 연구," 장로교회와 신학 11(2014): 144-146.

격한 칼빈주의자였지만, 제네바에서 공부하면서 예정론 등 일부 개혁주의 교리에 대하여 의문을 갖기 시작했다. 그는 제네바 유학 후 네덜란드 레이든 대학 신학과 교수가 되었다. 본격적인 교리적 논쟁은 코른헤르트(Dirik Volckaerts Zoon Koornheert)가 벨기에 신앙고백이 가르치고 있는 칼빈주의 사상을 부정하고 구원 과정에 있어서 인간의 자유의지를 강조하는 "Test"라는 문서를 네덜란드 정부에 제시하므로 시작되었다.195 암스테르담 시장은 코른헤르트의 주장을 반박해달라고 아르미니우스에게 요청했다. 그러나 아르미니우스는 코른헤르트의 주장에 동조하고 벨직 신앙고백의 수정을 요구하기 시작했다. 아르미니우스는 특히, 벨직 신앙고백서 14항과 16항에 대해 비판한다. 그는 그리스도를 믿을 자들을 하나님께서 선택하셨다고 주장하면서도, 벨직 신앙고백서가 하나님께서 어떤 조건도 없이 선택하신 것으로 묘사하고 있는 것은 오류라고 비판했다.196 아르미니우스 사후 시몬 에피스코피우스(Simon Episcopius)와 야누스 위텐보가르트(Janus Uytenbogaert)가 아르미니우스파의 대표로서 활동했다.

프란시스쿠스 고마루스(Franciscus Gomarus)는 아르미니우스와 레이든 대학에서 교수로 봉직하는 동료였지만, 그 누구보다 아르미니우스의 의견에 반대했다. 아르미니우스와 고마루스 사이 논쟁의 핵심

---

194 아르미니우스(J.Arminius)의 이름은 네덜란드어로 Jaccobus Hermensen 또는 Van Harmen이라고도 부른다.

195 박일민, 『개혁교회의 신조』, 328.

196 김병훈, "개혁파 신조들과 한국교회," 장로교회와 신학 4 (2007): 226-229.

중의 하나는 하나님의 예정과 죄와의 관계였다. 아르미니우스는 하나님께서 영원 전에 인간의 선택의지와 관계없이 타락과, 택자와 불택자를 선택하셨다면, 하나님의 의지는 반드시 실현되고 하나님께서 선택하셨기 때문에 죄가 발생하게 되었다는 결론에 이를 수 밖에 없다고 주장했다. 그렇다면 결국 하나님께서 죄의 발생자라는 주장이 성립된다. 따라서 아르미니우스는 하나님께서 죄의 원인이 되지 않으시려면 하나님께서 구원하실 자를 선택하실 때, 인간이 자신의 의지에 따라 복음을 받아들일지 말지를 하나님께서 먼저 아시고(예지), 그 지식에 근거해 은혜 받을 자를 선택했다고 주장했다.197

반면 고마루스는 먼저 하나님께서는 자신의 뜻을 작정하시고, 인류를 완전히 의로운 존재로 창조하셨으나 인간 스스로 타락을 선택했다고 주장했다. 또한, 만약 하나님의 의지가 아닌 인간의 의지가 구원 결정의 절대적 요소라면, 인류의 구원의 확실성은 무너져 버린다고 주장했다. 왜냐하면 하나님의 의지는 불변하지만, 인간은 그렇지 않고 변화하므로, 결국 구원은 늘 위험에 처해있게 된다. 하나님께서는 창세 이전에 인간의 타락을 예정하셨지만, 하나님께서 직접 타락을 수행하시지 않으시고, 인간의 타락을 허용하시므로 자신의 뜻을 성취하셨다. 고마루스는 하나님의 의지는 불변하지만, 그 의지의 실행에서 언제나 하나님이 주체가 아니며, 죄에 있어서는 인간과

---

197 W. Nijenhuis, Ecclesia Reformata. Studies on the Reformation vol.2 (Leiden: Brill, 1994), 137-138.

사탄이 그 행위의 주체라고 주장한다. 죄의 행위의 주체가 죄의 조성
자이다.198

1610년 아르미니우스파 46명의 목사들이 '항의서'(Remonstrance)라
는 제목의 신앙 선언서를 네덜란드 의회에 제출했다. 그 항의서의 내
용은 첫째, "하나님의 선택과 정죄는 하나님의 예지, 즉 인간의 신앙
또는 불신앙을 조건으로 한다는 조건 예정론, 둘째, 그리스도께서는
모든 사람을 위해 죽으셨으나 그를 믿는 자들에게만 구원의 은혜가
임한다고 하는 보편 속죄론, 셋째, 타락한 인간을 구원하게 하는 것
은 오직 믿음뿐이지만 그 믿음은 자신에게서부터 나온다고 하는 부
분 타락론, 넷째, 구원하시는 하나님의 은혜는 인간에 의해서 거부되
어질 수도 있다고 하는 가항적 은혜론, 다섯째, 성도가 마침내 구원
에 이르게 될 것인지는 그가 죽을 때까지 지켜보아야만 알 수 있다
고 하는 인내의 불확실론"이다.199

항의서가 의회에 제출되자 고마루스는 칼빈주의 입장에서 아
르미니우스주의자들의 항의서에 반박하는 '반항의서'(Counter-
Remonstrance)를 제출했다. 이 때문에, 아르미니우스주의자들은 '항
론파'로, 칼빈주의자들은 '반항론파'로 불리게 되었다. 네덜란드 의회

---

198 Nijenhuis, Ecclesia Reformata. vol.2, 138–139.
199 박일민, 『개혁교회의 신조』, 329. 항의서의 전문의 번역은 최홍석, "도르트 신조에 나
타난 TULIP 교리의 정당성과 선교적 함축 −전적 무능력과 무조건적 선택교리를 중
심으로," 신학지남 69/3 (2002): 152–155을 참고하라.

는 두 파 사이에서 합의점을 찾기 위해 모임을 여러 차례 가졌으나, 합의점을 얻기보다 오히려 대립이 격렬해졌다. 마침내 의회는 이 문제를 해결하기 위해 범국가적 회의를 소집하기에 이르렀다.

한편으로 이 갈등은 정치적 갈등과도 연결되어 진행되었다. 올덴바르네벨트는 아르미니우스주의자들에게 호의를 가지고 있었다. 왜냐하면 그는 종교적 관용을 지지했을 뿐만 아니라 아르미니우스주의자들이 국가가 교회의 일에 적극적으로 개입하는 것에 찬성하는 의견에 동조하였기 때문이다.[200] 아르미니우스주의자들은 올덴바르네벨트의 보호아래 그 세력을 확장해 나갔다. 여러 대학교의 학자들도 아르미니우스주의를 지지하기 시작했다. 여러 지역에서 반항론파들과 항론파들은 다투었고, 때때로 무력충돌도 이루어졌다.[201]

반항론파는 마우리츠 공의 지지를 기대했다. 마우리츠는 1617년 이전에는 본격적으로 반항론파를 지지하지는 않았다. 이 당시 정치적으로 올덴바르네벨트가 마우리츠에 비해 우위를 쥐고 있었다. 올덴바르네벨트는 마우리츠의 군사 권력을 쟁탈하고자, 각 주 정부가 군사 모집과 무장의 권한을 소유하는 군사 체제방향으로 나아갔다. 마우리츠는 이에 반대하여, 각 주 정부의 소집군인을 해산시키고, 바다의 거지들(waardgelders)들과 함께 군사 권력을 지키고, 마침내 전

---

200 Israel, The Dutch Republic, 422–423.
201 Israel, The Dutch Republic, 433–439.

체 네덜란드의 정치 권력도 차지했다. 1618년 8월 올덴바르네벨트는 실각했고, 이듬해 처형당했다.202

마우리츠 공이 집권하자, 반항론파들은 국가회의를 통해 아르미니우스 논쟁을 해결하자고 그에게 제안했다. 마침내 1618년 11월 13일에서부터 1619년 5월 9일까지 최초의 국제 개혁주의 회의가 도르트레히트(Dordrecht)에서 열렸다. 이 회의를 '도르트' 총회로 보통 부른다. 도르트 총회에서 아르미니우스주의자는 정죄 당했고, 벨직 신앙고백서, 하이델베르크 교리문답과 도르트 신경에 서명하지 않는 자들의 추방이 결정되었다. 마우리츠 공의 지지 아래 많은 아르미니우스주의자들이 추방되었다.203 도르트 회의는 이후 네덜란드 개혁교회가 공적 교회로서 국가 지원을 받으며 발전하는 분기점이 되었다.

도르트 신경은 어떻게 작성됐을까?

도르트 총회의 의장은 요한네스 보게르만(Johannes Bogerman)이었으며, 이 회의에 87명의 교회를 대표한 신학자들과 18명의 의회 대표들이 참석했다. 신학자들 중 58명이 네덜란드인이고 나머지는 유

---

202 Israel, The Dutch Republic, 441-445.
203 Israel, The Dutch Republic, 461-463.
204 김영재, 『기독교 신앙고백』 (수원: 영음사, 2011), 183. 이 회의에는 프랑스를 제외한 유럽의 여러 나라에서 3 혹은 4명의 대표적인 개혁신학자들이 초청을 받았다. 그러나 프랑스의 위그노들은 자국의 정치적인 어려움 때문에 참석하지 못했다.
205 박일민, 『개혁교회의 신조』, 330.

도르트 총회 네덜란드 정부가 소집한 네덜란드 교회의 중요한 회의. 장기간에 걸쳐 진행된 이 회의에는 네덜란드 교회 신학자를 비롯해 다른 개혁파 교회의 신학자들이 대거 참여해 네덜란드 국내 교회의 신학과 법규에 관해서 중요한 방향을 부여하는 결의를 했다.

럽에서 온 신학자들이었다.204 이 회의에 아르미니우스주의자들도 13명이 대표로 참석해 그들의 신학을 변호했다. 이러한 국제적이며 논증적인 회의 성격 때문에 도르트 총회는 "제 4세기 니케아 회의를 제외하고는 사도시대 이후로 가장 최고, 최상의 덕망이 있는 신학자들이 모인" 주목할 만한 세계적인 종교회의였다는 평가를 받고 있다.205

도르트 총회의 결과는 칼빈주의의 완전한 승리로 끝이 났다. 도르트 총회 기간 동안에 대표들은 154회의 공식 회합을 가졌다. 아르미니우스주의자들이 제출한 5가지 조항의 항의문서는 만장일치로 배척되었다. 벨직 신앙고백과 하이델베르크 교리문답은 성경에 근거한 가르침이라고 재확인 되었다. 총회는 아르미니우스주의자들이 제출한 항의서에 대한 답변이자 칼빈주의 교리를 세우는 5가지 도르트 신조를 작성하였다.

도르트 신경은 기나긴 토의의 결과물이었다. 의장이었던 보게르만의 초안에, 여러 유럽 개혁교회에서 온 대표들이 함께 모여 신학적 토의를 통해 한 조항마다 수정하였다. 이렇게 탄생된 5개 조항의 신조가 도르트 신경이다.[206] 매 조항마다 네덜란드와 외국 대표들의 서명을 받게 했다. 도르트 총회를 통해 선언된 5개 조항의 교리는 아르미니우스와 그의 추종자들이 제시한 교리적 논쟁에 대항하여 반박하는 답변형식으로 작성되었다. 그래서 신경이 개혁교회의 다른 고백서들과 달리 단지 총회에 제기되었던 5개 조항에 대해서만 고백하고 있다. 따라서 도르트 신경의 5대 교리는 특별히 구원교리의 핵심을 선언한 교리이다.

5대 교리는 다음과 같이 구성되어 있다. 제1 교리에서는 하나님의 예정에 관하여, 제2교리에서는 그리스도의 죽음과 인간의 속죄에 관하여, 제3,4 교리는 인간의 타락과 회심의 방법에 대하여, 제5 교리는 성도의 견인에 대하여 진술하였다. 이러한 진술은 오늘날 개혁교

---

206 Anthony Milton, The British delegation and the Synod of Dort (1618–1619) (Woodbridge : Boydell Press, 2005), 295–297.

III 종교개혁 이후의 개신교 신앙고백

회가 가르치는 칼빈주의 5대 교리와 순서상으로는 일치하지 않는다. 이 5대 교리를 순서상으로 재배열하여 설명한다. 오늘날 널리 알려진 칼빈주의 5대 교리는 다음과 같다. 첫째, 전적타락(Total Depravity or Inability), 둘째, 무조건 선택(Unconditional Election), 셋째, 제한 속죄(Limited Atonement), 넷째, 불가항력적 은혜(Irresistible Grace), 다섯째, 성도의 견인(Perseverance of the Saints) 교리이다.

도르트 신경 5대 교리의 조항은 긍정과 부정으로 구성되어 있다. 긍정은 5대 교리 모두가 철저히 성경에 근거한 내용을 토대로 개혁교회가 받아들이고 있는 신앙의 고백을 아주 명료하게 반복적으로 설

도르트 총회 교회

명하고 있다. 반면 부정은 아르미니우스주의자들의 주장들이 잘못된 신학적 교리임을 성경의 근거를 통해 반박하고 있다. 이것은 개혁교회가 인간의 사색적 교리를 반박하고 철저히 성경에 뿌리를 둔 교리적 토대를 세웠다는 것을 증명한다. 특별히 도르트 신조는 네덜란드 교회뿐만 아니라 영국, 스위스, 프랑스 교회 대표들의 전폭적인 지지를 받았다. 무엇보다도 성경의 절대적 권위를 강조하는 개혁교회들의 관점에서 볼 때 5대 교리는 칼빈주의 입장을 가장 잘 대변하고 강조하는 교리라고 평가할 수 있다.

3) 도르트 신경 핵심 살펴보기

도르트 신조는 도르트 총회에서 논의하여 채택한 5대 교리를 중심으로 작성되었다. 각 교리의 중요성을 고려하여 다루는 양에는 차이가 있다. 제1교리는 18장으로 설명되어 있고, 제2교리는 9장으로, 제3, 4교리는 하나로 묶어 17개 조항으로 진술했으며, 제5교리는 15장으로 진술되어 있다. 또한 각 교리의 마지막에는 잘못된 교리에 대한 반박이 이어진다. 이 책에서는 신경의 교리 설명을 중요하게 다루고, 잘못된 교리에 대한 반박은 간략히 다루도록 한다.

제1교리 : 하나님의 예정에 관한 진술, 하나님의 뜻과 사역

도르트 총회의 촉발점이 아르미니우스주의 논쟁, 예정론 논쟁이었기 때문에, 도르트 신경은 처음 논하는 교리로서 하나님의 예정을 다루고 있다. 하나님의 이중 예정이 어떻게 역사 가운데 타락과 구속으로 드러나고 성취 되었는지 설명한다. 오직 하나님의 선하신 뜻만이 예정의 이유요, 하나님의 사역만이 우리 구원의 근거이다.

1장은 인간의 범죄에 대하여 다룬다. 모든 사람이 아담 안에서 죄를 범하였다. 이 의미는 모든 인간이 원죄를 가지고 있다는 것이다. 원죄로 인하여 인간은 저주 아래 놓이게 되었고 영원한 죽음에 이르게 되었다. 하나님께서 죄를 정죄한다고 해서 하나님의 결정이 부당하다고 말할 수 없다. 예정론 논쟁에서 하나님이 죄를 허용했다면, 그 분이 죄의 조성자가 아닌가라는 질문에 대하여, 도르트 신경은 명백히 아담, 나아가 아담 안에서 모든 인류가 죄를 지었다고 대답한다.

2장은 인간을 향한 하나님의 작정은 인간이 범죄하여 사망에 이르고 하나님의 영광에 이르지 못하지만, 그 인간을 죄와 사망으로부터 건져내는 것이라고 고백한다. 하나님의 의지는 선하시고 사랑이시다. 그래서 하나님께서는 그의 사랑에 기인하여 인간의 몸으로 독생자를 세상에 보내어 그를 믿는 자마다 멸망시키지 않고 영생을 얻도록 하셨다(요 3:16; 요일 4:9).

3장은 인간이 믿음을 갖게 되는 길을 진술한다. 인간이 죄의 문제를 해결하고 구원에 이르는 길은 믿음의 길 외에 없다. 인간이 믿음을 갖게 되는 것은 하나님께서 선택하신 자들에게 먼저 복음을 전하는 자들을 보내시고, 복음을 들은 자들이 자신들의 죄를 회개하고 예수 그리스도를 믿도록 부르신다는 것이다. 복음전도를 통해서 하나님의 사람들을 부르시고 그들로 믿음을 갖게 하신다. 따라서 믿음 역시 전적으로 하나님의 자비하심과 은혜로 이루어진다.

4장은 예수를 구주로 영접한 자와 아닌 사람들의 차이를 보여준다. 모두가 죽음과 하나님의 진노에 처했지만, 오직 예수를 구주로 영접한 자들만이 구원을 얻고 영생을 선물로 받는다.

5장은 인간이 범한 죄의 책임과 불신앙의 원인이 어디에 있는가를 진술한다. 1장에서 암시했던 인간이 죄의 조성자라는 개념이 여기에서 자세히 설명된다. 죄책은 사람에게 있다. 하나님께서 타락을 예정하셨지만, 하나님께서 인간이 타락하는 것을 허용하셨다. 인간은 자신의 자유의지로 하나님의 반역하는 일을 선택하고 수행했다. 이런 타락한 인간을 구원해 주신 것은 값없이 주신 하나님의 은혜이다.

6장은 이중예정이 성경적 예정론임을 명시한다. 이중예정은 하나님께서 구원받을 자를 택하시고 유기자도 선택하셨음을 의미한다. 신경은 그 원인이 어디에 있는가에 대하여 바로 하나님의 영원한 계획이라고 고백한다. 하나님께서는 구원에 이르는 자들을 선택하셨고 태초부터 은혜로 부르셨다. 또한 자신들의 사악함이나 냉혹함에 따라 구원에 이르지 못하고 심판에 이르도록 내버려 두셨다. 따라서 하나님의 영원한 예정에 따라 선택 받은 자가 있고 유기된 자가 있다.

7장은 하나님의 선택의 교리를 더 분명한 입장에서 진술한다. 인간의 죽음은 인간의 죄와 타락 때문이다. 하나님께서 선택한 자들도 본질상 범죄자이고 비참한 상태에 놓여 있는 자들이지만, 하나님께서 그들을 그리스도 예수 안에서 구원을 받도록 복음으로 그들을 부르시고 구원으로 작정하셨다.

8장은 인간이 구원 받는 선택의 길은 다른 어떤 길이나 공로가 첨부되는 것이 아니라 오직 한 길임을 강조한다. 그 길은 오직 예수 그리스도를 믿는 것이다.

9장은 개혁신학의 관점에서 하나님의 선택에 관한 교리를 더 명확하게 확증하기 위해 아르미니우스주의자들의 주장 중 하나인 예지예정론을 논박한다. 하나님의 선택은 하나님께서 믿음, 순종함, 거룩함, 선한 기질을 미리 내다보신 조건적 선택이 아니다. 하나님의 선택은 "우리로 사랑 안에서 그 앞에 거룩하고 흠이 없게 하시려고"(엡 1:4) 작정하신 하나님의 무조건적 선택이다. 10장은 "하나님의 기쁘신 뜻이 이 은혜로운 선택의 유일한 원인"임을 밝힌다.

11장은 하나님의 선택은 그 어떤 것도, 그 누구도 방해할 수 없으며, 취소되지 않으며, 영원히 유효하다는 것을 진술한다. 그 이유는 하나님의 본성이 지혜로우시고, 불변하시고, 전지하시고 그리고 전능하시기 때문이다. 그러므로 택함을 받은 자는 영원히 버림을 당하지 아니한다.

12장과 13장은 11장에 근거해 개혁주의 예정론의 유익, 신자가 가지게 되는 하나님의 선택에서 비롯되는 구원에 대한 확신을 진술하고 있다. 택함을 받은 자들은 자신의 믿음이 하나님의 계획에 의해 이루어졌다는 것을 확신하게 된다. 그리고 자신의 모든 것이 하나님으로부터 나온 것임을 깨닫게 된다. 13장은 자신이 하나님으로부터 택함을 받았다는 것을 확신할 때 신자는 겸손하게 되고, 하나님을 깊이 찬양하며, 뜨거운 사랑으로 그분의 은총에 감사한다고 고백한다. 신자들은 선택 받았다고 게으르거나 육체적인 안일에 빠져 들지 않고 오히려 선택의 은혜를 감사하며, 택함 받은 자로서 바른 길을 걸어가야 한다. 14장은 예정교리가 신구약 성경에 분명하게 계시되었다는 점을 진술하고 있다. 교회는 때를 따라 예정을 선포해야 하며, 신자들로 하여금 허무한 공상에 빠지지 아니하도록 해야 됨을 가르친다.

15장은 하나님과 유기에 대해 더 설명한다. 신경은 하나님께서는 유기된 자들이 스스로의 길을 가도록 허용하신다고 설명한다. 따라서 하나님께서는 죄의 원인이 아니시다. 하나님께서는 정의를 선포하기 위해 그들이 자신들의 죄 때문에 영원한 형벌을 받도록 하며, 구원하는 은혜를 베풀지 않기로 작정하셨다. 그러므로 유기는 하나님께서 두렵고 공의로운 심판자시라는 선언이다.

16장은 그리스도 안에서 믿음으로 구원 받음을 확신하는 자들은 유기라는 말 때문에 두려워 할 것이 아니라 신앙을 가지고 순종함으로 더욱 풍성한 하나님의 은혜를 기다려야 한다고 권면한다. 그러나 예수 그리스도를 무시하고 그분에게로 돌아서지 아니하고 오직 세상과 육체의 쾌락에만 관심을 기울이는 자들은 이 교리를 마땅히 두려워해야 한다.

17장은 믿음의 가정에 있는 자녀들에 대한 문제를 다루고 있다. 은혜언약 안에 있는 자들은 하나님의 뜻에 의해 이 세상으로 불러냄을 받았기에 선택이나 구원에 대하여 걱정할 필요가 없다.

18장은 제1교리의 마지막 진술이다. 18장은 하나님의 공의로운 선택과 유기에 대하여 불평하는 자들에게 로마서 9:20과 마태복음 20:15의 말씀으로 답변한다: "이 사람아 네가 뉘기에 감히 하나님을 힐문하느뇨"(롬 9:20), "내 것을 가지고 내 뜻대로 할 것이 아니냐"(마 20:15). 마지막 장에서 하나님의 신비로운 선택의 교리를 찬양하면서 끝을 맺는다: "이는 만물이 주에게서 나오고 주로 말미암고 주에게로 돌아감이라 영광이 그에게 세세에 있으리로다 아멘"(롬 11:36).

이 교리의 마무리에, 도르트 신경은 선택과 유기에 대한 오류들을 반박하고자 한다. 제1절에서 신경은 하나님의 선택이 모든 사람이 아니라, 특정한 사람만을 구원하는 것이라고 말하며, 만인구원론을 반박한다. 제2절은 아르미니우스주의자들의 주장들처럼 하나님의 선택을 세분화하는 것에 반대하며, 하나님의 구속 결정이 신자를 믿게 하고 영화롭게 하는 데까지 이른다고 주장한다. 제3절은 어떤 주장이든지 우리의 행위가 구원에 공헌한다는 사상을 정죄한다. 제4절은 아르미니우스주의자들의 주장을 펠라기우스와 연결하여 반박한다. 신경은 그들이 인간의 본성에 영생을 얻기 합당한 어떤 선함이 있다고 주장하는 것은 사도의 가르침에 어긋나는 것임을 지적한다. 5절은 칭의—성화의 과정도 작정의 결과이기에, 이것이 하나님의 은혜라고 인정하기를 거부하고, 성도의 견인을 성도의 선행의 결과로 연결시키는 것을 정죄한다. 제6절은 택자가 구원을 상실할 가능성이 있다고 주장하는 것을 부정하며, 제7절은 택자가 구원의 선택을 의식할 수 없다는 주장도 반박한다. 제8절은 아담 이후 죄의 유전을 거부하는 자들을 정죄한다. 마지막으로 9절은 하나님의 선택을 받은 사람이 더 가치 있는 사람이라는 주장에 반박하며, 하나님은 인간의 가치가 아니라 오직 하나님의 선한 뜻이 예정의 원인임을 주장한다.

제2교리 : 그리스도의 죽으심과 인간의 구속에 대한 교리

도르트 신경의 제2교리는 인간의 현실과 그리스도의 죽으심의 이유에 대해 설명한다. 도르트 신경은 계속적으로 예정이 어떻게 인간의 죄악과 그리스도의 죽음과 연결되는지를 고백하면서, 하나님의 공의를 담당하신 그리스도와 하나님의 주권적 은혜 없이 절망적인 인간 상황을 대조한다.

1장은 하나님의 공의와 자비를 함께 언급하면서 시작하지만, 먼저 하나님의 공의를 설명한다. 신경은 하나님께서 인간이 범한 죄에 대하여 하나님께서는 일시적인 형벌이 아니라 영원한 형벌로써 벌을 내리시며, 그것은 하나님의 지극히 의로우심에 근거한 것임을 천명한다. 2장은 하나님의 자비를 구원의 근거로 제시한다. 인간은 죄인으로서 하나님의 공의를 만족케 할 수가 없고, 하나님의 진노로부터 자신을 건져 낼 수도 없다. 그러나 하나님의 무한한 자비에 따라 그의 아들이 우리를 대신하여 저주를 받으셨다. 하나님께서는 하나님의 공의를 만족케 하는 담보물로 그의 아들을 주시기를 기뻐하셨다. 신경이 인간의 범죄함과 깨어진 상태를 상기시키고, 그 결과가 죽음뿐이라고 반복적으로 언급한다. 이런 측면에서 도르트 신경이 예정론을 언급하고 중요하게 다루는 이유는 예정교리가 인간의 무능력과 구원의 관계를 설명하는 중요한 축이기 때문이다. 타락하고 무능력한 인간 상황에 대한 이해 없이는 오직 그리스도만이 우리의 중보자이시며, 우리의 어떤 공로도 구원을 획득하기에 무익하다는 인식에 도달할 수 없다.

3장과 4장은 그리스도의 죽음의 의미에 대해 진술한다. 3장은 구원의 가치에 합당한 희생은 유일하게 무죄하신 성자의 죽음뿐이라고 선언한다. 4장은 그 죽음의 가치를 성자의 존재 자체에서 찾는다. 인간의 죄를 대신하여 죽으신 분은 신성과 인성의 두 본성에 한 인격을 지니신 예수 그리스도이시다. 그분은 온전하시고 거룩하시고 성부, 성령과 동일하게 영원하시고 무한하신 본체를 가지신 하나님이시다. 동시에 진정한 인간이시다. 바로 이 두 본성이 중보자의 자격임을 도르트 신경은 초대 기독교 신경들처럼 주장하고 있다. 동시에 신-인이신 분이 하나님의 분노와 저주를 대신 담당했으니 인간의 죄의 형벌이 얼마나 거대한지 우리가 상상할 수 있다고 지적한다.

5장은 복음이 범죄로 인하여 멸망 받을 자들에게 영생을 약속하는 복된 소식이라고 고백한다. 복음은 하나님의 약속을 믿고 인간이 죄인임을 고백하고 회개할 것을 촉구한다. 복음은 세상 모든 민족과 사람에게 차별과 예외 없이 선포된다.

6장은 복음이 온 세상에 선포되어 예수 그리스도를 영접하라고 요청함에도 불구하고, 그 복음을 들은 사람들 중에는 회개하지도 않고 그리스도를 믿지 않으며, 불신앙 가운데서 멸망 받을 자들이 있다는 것을 진술한다. 그들의 불신앙은 그리스도께서 결함이 있으시거나 그 대속이 불충분해서가 아니라 전적으로 복음을 거부한 인간의 책임이다. 도르트 신경은 효과적인 부르심, 즉 동일한 복음임에도 불구하고 택한 자들에게만, 부르심이 그들을 구원으로 이끈다는 사상을 고백한다. 동시에 예정론의 맥락에서 유기된 자들이 구원을 받지 못하는 이유는 그들에게 책임이 있다고 설명한다.

7장은 다시 한 번 인간의 무가치함을 고백한다. 예수 그리스도를 참 구주로 영접하고 죄와 멸망으로부터 건짐 받고 구원 받은 자일지라도, 그것이 자신의 공로로 된 것이 아니라 전적으로 영원 전부터 계획된 하나님의 은혜로 된 것임을 알고 고백해야 한다.

8장은 구원이 하나님의 작정에 의해 택함 받은 자들에게 주어진 것임을 증언하며, 하나님의 주권적 은혜를 깨닫게 한다. 죄인을 구원하시는 하나님의 은혜로운 뜻과 목적은 택함을 받은 모든 자들에게 성자의 죽음을 통한 구원의 효력이 미치게 하여, 그들이 칭의 받아 완전한 구원에 이르게 하는 것이다. 그러므로 신경은 택함 받은 자들이 하나님으로부터 믿음과 은사들을 선물로 함께 받으며, 그들의 모든 오염과 죄책으로부터 해방되어 영원히 하나님의 영광스러운 즐거움에 참여하게 된다는 것을 고백한다.

9장은 종말론적 언급이기는 하나, 신경 전체에 흐르는 예정론적 강조가 함께 들어 있다. 신자들은 택함 받은 자들이고, 구원의 최종 종착지는 바로 교회이며, 하나님의 나라이다. 그 곳은 하나님의 사랑에 근거하여 선택 받은 자들이 정해진 때에 따라 모인 곳이다. 그 곳에서 마치 신부가 신랑을 사랑하듯 신자들은 십자가 위에서 생명을 내어주신 그리스도를 사랑하며, 섬길 것이며, 영원히 찬양할 것이다.

마무리로써 도르트 신경은 예정교리와 관련된 이단의 주장들을 배격한다. 제1절은 그리스도와 죽음을 하나님의 예정과 분리하는 행위를 배격하며, 제2절은 예수 그리스도께서 은혜언약에 따라 죽으신 것이 아니고 새로운 언약을 위한 예비조건으로 죽으셨다는 의견에 반대한다. 제3절은 그리스도의 죽으심은 새로운 조건의 제시이며, 인간의 자유의지로 그 조건을 성취해야 구원을 얻을 수 있다는 펠라기우스적 주장에 반대한다. 이런 주장은 그리스도의 공로를 모독하는 일이다. 제4절은 율법의 순종을 불완전하지만 완전한 것으로 하나님께서 간주하셔서 구원을 베푼다는 의견에 반대한다. 제5절은 은혜언약이 원죄의 죄의식의 상실을 의미한다는 주장에 반대한다. 은혜언약에 들어가는 것은 원죄의 저주에서 벗어나는 일이라고 말한다. 제 6절은 제3절에서 자유의지에 대한 부분을 깊게 논증한다. 그리스도의 공로를 받을지 말지 결정하는 것이 자유의지에 달려있으며, 구원을 이루게 하는 특별한 은혜가 없다고 말하는 것은 사도들의 의견을 볼 때 전적 오류이다.

제3, 4 교리: 인간의 타락과 회심의 방법

제3, 4교리는 인간의 타락과 회심의 방법에 대하여 따로 분리하여 진술하지 않고 하나의 표제 아래 묶어 고백하고 있다. 제3, 4 교리는 전체가 17장으로 구성되어 있다. 그것은 제2 교리가 구원에 대해 언급하면서 기독론의 진술과 함께 서술된 반면, 제3, 4교리는 인간론의 진술과 함께, 구원이 어떤 과정을 지나가며 이루어지는지를 보여주고자 한다.

1장에서 인간은 하나님의 형상대로 지음을 받았고, 타락 전 인간의 지성은 창조주 하나님에 대한 지식과, 참되고 구원에 이르는 지식도 소유하고 있었다고 말한다. 타락 전 인간의 인격은 의를 행하기에 순결하며 전인적으로 거룩했다. 그러나 인간은 마귀의 유혹을 받아 하나님을 배반했으며, 자기 의지를 남용함으로 하나님께서 주신 은사들을 상실했고 마음은 어두워졌으며, 판단력은 왜곡되었다. 이제 인간의 마음과 의지는 불순해졌고 하나님에 대항한다. 현재 인간의 현실은 처참한 타락뿐이다.

2장은 하나님의 형상대로 지음 받은 첫 사람 아담의 타락은 모든 인간은 타락을 의미한다고 진술한다. 이것은 아담 이후의 모든 인간에게 죄가 전이되었으며, 모든 인간이 전적으로 타락했음을 의미한다. 신경은 이 내용을 악한 본성의 전이(轉移)로 설명하고 있다. 아직까지 도르트 신경은 언약신학과 행위언약의 구조, 즉 아담이 언약의 대표로서 타락했을 때 인류 전체가 타락했다는 언약신학적 설명보다는, 혈통적 계승에 의한, 다른 말로 인간성의 전달이 타락한 본성의 전달로 나타났다고 주장한다.[207]

3장은 모든 인간이 죄 가운데 출생하고 진노의 자식이 되어 스스로 어떠한 선도 행할 수 없고 오로지 죄의 노예가 되어 죽음에 이르게 된다고 고백한다. 결과적으로 죄인을 거듭나게 하시는 하나님의 은혜가 없이는 인간은 부패한 본성을 개혁할 수도 그리고 회복시킬 수도 없으며, 어떠한 능력도 가질 수 없다. 인간이 스스로의 전적 무능력을 인식하지 못하면 하나님으로부터만 오는 구원을 기대하지 못한다.

4장은 인간이 비록 전적으로 타락했고 스스로 자신을 죄와 죽음으로부터 건져낼 수 없는 무능한 인간이 되었지만, 그 본성 속에는 어느 정도 하나님과 자연, 선과 악에 대한 지식을 가지고 있다고 설명한다. 따라서 인간은 사회적 미덕을 행하며, 바른 질서에 맞추어

---

207 최홍석, "도르트 신조," 162.

행동하기도 한다. 그러나 이러한 지식과 행동이 인간을 회개에 이르도록 하지는 못한다. 죄로 말미암아 인간의 본성이 타락하고 오염된 상태이기에, 인간은 다시 불의한 행동을 범한다.

5장은 모세를 통해 하나님께서 주신 십계명과 율법은 죄의 심각성을 일깨워 주고 그 법을 지키도록 유도하지만, 죄의 문제를 해결하거나 인간으로 하여금 구원에 이르게 하지는 못한다는 것을 진술한다. 이것은 칼빈이 말한 율법의 제1 용도인 죄를 깨닫게 하는 용도를 떠올리게 한다. 칼빈은 마치 거울처럼 율법이 우리의 죄를 보여준다고 말했다.[208]

6장은 타락 이후 오염된 인간이 가진 창조주와 자연에 대한 지식이나 법 역시 인간의 타락과 죄의 문제를 해결할 수 없다고 선언한다. 하나님께서는 오직 성령의 역사로 회개와 구원의 말씀인 복음을 믿는 자들을 구원하시기를 기뻐하셨다.

7장에 따르면, 하나님께서는 예정하신 놀라운 구원의 신비를 계시하셨고 특별히 신약성경을 통해 많은 사람들에게 이 사실을 드러내셨다. 신경은 반복적으로 하나님의 결정은 그분의 주권적인 뜻과 사랑에 기인한 것이라고 고백한다. 따라서 구원 받은 자들은 구원이 자신의 공로가 아닌 하나님의 전적인 은혜의 축복임을 알고 겸손함

---

208 Calvin, 『기독교강요』, II, vii, 6-10.

과 감사하는 마음으로 하나님을 찬양해야 할 것이다.

8장은 복음이 부르심의 수단이라는 것을 언급한다. 하나님께서는 복음으로 부르신 자들에게 그의 말씀을 받아들이며, 부르심의 모든 요구를 수락할 것을 말씀하셨다. 따라서 하나님께 나아가 그를 믿는 모든 자들에게 영생과 안식을 약속하신다.

9장은 하나님께서 사용하시는 부르심의 수단인 복음을 들은 자들 가운데, 회개하지 않는 책임은 하나님이 아닌 듣는 자에게 있음을 밝힌다. 이것은 제 2교리 6장의 반복이지만, 여기서의 초점은 복음을 거부하는 자들의 완고함이다. 신경은 일시적으로 말씀을 받아들이는 자가 있지만 복음의 기쁨은 곧 사라지고 다시 넘어지게 되어, 결국 구원에 이르는 열매를 맺지 못하게 되는 사람도 있음을 보여준다.

10장은 도르트 신경의 구원교리가 철저하게 칼빈주의 교리임을 보여준다. 사람이 복음의 부르심에 순종하고 회개에 이르는 것은 인간의 자유의지가 올바로 선택했기 때문이 아니다. 구원은 전적으로 하나님께서 자신의 선택에 근거하여 택자들을 믿음과 회개에 이르도록 하시며, 악의 세력에서 벗어나게 하고, 어두움에서 빛으로 인도하시기 때문이다. 결국 모두 하나님의 자비로운 은혜이다. 따라서 구원의 은총 안에 있는 자들은 하나님을 영원히 찬송해야 하며, 그 분 안에서 영광을 누리고 살아가게 된다.

11장은 구원의 과정에서 하나님의 활동을 묘사한다. 하나님께서는 선택한 자기 백성을 회개케 하고, 복음과 성령으로 조명하여 하나님의 신령한 계획을 이해하고 분별하게 하신다. 더 나아가 성령께서 닫힌 마음을 여시고, 굳은 마음을 부드럽게 하시며, 악함과 불순종함에서 돌아서서 선하게 하시고, 순종하게 하시며, 온순하게 하시며, 강하게 하셔서 좋은 행실의 열매를 맺게 하신다. 제3, 4교리의 전체가 구원은 하나님의 주도적 사건이라고 강조한다.

12장은 회개에 이어 신경은 중생을 언급한다. 중생은 마치 아이가 태어나는 것처럼, 영적으로 새롭게 태어나는 구원의 한 양상이다. 하나님께서는 위대한 방법에 따라 확실하게, 실패 없이 유효하게 중생에 이르게 하신다.

13장은 이 세상에 있는 신자들은 하나님의 중생케 하시는 성령의 사역의 방법을 완전하게 깨닫지 못함을 지적한다. 신자는 하나님의 사역을 이해할 수 없더라도 믿음으로 하나님 앞에 나아갈 때, 하나님의 은혜 안에서 구주를 믿고 사랑하며, 그 은혜를 체험하면서 살아간다.

14장은 신자들에게 주어진 믿음은 하나님의 값없이 주시는 선물이라고 확증한다. 믿음은 인간 스스로 결정하여 거부하거나 받거나 하는 것이 아니다. 인간은 자유의지를 행사하여 믿음을 수용하거나 구원의 조건을 충족시켜 수여받는 것도 아니다. 오직 하나님께서 사람에게 믿을 수 있는 힘과 능력을 주시고, 믿게 하고, 행동하게 하며, 믿음의 행위를 나타내도록 하시기 때문이다. 그러므로 믿음은 선물이다.

15장은 하나님의 은혜에 대한 적절한 신자의 응답은 거룩한 삶이라고 선언한다. 신경은 인간에게는 오직 죄와 거짓 밖에는 없다는 점을 상기시키면서 인간의 구원은 전적인 하나님의 은혜임을 계속적으로 강조한다. 그러므로 인간은 하나님의 은혜에 빚진 자들로서 영원히 감사하며 살아야 한다. 또한 하나님의 은총으로 부르심을 받지 못한 자들을 위해서 기도의 의무를 게을리 해서는 안 된다. 거룩의 삶은 단순한 윤리적 삶을 넘어서 전도와 기도를 동반하는 영적인 삶이다.

16장과 17장은 중생에 대한 더 깊은 설명을 진행한다. 16장은 인간이 전적으로 타락했다고 해서 이해력과 의지와 인간성이 말살된 것은 아니라고 설명한다. 그러나 중생 이전의 인간은 참된 선행을 행할 수도 없으며, 하나님에 대한 바른 이해를 할 수도 없다. 하나님의 은혜는 신자를 중생케 하여 영적으로 살리신 뒤, 인간이 육체적 반역과 거역을 버리고 순종하여 선을 행할 자유가 있게 하셨다.

17장은 인간을 중생케 하시는 초자연적 사역의 수단은 복음이라고 고백한다. 사도들과 그를 따르는 모든 신자들은 복음의 가르침에 따라 성례와 권징의 시행을 게을리 하지 말고, 경건함에 이르러야 하며 이 진리를 가르쳐야 한다. 신자들은 훈계를 베푸는 은혜에 참여하여 교만을 버리고 하나님께만 영광을 돌려야 함을 가르치고 있다.

제3, 4교리에 대하여 신경은 다음과 같이 잘못된 주장들을 반대한다. 제1절은 원죄가 영벌을 받기에 부족하다는 의견을 정죄하고 원죄로 인해 인간이 사망에 처하게 되었음을 지적한다. 제2절은 거룩, 의, 덕과 같은 은사들이 인간의 의지와 관계없다는 주장을 반대한다. 제3절은 인간의 의지는 부패하지 않았다는 의견을 비판하며, 인간의 의지는 부패해 선을 행하지 않고 악을 의지적으로 행한다고 주장한다. 제4절은 중생 이전에 선을 행하거나 의를 갈망할 수 있다는 의견에 반대한다. 제5절은 하나님께서 모두에게 베푸신 일반은총이 구원에 충분하다는 의견에 반대한다. 하나님의 구원은 그 분의 특별한 은총이 택한 자에게 베풀어질 때 일어난다. 제6절은 회심은 자질의 변화가 아니라 특정한 행위라는 것에 반대한다. 신경은 회심 때에 하나님께서 인간의 자질을 변화시켜 하나님을 섬길 수 있게 한다고 주장한다. 제7절은 하나님께서 회심하게 하시는 행위는 단지 인간의 본성을 향한 하나님의 충고이며, 그 본성이 반응하여 회심한다는 의견을 반대한다. 이런 의견은 펠라기우스주의자들의 주장이다. 제8절은 회심의 사역에서 인간이 전적으로 저항하여 하나님의 은혜를 받지 않을 수 있다는 의견을 반대한다. 하나님께서 이루시는 회심은 인간의 의지의 방향을 전적으로 전환시키는 일이시다. 제9절은 자유의지가 은혜 앞에서 일한다는 의견을 반대한다. 신경은 은혜가 신자에게 임해야 자유의지가 변화할 수 있다고 주장한다.

제5교리 : 성도의 견인

예정교리의 유익은 구원을 불안해하는 신자에게 하나님께서 주시는 확신과 위로이다. 성도의 견인은 하나님께서 택하신 신자를 그들이 죄를 짓고 낙망하는 과정을 거치더라도 최종적으로 구원의 길로 이끈다는 교리이다. 초점은 구원 이후에도 여전히 부족한 인간과 끝끝내 우리를 놓지 않으시는 하나님의 사랑이다. 종종 오해하는 것처럼, 예정교리는 택함 받은 사람이 어떤 잘못을 해도 구원받는다는 교리가 아니다. 하나님의 택자는 오직 하나님의 기쁘신 뜻에 따라 선택된 무익한 존재이며, 하나님의 은혜가 그를 변화시키므로 거룩한 삶을 회개하고 살아나가게 된다. 따라서 죄악에 빠진 자는 하나님의 심판을 두려워하며 회개로 나아가야 한다.

1장은 하나님의 기쁘신 작정에 따라 그리스도와 교제하게 하시고 성령으로 중생케 하신 자들은 이 세상에서 육체의 연약함에서 완전히 벗어나지는 못하지만 죄의 속박에서 건져 주신다는 것을 재확인시켜준다.

2장은 중생한 인간은 연약함에 날마다 범죄하고 선을 행하지도 못하는 존재임을 계속하여 스스로 인식해야 함을 지적한다. 이런 깨달음과 죄에 대한 인식은 인간을 겸손케 하고, 그리스도를 전적으로 의지하게 하며, 육체를 죽이고 기도에 힘쓰고, 경건을 연습하게 하여 최종 목적지 천국을 향하여 매진하게 한다.

3장은 회개하고 중생한 사람이라도 세상에 살면서 세상의 유혹을 받게 되고 죄를 짓지만, 하나님께서는 신자들에게 은혜를 베풀어 그들의 구원을 완성할 때까지 보호하신다고 진술한다. 이것이 도르트 신경을 작성한 신앙의 선배들이 왜 예정교리를 강조했는가에 대한 이유이다. 인간의 연약함과 전적타락을 인식하고 있었던 그들은 만약 인간의 어떤 요소가 구원을 얻는데 결정적이라면, 그 구원은 확실성을 잃어버리게 된다고 생각했다. 그러므로 불변하신 하나님만이, 그 하나님의 작정만이, 구원의 근거일 때, 구원은 결코 실패함이 없다. 그 때 신자는 평안을 얻을 수 있다.

4장은 신자들은 하나님의 구속하시는 은혜를 거역할 수가 없고, 그들의 구원은 상실되지 않는다고 말한다. 그럼에도 이 세상에서 신자들은 여전히 죄인으로서 하나님의 다스림과 은혜로부터 벗어나려고 하고 육체의 욕심에 유혹을 받아 굴복할 때도 있기에 항상 시험에 들지 않도록 기도해야 한다.

도르트 신경은 특별히 5장과 6장을 통해 아르미니우스주의자들의 주장을 논박하고 있다. 아르미니우스주의자들은 중생한 신자들이 자신의 노력으로 구원을 지키지 않고 타락 할 수 있으며, "완전하게 그리고 최종적으로" 구원을 상실할 가능성이 있다고 보았다. 하지만 개혁주의 신학자들은 5장과 6장에서 신자도 죄를 지을 수 있지만, 하나님의 은혜로 결국 "완전하게 그리고 최종적으로" 구원을 성취할 것이라고 지적한다.[209] 5장은 신자가 사탄과 세상의 유혹으로 타락한 상태에 이르게 되어 하나님을 반역하고, 죄를 범하고, 성령을 탄식케 하고, 믿음의 역사를 방해하고 양심에 상처를 입고, 하나님의 사랑에 대한 느낌마저 버릴 때가 있음을 설명한다. 그 때에는 다시금 죄에 대한 절실한 회개가 있어야 한다. 6장은 신자들이 일시적인 타락에도 변개시킬 수 없는 선택의 목적 때문에 하나님께서 그들에게서 성령을 거두지 아니하신다는 것을 강조한다. 하나님께서는 신자의 범죄 때문에 양자의 은혜를 거두시거나 죽음에 이르도록 내버려 두시거나 영원한 멸망에 빠지도록 허용하시지도 않으신다. 하나님은 신자들을 돌이키시고 구원의 길로 인도하신다.

7장은 하나님께서 선택한 백성들을 끝까지 견인하게 하시는 근거를 밝히고 있다. 첫째는 하나님께서 중생의 씨앗을 그의 백성들 안에 남겨 두어서 멸망이나 유기에 이르지 않게 하시기 때문이다. 둘째는 하나님께서 성령으로 그들을 회개하게 하시고, 죄에 대하여 슬픔을 가지고 죄의 용서를 구하며, 다시금 하나님의 사랑을 체험하게 하시고 믿음으로 그를 찬양하며 두렵고 떨림으로 자기의 구원을 성취해 가도록 하시기 때문이다.

8장은 신자의 견인이 전적으로 값없이 주시는 하나님의 자비의 결과라고 강조한다. 인간은 스스로 바라보면 넘어질 수밖에 없는 자들이지만, 그러나 하나님을 바라보면 전혀 그렇지 않다. 왜냐하면 하나

---

209 김병훈, "도르트 신경이 고백하는 성도의 견인 교리," 장로교회와 신학 11(2014): 221-223.

님의 뜻은 변할 수 없고, 약속은 실패하지 않으며, 소명은 취소될 수 없고, 그리스도의 공로와 중보와 보호하심은 무효화 될 수 없으며, 성령의 인치심은 말소될 수 없기 때문이다. 하나님은 자신이 베푸신 구원을 "완전히 그리고 최종적으로" 이루신다.

9장에서 13장은 신자들이 견인교리를 믿는 유익과 그 근거에 대해 설명한다. 9장은 참 신자들은 믿음의 수준에 따라 차이는 있지만, 택한 자들을 구원에 이르도록 하나님께서 보존하심과 견인함에 대하여 확신을 가져야 함을 강조한다. 10장은 하나님께서 구원과 영생으로 견인하신다는 확신은 성경의 약속에 대한 믿음과, 성령의 증거와, 선한 양심을 통해 바라는 소원에서 생겨난다는 것을 설명하고 있다. 따라서 하나님의 백성들은 견고한 위로와 영원한 영광에 대하여 확실하게 보증되어 있다. 11장은 비록 선택 받은 신자들이라 할지라도 모두가 신자의 견인을 확신하지 않을 수 있음을 지적한다. 이런 차이에도 불구하고 하나님께서는 신자들이 감당할 수 없는 시련에 처하도록 내버려 두시지 않고 피할 길을 주시고 성령으로 감동시켜 확신의 위로를 받게 하신다. 12장은 견인교리를 이해하게 될 때 그것이 하나님에 대한 겸손, 하나님에 대한 경외심의 근거요, 환란 가운데서의 인내의 이유요, 하나님 안에서의 기쁨의 근원이 됨을 알게 된다는 진술이다. 신자들을 향한 견인교리의 유익에 대해 설명한 뒤, 13장에서는 견인의 교리 때문에 자신의 구원을 확신하고 방종하는 자들에게 경고한다. 견인을 듣고서 사람들은 경건한 삶을 무시하는 경향이 발생하면 하나님의 진노를 받게 될 것이다.

14장과 15장은 하나님과 견인교리의 관계를 설명하며 이 교리에 대한 설명을 마무리한다. 14장에서 도르트 신경은 하나님께서 견인을 어떻게 유지하고 이루어 가시는가에 대하여 진술한다. 하나님께서는 그의 백성들로 하여금 복음의 말씀을 듣고, 읽고, 묵상함으로써 권면하는 약속을 깨닫게 하시며, 이 은혜를 보존하고 유지시키신다는 것을 진술한다. 15장에 따르면, 인간 육신의 생각으로는 견인교리의 확실성에 대하여 충분히 이해할 수가 없다. 하나님의 사역이므로 인간은 완전히 그 사역을 이해할 수 없다. 이것을 틈 타, 사탄은 견인교리를 미워하고 세상은 그것을 조롱하며, 위선자들은 그것을 남용하고, 이단자는 반대한다. 그러나 신자들은 이 교리를 사랑하고 옹호한다. 견인교리는 사람의 어떤 계획이나 세력으로도 넘어뜨릴 수 없다. 그 이유는 하나님께서 세상 끝 날까지 신자들로 하여금 이것을 믿고 행동하도록 이끌어 주시기 때문이다.

제5교리에서 잘못된 이해에 대한 반박은 주로 은혜의 상실 가능성과 구원에서 신자의 역할에 대한 내용들이다. 제1절에서 견인이 인간의 자유의지로 이루어간다는 의견에 반대한다. 견인은 그리스도의 보속의 은혜에 근거하여서만 이루어진다. 제2절은 하나님께서 주시는 인내하는 은혜가 있다 하더라도 신자가 그 은혜를 지킬 수 있는가에 따라 견인이 결정된다는 의견을 정죄한다. 이런 의견은 펠라기우스주의다. 제3절은 중생한 신자가 구원에서 탈락할 수 있다는 의견에 반대한다. 중생의 은혜는 불변하신 하나님께로부터 나왔기 때문에 그 은혜는 상실되지 않는다. 제4절은 중생한 신자가 성령을 거스르는 죄를 저지른다는 의견을 정죄한다.

중생한 신자는 죄를 저지르기는 하나 성령을 거스르는 죄, 전적으로 지옥으로 향하는 죄는 범하지 않는다. 제5절은 특별한 계시 없이 이생에서 견인의 확신을 얻을 수 없다는 의견을 정죄한다. 하나님의 일관된 약속을 통해 신자는 확신을 얻을 수 있다. 제6절은 견인교리가 신자의 나태한 마음에서 비롯된 방종이라는 의견에 반대한다. 신자의 확신과 경건은 밀접한 관계이다. 제7절은 신앙을 가진 것으로 보였지만 지금은 아닌 자와 칭의를 받은 신자들의 차이는 신앙의 기간이라는 주장에 반대한다.

칭의는 결정적인 전환점으로, 전자는 씨 뿌리는 비유에서 돌에 떨어진 씨앗처럼 뿌리 없는 진정한 신앙이 아니었다. 제8절은 7장에 반대하는 자들을 향한 것으로 보이는데, 그들은 첫 번째 중생을 상실한 자가 새롭게 된다는 것은 불합리하다고 주장한다. 아마 이들은 신자의 죄악으로 인해 하나님의 사랑에서 떠난다는 표현을 중생을 상실하는 것으로 이해한 것 같다. 그러나 신경은 우리의 믿음의 씨앗이 계속적으로 신자를 죄악에서 새롭게 하고, 회개케 하도록 한다고 주장한다. 제9절은 그리스도께서 신자가 계속 믿음에 거한다는 기도를 하신 경우가 성경에 없다는 의견에 반대한다. 신경은 누가복음 22장 32절과 요한복음 17장 11, 15, 20절을 언급하며 그리스도께서 신자의 믿음의 견인을 위해 기도했음을 밝힌다.

III 종교개혁 이후의 개신교 신앙고백

4) 함께 더 생각해보기

* 도르트 신경은 예정의 근거 내지는 원인은 무엇이라고 가르칩니까? 구원받은 자들과 받지 못한 자들의 이유에 대해 도르트 신경은 어떻게 설명합니까?

10항: 값없는 선택의 원인은 오직 하나님의 선한 기쁨인데, 이것은 하나님께서 모든 가능한 것들 중에서 사람의 어떤 자질이나 행위를 구원의 조건들로 선택하시는 것에 있지 않고, 공통으로 죄를 지은 무리 중에서 어떤 특정한 사람들을 자기 자신의 소유물로 삼으셨다는 것에 있다.

* 도르트 신경이 설명하는 중생과 회심의 과정에서 하나님의 선택이 어떻게 회심으로 작용합니까? 나는 하나님의 선택을 어떻게 그리고 무엇을 통해 확신합니까?

셋째 넷째 교리 10항: ... 하나님은 자기 백성을 영원에서 그리스도 안에서 선택하셨고, 그래서 그들을 시간 속에서 효력 있게 부르시고, 믿음과 회개를 주시고, 흑암의 권세에 버려진 자들을 그의 아들의 나라로 옮기신다.
첫째교리 13항: 이 선택을 인식하고 확신하는 것으로부터, 하나님의 자녀들은 자신들을 하나님 앞에서 겸손하게 할, 그분의 자비의 깊음을 찬양할, 자신들을 깨끗하게 할, 자신들을 먼저 매우 사랑하신 하나님을 보답하여 열렬하게 사랑할 더 큰 동기를 매일 찾게 된다. 이것은 선택에 대한 교리와 묵상이 하나님의 계명들을 더 게으르게 지키게 하고, 육적인 안정감에 있게 한다는 것과 거리가 멀다.

* 도르트 신경이 전하는 성도의 견인 교리에서 '견인'은 무슨 의미입니까?

❶ 성도의 견인의 근거를 도르트 신경은 무엇이라고 가르칩니까?

❷ 견인의 교리가 성도에게 왜 위로가 됩니까? 이 땅을 살아가는 우리에게 견인의 교리가 주는 유익이 무엇인지 나눠봅시다.

07

웨스트민스터 신앙고백서
(Westminster Confession of Faith, 1647)

웨스트민스터 신앙고백서는 종교개혁자들의 신학사상을 반영하고 지켜가기 위한 명료한 신학적 진술을 토대로 하고 있다. 성경에 관한 진술에서부터 종말에 관한 진술에 이르기까지 명백한 체계 속에서 작성되었음을 알 수 있다. 웨스트민스터 신앙고백이 이러한 체계적인 신학적 진술을 담고 있기에 신학의 전당에서 조직신학의 교과서처럼 사용되고 있다.

1) 웨스트민스터 신앙고백서 읽어보기

* 웨스트민스터 신앙고백서의 전문과 설명에 대해서는 다음의 책을 참고하라.

- Philip Schaff. 박일민 옮김. 『신조학』. 서울: 기독교문서선교회, 1984: 7장.
- 김영재. 『기독교신앙고백: 사도신경에서 로잔협약까지』. 수원: 영음사, 2011.
- 로버트 쇼. 조계광 옮김. 『웨스트민스터 신앙고백 해설』. 서울: 생명의 말씀사, 2017.
- 존 페스코. 신윤수 옮김. 『역사적, 신학적 맥락으로 읽는 웨스트민스터 신앙고백서』. 서울: 부흥과 개혁사, 2018.

2) 웨스트민스터 신앙고백서 배경읽기

웨스트민스터 신앙고백서는 왜 작성됐을까?

웨스트민스터 신앙고백서는 16세기의 종교개혁자들과 그들의 사상을 이어갔던 17세기 개혁자들에 의해 논의되고 작성된 모든 신앙고백서들 가운데 가장 감동적인 신앙고백서로 인정받고 있다. 이 신앙고백서는 영국뿐만 아니라 전 세계적으로 장로교회에 신학적 원리를 제공했으며, 신앙의 표준이 될 만큼 크게 영향을 끼쳤다. 한국교회도 1907년 독노회 구성 당시 공인한 12신조의 서문에, 웨스트민스터 신앙고백을 받아들인다고 선언하고 있다.

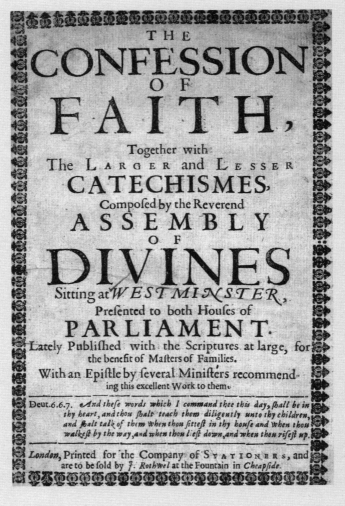

THE
CONFESSION
OF
FAITH,
Together with
The LARGER and LESSER
CATECHISMES,
Composed by the Reverend
ASSEMBLY
OF
DIVINES
Sitting at WESTMINSTER,
Presented to both Houses of
PARLIAMENT.
Lately Published with the Scriptures at large, for
the benefit of Masters of Families.
With an Epistle by several Ministers recommend-
ing this excellent Work to them.

Deut. 6. 6. 7. *And these words which I command thee this day, shall be in
thy heart, and thou shalt teach them diligently unto thy children,
and shalt talk of them when thou sittest in thy house and when thou
walkest by the way, and when thou liest down, and when thou risest up.*

London, Printed for the Company of STATIONERS, and
are to be sold by J. Rothwel at the Fountain in *Cheapside*.

웨스트민스터 신앙고백서 16세기의 종교개혁자들과 그들의 사상을 이어갔던 17세기 개혁자들에 의해 논의되고 작성된 모든 신앙고백서들 가운데 가장 감동적인 신앙고백서로 인정받고 있다. 이 신앙고백서는 영국뿐만 아니라 전 세계적으로 장로교회에 신학적 원리를 제공했으며, 신앙의 표준이 될 만큼 크게 영향을 끼쳤다.

웨스트민스터 신앙고백서는 스코틀랜드 종교개혁과 영국의 정치적 변화와 밀접한 관련이 있다. 스코틀랜드는 종교개혁 초반부터 유럽 대륙의 종교개혁자들의 영향을 받은 개혁자들이 국가와 로마교회의 지도자들에 대항하여 강력하게 종교개혁을 추진하였고, 잉글랜드보다 일찍 장로교가 뿌리내리게 되었다. 그러나 잉글랜드에서는 왕의 주도로 종교개혁이 진행되면서, 국가종교로서 영국 성공회가 구성되게 되었다. 영국 국왕이 종교의 최고 지도자로서 막강한 영향력을 끼치는 형태로 영국의 종교개혁이 진행되었다.[210] 따라서 잉글랜드 교회는 영적으로 독립되어 신앙의 자유를 맛보지 못했으며, 오히려 스코틀랜드를 성공회 교회로 만들려고 노력했다.

엘리자베스 여왕 사후, 스코틀랜드 국왕인 제임스 6세가 제임스 1세로 영국 국왕과 스코틀랜드 국왕을 겸직하게 되었다. 여기서부터 영국과 스코틀랜드의 연합 국가로서 모습이 등장한다. 제임스 1세의 뒤를 이은 찰스 1세는 주교의 권한을 강조하는 법안을 통과시키므로, 종교를 통해 왕권을 강화하고자 시도했다. 잉글랜드의 정치지도자들과 종교지도자들은 더욱 독재적으로 개신교도들을 박해했고 신앙의 자유를 원하는 시민들은 종교개혁 방향으로 마음이 움직이기 시작했다.

스코틀랜드에서 '국가언약' 혹은 '국민언약'(National Covenant)으로 불리는 귀족과 교회의 연합이 등장해, 찰스 1세의 독재에 대항하기

---

210 Robert Shaw, 『웨스트민스터 신앙고백 해설』 조계광 역 (서울 : 생명의말씀사, 2014), 26.

시작했다.211 그 과정에는 영국 국왕의 장로교회에 대한 박해가 있었다. 스코틀랜드 교회는 녹스의 개혁 정신을 따르면서 1610-1637년까지 장로교회 체제가 확고히 뿌리를 내렸고, 감독체제의 로마교회와 성공회를 비성경적이라고 생각했다. 당시 잉글랜드 왕 찰스 1세가 청교도를 반대하는 캔터베리 대주교 윌리엄 로드(William Laud, Archbishop of Canterbury)를 내세워 잉글랜드와 스코틀랜드에 통일된 예배와 기도서를 선포하자 사태는 대립상태로 치닫게 되었다.212 정부는 반대하는 자들을 처벌하고, 이런 처벌에 반대하는 사람들의 시위가 이어졌다. 영국식 통일령에 반대하는 사람들은 '국가언약'이라는 문서에 조약하며, 정부와 종교의 독재로부터 저항하기로 결의했다.213 이후 스코틀랜드에서는 총회를 통해 주교제도가 폐지되었고, 스코틀랜드 장로교회가 회복되었다.

찰스 1세는 스코틀랜드 반대세력에 대항하기 위해 영국의회에 군사를 일으키기 위한 재정을 요청했으나 거부당했다. 그는 영국의회를 해산시키므로 자신의 의도를 이루고자 하였다.214 하지만 찰스1세

---

211 김요섭, "웨스트민스터 신앙고백서의 교회 정의와 그 역사적 의의," 「한국개혁신학」 40(2013), 148.

212 김재성, 『개혁신학의 정수』 (서울: 이레서원, 2003), 359. 참조, Alasdair I. C. Heron(ed), The Westminster Confession in the Church Today (Edinburgh: The Saint Andrew Press, 1982), 12.

213 김재성, 『개혁신학의 정수』, 359.

214 김요섭, "웨스트민스터 신앙고백서의 교회 정의와 그 역사적 의의," 148.

는 결국 재정의 문제로, 1640년 다시 의회를 소집했고, 의회는 마침내 왕권 견제를 목적으로, 시민들의 자유에 대한 요구에 부응하여, 주교의 권위 아래 이루어지던 박해를 금지하는 주교제도 폐지 법안을 통과 시켰다.[215] 국왕의 독재적인 통치에 분노하는 청교도의 올리버 크롬웰(Oliver Cromwell)이 이끄는 시민군은 신앙의 자유를 수호하기 위해서 1642년부터 1646년까지 찰스 1세의 국가군과 격렬한 전투를 치렀다. 스코틀랜드도 잉글랜드의 시민군과 합세하여 국왕이 주장하는 권력에 맞서기로 작정하고 군사력을 지원했다.[216]

이 시기 영국에는 아직도 조직화된 교회 체제가 존재하지 않았다. 주교 제도는 폐지되었으나 다른 개신교 체제가 형성되지 않았다. 주교제 폐지 이후 영국 의회는 새로운 교회제도의 필요성을 깨닫고, 1643년 6월 12일에 되어서야 비로소 총회 소집 법령을 발표하고 왕에게 회의 개최 허락을 요청했다.[217] 그러나 국왕은 '왕권신수설'을 주장하며, 의회를 탄압하고 회의의 소집을 허락하지 않았다. 다섯

---

215 Shaw, 『웨스트민스터 신앙고백 해설』, 28.

216 김재성, 『개혁신학의 정수』, 360.

217 쇼는 웨스트민스터 총회는 감독교회, 장로교회 혹은 회중교회의 정치체제와 아무런 관련이 없었다고 주장한다. 웨스트민스터 총회는 중요한 신학적 문제에 대해 논의하고 결정하는 회의의 성격이었다. 참조, Shaw, 『웨스트민스터 신앙고백 해설』, 29-30. 하지만 김요섭은 웨스터민스터의 가장 중요한 목적으로 새로운 교회제도의 창설이었다고 주장한다. 김요섭, "웨스트민스터 신앙고백서의 교회 정의와 그 역사적 의의," 150-152.

번씩이나 왕의 허락이 거부되자 의회는 자체 명령권을 발동하여 의회의 권위로 웨스트민스터 교회에서 신학자 총회를 소집했다.[218] 웨스트민스터 회의는 1643년 7월 1일 개최되었고, 회의 중에 잉글랜드와 스코틀랜드 두 국가의 의회 사이에 국가 권력으로부터 독립된 교회를 세우고 신앙의 자유를 허락한다는 국가 간의 동맹이 성립했다. 이것이 '엄숙동맹과 언약'(Solemn League and Covenant)이다. 이 동맹은 두 왕국 사이의 연합을 증진시켜, 유럽 개혁주의 교회의 모습으로 두 왕국의 교회를 변화시키고자 하였다.[219]

웨스트민스터 총회는 1643년 7월 1일 토요일에 상하 양원 의원들과 많은 회중들이 참석한 가운데 개회되었고 1649년 2월 22일까지

웨스트민스터신앙회의 1643년 영국 의회가 당시 국왕이던 찰스 1세와 의회와의 내란(청교도 혁명)중에 영국 교회가 공통으로 따를 수 있는 전례, 교리, 권징 등의 기준을 수립할 필요를 느끼고 회의를 소집하였다

III 종교개혁 이후의 개신교 신앙고백

5년 6개월 21일 동안 계속되었다. 총회는 약 5년 6개월에 걸쳐 1,163
회 이상의 정규 모임을 가졌다. 토요일과 주일을 제외한 매일 오전 9
시부터 오후 1시 혹은 2시까지 열렸다. 주로 오후에는 위원회별로 회
합을 가졌다. 회기 동안에 모인 숫자는 평균 60-80명 정도에 그쳤
다. 총회의 대표들은 총 151명이었다. 그 가운데 30명은 평신도 대표
로서 10명의 군주들과 20명의 하원의원들이었다. 그리고 나머지 121
명은 전국에서 선출된 성직자들이었다. 이 외에 스코틀랜드 대표가
6명이었다. 그러나 스코틀랜드 대표들은 투표권은 없고, 논의와 조
언을 주고받는 역할만 맡았다.[220] 이 기간 동안 웨스트민스터 총회는
신앙고백서, 공동예배서, 교회의 정치치제와 권징 조례 그리고 대.
소교리문답을 작성했다.

웨스트민스터 신앙고백서는 어떻게 작성됐을까?

웨스트민스터 총회는 1644년 8월 20일 고백서 작성을 위한 분과

---

218 김의원(편역), 『개혁주의 신앙고백』(서울: 대한예수교장로회총회, 2004), 10.

219 서요한, "영국 청교도와 웨스터민스터 총회 소고-1643-1648년 웨스트민스터 신앙고
백서의 역사와 신학적 전통을 중심으로," 『신학지남』 82/2 (2015), 242-243.

220 웨스트민스터 총회에 대표로 파견된 숫자는 차이를 보인다. 로버트 쇼(Robert
Shaw)는 "총회 위원들은 142명의 목회자와 32명의 평신도 배석자로 이루어졌다"고
했다. Shaw, 『웨스트민스터 신앙고백 해설』, 30. 김재성은 "131명의 목사들과 30명의
평신도 대표들이 모였다"고 했다. 김재성, 『개혁신학의 정수』(서울: 이레서원, 2003),
360. 헤론(Heron)과 김의원은 총회의 대표들에 관해서 121명의 목회자들과 30명
의 평신도들이라고 말했다. 김의원(편역), 『개혁주의 신앙고백』(서울: 대한예수교장
로회총회, 2004), 10. Heron(ed), The Westminster Confession in the Church
Today, 12.

를 구성하였다. 위원들은 이전의 신앙고백서들을 참고하며 논의를 지속했다. 1646년 11월 26일 완성된 신앙고백서가 의회에 보내져 공인을 기다렸다. 영국 의회는 일부 조항들에 대해 수정을 요구했고, 1648년에 와서야 의회의 승인을 받아 공포될 수 있었다. 반면에 스코틀랜드 장로교회는 1649년 8월 에든버러에서 열린 총회에서 웨스트민스터 신앙고백서를 전적으로 수용했다.[221]

신학적 지향점

로버트 쇼(Robert Shaw)는 웨스트민스터 신앙고백서 작성을 주도했던 대표 인물들이 지향했던 목표가 무엇인가를 잘 설명하고 있다. 총회에서 논의되는 문제에 대한 결정권을 가지고 있지 않았던 스코틀랜드 대표단이 지향했던 목적에 대하여 다음과 같이 말했다.

> 그들은 단지 교황주의를 물리치는 것만을 목표로 삼지 않았다. 그들은 참된 교회를 정화하고, 강화하고, 연합시켜 모두가 힘과 열정을 하나로 규합해 구원자의 명령을 기쁨으로 수행하고, 모든 민족을 가르치며, 하늘 아래 있는 모든 피조물에게 영원한 복음을 전할 수 있기를 바랐다.[222]

이러한 목적으로 비록 결정권이 없더라도 스코틀랜드 대표단은 총

---

221 서요한, "영국 청교도와 웨스터민스터 총회 소고," 251-252.
222 Shaw, 『웨스트민스터 신앙고백 해설』, 35.

회에 참석하여 복음을 전파하고자 노력했다. 이런 수고 덕분에 오랜 기간 동안 수많은 논의를 거쳐 작성된 웨스트민스터 신앙고백서는 철저하게 성경에 기초를 두고 있으며, 분명하고 명쾌한 신학적 진술로써 종교개혁자들의 사상을 반영하고 있다.

웨스트민스터 신앙고백서는 몇 가지 신학적 전제 위에 작성되었다. 첫째, 웨스트민스터 신앙고백서는 종교개혁자들의 신학사상을 반영하고 지켜가기 위해, 성경에 관한 진술에서부터 종말에 관한 진술에 이르기까지 명백한 체계 속에서 작성되었다. 웨스트민스터 신앙고백이 이러한 체계적인 신학적 진술을 담고 있기에 오늘날까지 조직신학의 교과서처럼 사용되고 있다. 신앙고백서는 분명한 신학적 체계를 가지고 성경 진리의 개념을 명확하게 설명하고 있을 뿐만 아니라 성경 상호 연관성과 그 중요성을 적절하게 설명하고 있다.[223]

둘째, 웨스트민스터 신앙고백서는 언약신학의 관점에서 교리를 설명한다. 신앙고백서는 유럽 대륙에서 발전한 개혁주의 언약신학의 흐름을 수용하고 발전시킨다.[224] 고백서는 언약이라는 용어를 통해 인간과 하나님과의 관계를 설명한다. 하나님의 낮아지심, 명료한 행위언약과 구속언약에 대한 설명을 통하여, 고백서는 그리스도의 구속사역도 언약신학 관점에서 설명한다.[225]

---

223 Shaw, 『웨스트민스터 신앙고백 해설』, 17.
224 김병훈, "웨스트민스터 신앙고백서와 언약신학," 신학정론 32/2 (2014): 337–339.
225 김재성, "하이델베르크 요리문답과 웨스터민스터 신앙고백서의 언약사상," 한국개혁신학 40 (2013): 68–74.

셋째, 웨스트민스터 신앙고백서는 명료한 구원의 순서(ordo salutis)를 제시하고 있다. 3장 6항과 8장 1항에서 구체적으로 소명, 칭의, 성화, 영화라는 구원의 순서를 계속적으로 언급한다. 예정, 기독론과 같은 신학적 진술들을 명확한 구원의 순서와 연결하므로 개혁신학의 발전된 신학 진술을 보여준다.

넷째, 웨스트민스터 신앙고백의 신학적 용어의 사용과 표현은 놀라울 정도로 탁월하다. 신앙고백에 진술된 모든 용어들은 대단히 신중하고 정확하게 사용되었다. 각 항에 따른 신학적 설명에 대한 논증은 삼단논법의 형태로 진술되었다. 이것은 신앙고백 작성에 참여한 목회자들의 신학적이고 신앙적인 사고와 지식의 수준이 탁월했기 때문이다. 신앙고백 작성자들은 그 당시 역사적 정황에 대한 풍부한 이해력을 지녔고, 교회를 혼란에 빠뜨리게 했던 신학적 논쟁의 이슈들이 무엇인가를 정확히 파악하고 있었으며, 교회를 무너뜨리게 하는 이단사상이 무엇인가를 바르게 인식하고 있었다. 이러한 특징에 대하여 로버트 쇼는 이렇게 진술했다.

그들은 그런 이단자들의 명칭을 단 한 가지도 확실하게 언급하지 않고, 또 논쟁에 치우치지도 않은 채 그 일을 이루어냈다. 그들은 직접적인 진술이나 논박을 통해 이단 사상을 단죄하지 않고 거기에 반대되는 진리를 명확하고, 확실하고, 강력하게 주장하는 방법을 적용했다. 그들은 비범한 진리에 어울리는 비범한 겸손함으로 그렇게 진리를 설명했다. 자극적인 말은 모두 삼가고, 오직 순수하고 단순한 진리만을 제시했다. 그들은 자신들의 탁월한 진리를 자랑하려고 하지 않으면서도 가장 정확하고 깊이 있는 지식을 숨기지 않았다.[226]

신앙고백서는 동일한 의미를 지닌 단어를 구분하여 사용함으로 신학적 함의를 담고자 하였다. 예를 들어, 신앙고백서 3항에 보면 하나님께서는 "자신의 작정을 통해 어떤 사람들과 천사들은 영생에 이르도록 예정하셨고, 그 나머지는 영원한 죽음에 이르도록 미리 정하셨다." 그리고 4항에 보면 "이렇게 예정되고 미리 정해진 천사들과 사람들"이라고 설명했다. 신앙고백 작성자들은 '영생'과 '영원한 죽음'이 모두 하나님의 작정(Decree) 속에 있지만 '예정'과 '미리 정함'을 같은 의미로 사용하지 않았다. 쇼(Shaw)는 이 사실을 잘 분석하여 설명하고 있다.

그들은 '예정'이란 용어를 '영생을 주기로 결정한 긍정적인 작정'의 의미로 사용했다. … 한편 그들은 '미리 정함'이란 용어를 '죄인은 영원한 죽음을 당해야 한다는 결정(판결)'의 의미로 사용했다. … 따라서 '예정'이란 용어는 구원 받지 못한 자들에게 적용될 수 없고, '미리 정함'이라는 용어는 구원 받은 자들에게 적용될 수 없다.[227]

---

226 Shaw, 『웨스트민스터 신앙고백 해설』, 19.
227 Shaw, 『웨스트민스터 신앙고백 해설』, 21.

개혁신학에서 '하나님의 예정' 교리와 관련하여 병행적으로 설명하고 있는 '유기'라는 용어는 제33장 2항에서 "유기된 자들"이라는 단한 차례의 사용 외에는 더 이상 어디에도 나타나지 않았다. '유기'라는 표현이 예정 교리를 반대하는 자들에게 신학적 오해를 불러일으킬 여지가 있음을 인지하고, 가능한 한 공격적인 용어의 사용을 자제하고 성경의 의미를 가장 정확하게 표현하고 사용하려고 노력했음을 알 수 있다.

다섯째, 웨스트민스터 신앙고백서는 교회와 국가의 권한에 대한여러 주장들을 고려하면서, 개혁주의 핵심 원리들을 명확하고 분명하게 진술하고 있다. 신앙고백서 작성자들 중에는 장로교, 독립교회출신과 함께 두 명의 에라스투스주의[228]를 따르는 목사들이 포함되어 있었다. 이렇듯 작성자들은 교회와 국가에 대해 다양한 의견들을가지고 있었다. 최종적으로 신앙고백 작성자들은 국가의 권한과 교회의 권한에 대하여 전통적 개혁주의 사상을 보여주는 분명한 한계를 설명했다. 그들은 "가이사의 것은 가이사에게, 하나님의 것은 하나님께 바치라"(마 22:23)는 성경의 원칙에 입각하여 국가의 문제에관해서는 국가 공직자들에게 최상의 권위를 부여함과 동시에 그들이 가진 권한을 가지고 왕 중의 왕이신 하나님을 공경하라고 강조했다. 국가 공직자들에게는 그들에게 주어진 권한의 한계 내에서 신앙

---

228 에라스투스주의는 교회의 문제에 관해서도 국가가 교회보다 우위에서 결정해야 한다고 주장하는 주의이다.

의 문제에 관하여 의견을 제시할 의무가 있을 뿐, 신앙의 문제에 개입하여 강제권을 행사할 권한이 없음을 분명히 했다. 이를 뒷받침하는 조항이 제30장 "교회의 권징" 1항으로, 이를 확실하게 명시하고 있다. "교회의 왕이요, 머리이신 주 예수 그리스도께서 국가 공직자들과는 구별되는 교회의 직분자들의 손에 통치권을 허락하셨다." 즉, 국가의 공직자들에게는 국가와 국민을 위해 주어진 권한을 사용하고, 교회는 구별하여 세운 직분자들의 손에 통치권을 허락하셨다는 것이다. 따라서 신앙고백서 작성자들은 국가가 교회보다 우위에 있다는 에라스투스주의를 논박했다.[229] 이러한 특징들을 담고 있는 웨스트민스터 신앙고백과 대·소요리문답의 내용들은 영국 및 스코틀랜드 교회뿐만 아니라 세계 장로교회의 신조사에 표준으로서의 역할을 할 만큼 뛰어나며, 크게 공헌했다.

실천적 지향점

웨스트민스터 신앙고백서는 근본적으로 독재적인 정치권력, 로마교회의 교황주의 그리고 아르미니우스주의 신학 사상에 대항하여 교회의 지속적인 개혁의 실천적인 원리들을 제시한다.

첫째, 총회는 시작부터 잉글랜드와 스코틀랜드 교회들의 서로 다른 교회정치 체제를 획일적이고도 동질성을 가진 체제로 만드는 것

---

[229] Shaw, 『웨스트민스터 신앙고백 해설』,22-23.

이 필요하다고 인식했다. 왜냐하면, 두 왕국 사이에 확고하고도 안정적인 연합을 이루어야 한다는 열망이 있었기 때문이었다. 그래서 스코틀랜드 대표들은 다음과 같은 제목의 문서를 총회에 제출한다: "국왕 폐하의 통치 동안 평화를 보존하기 위한 특별한 수단으로써 종교의 일치와 교회 정치의 동질성에 관한 우리의 열망"(Our Desires concerning Unity in Religion and Uniformity of Church Government as a special means to conserve Peace in his Majesty's Dominions). 이러한 열망에 따라 결과적으로 총회는 하나의 신앙고백(1647), 하나의 교리문답, 하나의 예배 지침서(1645)를 작성했다. 대.소요리문답은 종교개혁의 원인과 신앙 양육을 위한 실천적 관심을 어린이들과 젊은 이들에게 가르치기 위해 작성되었다.

둘째, 웨스트민스터 신앙고백서는 신자들에게 진리와 거짓을 구별할 수 있는 원리, 신앙으로 가정과 사회적 삶을 바르게 살아가는 성경적 원리를 제시한다. 구원 받은 신자들이 믿음의 삶에서 지켜야 할 원리, 하나님의 법을 설명하고, 그들의 자유와 양심의 자유에 대하여 진술한다. 예를 들어, 신앙고백 제20장에서 "기독교인의 자유와 양심의 자유"에 대해 다루며, 신자들의 방종과 불관용한 태도를 똑같이 경계한다. 제20장 2항은 이렇게 진술한다.

하나님만이 홀로 양심의 주인이 되신다(약 4:12; 롬 14:4). 그분은 자

---

230 Shaw, 『웨스트민스터 신앙고백 해설』, 406.

신의 말씀에 위배되는 인간의 교리와 명령은 물론 예배나 믿음에 관한 문제와 관련해 양심을 자유롭게 하셨다(행 4:19; 5:29; 고전 7:23; 마 23:8-10; 고후 1:24; 마 15:9). 따라서 그런 교리를 믿거나 양심상으로 그런 계명에 복종하는 것은 참된 자유와 양심을 배신하는 것이고(골 2:20, 22-23; 갈 1:10; 2:4-5; 5:1), 무조건적인 신뢰와 맹목적이고 절대적인 복종을 요구하는 것은 양심의 자유는 물론 이성의 자유를 침해하는 것이다(롬 10:17; 14:23; 사 8:20; 행 17:11; 요 4:22; 호 5:11; 계 13:12, 16-17; 렘 8:9).

이 조항에서 "하나님만이 홀로 양심의 주인이 되신다."는 분명한 신학적 전제를 제시했다. 그럼에도 하나님은 "자신의 말씀에 위배되는 인간의 교리와 명령은 물론 예배나 믿음에 관한 문제와 관련해 양심을 자유롭게 하셨다"고 진술했다. 로버트 쇼(Shaw)는 이 부분을 이렇게 설명했다.

양심은 믿음과 의무의 문제와 관련해 오직 하나님의 권위에만 복종할 뿐 인간의 전통과 계명에 복종하지 않을 자유를 누린다. 인간의 권위에 복종해 하나님의 말씀에 위배되는 교리를 믿거나 그런 계명에 복종하는 것은 양심의 참된 자유를 배신하는 것이다. 국가 공직자이든 성직자든, 남편이든 주인이든 부모든 무조건적인 신뢰와 맹목적이고 절대적인 복종을 요구하는 것은 양심의 자유를 침해하는 것이다.230

인간은 전적으로 타락하고 부패한 죄인이기에, 인간의 전통과 판단은 오류가 있다. 우리는 그 오류를 하나님의 말씀에 비추어 판단해야 한다. 오직 하나님의 말씀과 권위 안에서만 양심의 자유가 있다. 하나님의 말씀을 떠난 양심은 바른 양심이 될 수 없다. 그 양심도 자신의 유익이나 행복이나 자신의 목적을 성취하기 위한 일에는 속이는 것이 인간이다. 그러기에 하나님만이 양심의 주인이시다. 그분 앞에서는 양심을 속일 수 없다.

3) 웨스트민스터 신앙고백서 핵심 살펴보기

웨스트민스터 신앙고백서는 각 장별로 신학의 체계를 이루는 교리적인 내용과 함께 그리스도인의 삶과 관련된 윤리적 내용을 함께 다루고 있다. 개혁교회가 전통적으로 인정하는 웨스트민스터 신앙고백서는 총 33장으로 구성되어 있다.

1장, 기독교 신앙의 바른 근원은 성경이다.

신앙고백의 서론인 성경론은 종교개혁 운동을 시작하게 만든 원동력 중 하나였다. 종교개혁의 3대 슬로건중 하나는 바로 '오직 성경'(sola scriptura)이였다. 신앙고백 작성자들은 성경에 관한 내용을 한 장(chapter)에서 다루고 있지만, 그 중요성 때문에 신앙고백에서 가장 많은 조항(10항)을 두어 설명했다. 왜 신앙고백서 작성자들은 성경론을 제1장에서 설명했을까? 첫째, 신앙고백 작성자들이 직면했던 문제, 기독교 신앙의 권위에 대한 문제의 해답이 바로 성경의 권위를 바르게 인식하는데 있기 때문이다. 성경은 하나님의 말씀이자, 하나님의 자기계시이다. 둘째, 성경론의 강조는 신앙고백서 작성 당시 자연 은총만으로도 인간이 영원한 행복을 얻기에 충분하다고 주장하는 자연신론자들과 자연 은총을 부인하는 자들을 함께 비판하기 위함이다. 고백서는 하나님의 절대적 계시만이 하나님의 뜻을 아는 바른 지식을 전달한다는 점을 분명히 강조하면서 하나님의 자연계시의 존재도 증거해야 했다. 개혁주의 신학은 성경을 통해 얻게 된 바른 시각을 가지고 자연을 바라볼 때 그곳에서 때때로 하나님의 뜻을 아는 지식을 얻게 된다고 인정한다. 문제는 성경의 최종권위를 부정하고 자연지식만을 강조하거나, 자연가운데 섭리하시는 하나님을 잊어버리는 일이다. 셋째, 바른 성경관은 모든 신학적 질문의 해답을 찾아가는 근본 열쇠이다. 성경관이 왜곡된다면 그 이후의 모든 신학적 논의와 해석은 오류가 된다. 그만큼 성경은 모든 신학적 진술과 깊은 연결고리를 갖고 있다. 첫 단추가 잘못 꿰이면 그 이후 모든 것이 뒤틀려진다.

이러한 의도에 따라 신앙고백서는 1장 1항에서 왜 성경이 필요한가를 설명한다. 1항은 자연계시의 불충분성과 특별계시의 필요성에 대한 교리적 토대를 세우고 있다. 첫째, 자연을 통해 나타난 하나님의 계시를 통해서는 그분의 존재와 완전한 속성을 인간은 의식할 수 없다. 둘째, 인간 구원에 관하여 하나님의 뜻을 아는 지식이 필요한데, 자연 계시만으로 그런 지식을 얻기에 불충분하다. 셋째, 하나님은 자신의 뜻을 나타내는 초자연계시를 교회에 기쁘게 허락하셨다. 넷째, 초자연계시가 문자로 성경에 기록되었다. 하나님께서 과거 허용하셨던 다른 초자연계시는 성경이 완성된 이후 모두 중단 되었다.

1장 2항은 문자로 기록된 특별계시로서의 성경은 정경 66권뿐임을 밝히고 있다. 모든 성경은 하나님의 영감을 통해 기록되었으며, 믿음과 삶의 규칙으로 주어졌다. 3항에서는 정경 외의 외경이나 위경을 인정할 수 없다는 사실을 명백히 하고 있다. 외경과 위경들은 성령의 영감으로 기록된 오류없는 진리가 아니다.

1장 4-5항에서는 성경의 권위와 그 증거에 대해 논한다. 성경의 권위는 성경의 제1저자요, 진리 자체이신 하나님으로부터 나온다. 로마 가톨릭의 의견처럼, 성경의 권위가 교회에 의존한다는 주장은 성립될 수 없다. 5항은 성경의 자증성과 성령의 내적증언에 대해 서술한다. 성경의 권위는 성경 자체의 내용의 신령함, 교리의 효력, 문체의 장엄함, 모든 부분의 일치, 목적의 동일성을 통하여 성경 스스로 증거한다. 또한 성령께서는 신자의 마음에 내적으로 증언하시므로 성경의 권위를 주장하신다. 웨스트민스터 신앙고백서는 다른 고백서들보다 성경의 자증을 강조한다. 그 방식은 성경의 내용 자체의 증언을 강조하며, 성령께서 그 말씀을 통해 일하신다는 점을 강조하고 있다.[231]

---

231 Van den Belt, The Authority of Scripture in Reformed Theology, 8-9.

1장 6-8항은 성경의 완전성과 명료성 그리고 성경의 영감에 대하여 진술한다. 6항은 성경의 완전성에 대해 논한다. 성경은 하나님의 영광, 인간의 구원, 믿음, 생명에 필요한 모든 것에 대한 하나님의 뜻의 기록이므로, 성경에 무엇을 더 추가할 필요가 없다. 또한 성령은 말씀과 함께 일하시지 무언가 새로운 계시를 주시지 않는다. 7항은 성경의 명료성에 대하여 진술한다. 특별히 인간의 구원을 위해 꼭 알고, 믿고, 지켜야 할 진리는 성경 곳곳에 명확하게 제시되어 있다는 점을 명료하게 밝히고 있다. 또한 높은 수준의 교육을 받지 못한 사람이더라도 일상적인 수단(지적)을 사용한다면 성경을 충분히 이해할 수 있다고 설명한다. 8항의 진술은 성경 영감의 범위와 번역문제에 대해 다룬다. 웨스트민스터 신앙고백서는 성경의 무오한 영감은 오직 원본 성경만이라고 강조한다. 각 언어로 번역된 성경은 오류가 있지만, 모든 신자들이 성경을 읽고 이해하기 위해 번역은 반드시 필요한 작업이다.

1장 9항과 10항은 성경 해석의 문제에 대해 다룬다. 9항은 서로 연결되는 성경 구절들을 해석할 때는 보다 분명한 구절을 근거로 모호한 구절들을 해석해야 한다고 권면한다. 즉 10항이 말하는 것처럼, 성경 해석의 절대적 판결 기준은 성경뿐이며, 다른 어떤 교회회의, 개인적 해석이 아니다.

2-5장 : 창조하시고 섭리하시는 하나님
웨스트민스터 신앙고백서는 성경이 제시하는 역사적 전개를 따라서, 하나님의 존재-하나님의 작정-하나님의 창조-하나님의 섭리를 순서대로 설명한다. 특별히 신앙고백서는 범죄한 인간에 대한 하나님의 계획을 설명하며, 인간은 자신의 구원에 대하여 요구할 아무런 권한도 없으며, 오직 하나님의 은혜에 의존할 뿐이라는 점이 강조된다. 즉 인간이 구원을 받는 것은 전적으로 하나님의 자의적인 사랑에 근거해 있다는 것이다. 이러한 하나님 이해는 아우구스티누스와 칼빈의 신학적 전통을 따르고 있다.

2장은 하나님의 속성과 삼위일체에 관한 내용을 다루며, 총 3항으로 구성되어 있다. 2장 1항은 하나님의 본질은 영이시며 자존하신다고 고백한다. 2항은 하나님의 자존성과 하나님의 절대주권을 연결짓는다. 그 분이 만물의 근원이시기에, 절대 주권을 가지시고 만물을 다스리신다. 그 분은 만물을 그의 뜻에 근거하여 다스리며, 만물의 경배와 복종을 받기를 기뻐하신다. 3항은 삼위일체에 대해 고전적 이해를 드러낸다. 초대교회와 개혁주의 고백서들을 따라 간결하게 설명한다. 하나님은 단일 본질에 세 위격이시다. 신성이란 하나님의 거룩한 본성을 뜻한다. 삼위 하나님은 결코 나뉠 수 없으며, 본질과 능력은 동일하시다. 본질이 나누어진다고 하면 삼신론이 되기 때문이다. 하나님의 인격은 세 분이 존재하시지만 본질은 하나이다.

성부는 스스로 존재하시고, 성자는 성부에게서 나오시고, 성령은 성부와 성자에게서 영원히 나오신다. 웨스트민스터 신앙고백서에서 신론은 다른 교리들과는 달리 비교적 간략하게 다루어진다. 그것은 고백서 저자들이 아마도 삼위일체 교리는 영국교회 내에서 오류의 위험 없이 잘 정리되어 있다고 본 것 같다.

3장은 예정교리를 신론의 배경에서 설명한다. 웨스트민스터 신앙고백서는 도르트 신경에서 제시하는 예정 교리들을 받아들이면서, 좀 더 간결하지만 조직적으로 표현하고 있다. 1항은 하나님께서 자신의 선하신 뜻에 따라 행하시는 일을 작정하셨음을 밝힌다. 고백서는 하나님이 죄의 조성자가 아니라고 설명하며, 하나님께서 자신의 사역을 이루시는 방식으로 제2원인, 자유, 우발성을 제거하지 않으시고 사용하신다고 언급하는 점이다. 하나님은 자유롭게 행동하는 인간들을 통해서도, 우연을 통해서도 일하신다. 이 주장은 웨스트민스턴 신앙고백서 제5장 2항과도 연결된다. 도르트 신경은 예정을 하나님의 작정에 주목해 설명하고 있다면, 웨스트민스터 신앙고백서는 이후 발전한 개혁파 정통주의의 숙고를 수용해, 그 작정의 성취에서 인간들이 경험하는 우연의 문제도 함께 다루고 있다.

고백서는 인간 편에서 우연한 사건이 벌어지지만, 그 우연을 통하여 하나님께서 자신의 일을 이루어 가신다고 설명하고 있다. 이 과정을 통해 고백서는 하나님께서 죄의 조성자가 아니심을 증명한다. 하나님께서는 죄를 허용하셨지만, 인간이 죄를 짓도록 의도하시거나 강요하시지 않으신다. 하나님의 작정은 우리를 기계로 만들지 않고 자유롭게 선택하는 존재로 창조하시는 것이다. 2항에서 아르미니우스주의자의 주장, 예지(미리아심)에 근거하여 예정한다는 주장을 비판한다. 3항에서 6항은 이중예정, 선택과 유기의 예정에 대해 설명한다. 웨스트민스터 신앙고백서는 분명히 하나님께서 구원을 허락하실 자들과 사망에 이를 자들을 선택하셨다고 말한다. 그리고 이중예정은 오직 하나님의 선하신 뜻에 근거한다. 7항은 이 예정의 목적이 하나님의 공의를 보여주기 위함이라고 말한다. 8항에서 예정 교리의 목적은 하나님께서 인간에게 공포를 주는 것이 아니라 불완전한 인간에게 확신과 위로를 주시기 위함이라고 선언한다.

4장에서는 하나님의 창조를 다룬다. 1항을 신학적으로 분석하면 몇 가지 강조점을 발견할 수 있다. 첫째, 창조의 주인이 누구인가에 대하여 삼위일체 하나님이란 사실을 강조한다. 둘째, 창조의 목적은 하나님의 영원하신 능력, 지혜, 선하심의 영광을 나타내기 위함임을 강조한다. 셋째, 하나님께서 창조하신 피조세계는 인간과 만물이라는 점을 드러내고 있다. 넷째, 창조의 기간에 대해서는 6일 창조에 대하여 설명하고 있고, 다섯째, 창조의 방법은 무에서 유의 창조임을 밝힌다. 여섯째, 창조의 결과에 대해서는 하나님께서 창조하신 것은 보시기에 심히 좋았다고 평가하셨다.

5장은 하나님의 섭리를 고백한다. 제1항은 하나님께서 작정하신대로 세상을 다스리시고 보존하신다고 고백한다. 제2항은 앞에서 언급한대로 하나님의 작정이 성취되는 방식에 대해 설명한다. 하나님께서는 여러 방식, 심지어 우연을 통해서도 자신의 작정을 이루신다. 제3, 4항은 2항의 논의에서 생기는 오해를 해소하고자 한다. 하나님께서 우발적 사건을 통해 역사하신다는 것은 하나님의 뜻에서 벗어나는 일이 발생한다는 의미가 아니라, 하나님의 선하신 뜻에 따라 모든 일이 이루어지지만, 하나님이 여러 수단들을 사용하셔서 어떤 일은 직접 행하시고, 어떤 일들은 허용하시므로 하나님의 작정이 이루어진다는 의미이다. 고백서는 하나님께서 죄를 허용하셨지만, 죄의 조성자가 아니신 그 분은 의로운 분으로 강력히 죄를 제한하신다고 고백한다. 5-7항은 하나님께서 자신의 자녀들과 자녀가 아닌 자들, 두 종류의 인간 모두에게 그들이 죄를 짓는 것을 때때로 허용하신다는 사실을 지적한다. 하나님께서는 불경건한 자들에게는 은혜를 주지 않으시므로 그들이 죄 가운데 빠져 벗어나지 못하게 내버려두신다. 그러나 하나님의 자녀들에게는 비록 한 때 죄를 짓게 허용하시지만, 섭리로 그들을 선한 자리로 이끌고, 더욱 견고하게 하나님만을 의지하도록 만들어 가신다.

6, 7장 : 무능력한 인간, 행위와 은혜언약

신앙고백서는 인간의 타락으로 인한 형벌과 구원의 관계를 언약신학 구조로 설명하고자 한다. 6장은 인간은 범죄로 말미암아 전적으로 타락했으며, 하나님과의 영원한 교제를 상실했다는 점을 분명히 진술하고 있다. 인간은 죄로 말미암아 전적으로 타락했고, 부패되고 오염되었고, 죄에 대한 죄책을 부여받고 있다. 이 조항에서는 도르트 총회(1618-1619)에서 칼빈의 5대 교리로 세운 전적타락 혹은 전적무능력의 교리와의 신학적 일치점을 찾을 수 있다.

7장에서는 하나님과 인간 사이의 언약에 대한 내용을 다룬다. 앞에서 언급한대로, 웨스트민스터 신앙고백서는 종교개혁시기와 그 이후 발전한 언약신학에 대해 명료하게 서술한다.232 고백서에 따르면, 하나님과 인간이 맺은 행위언약은 인간이 그 약속에 전적으로 복종할 때 가능했다. 그러나 인간은 그 행위언약을 깨뜨리고 파기했다. 따라서 더 이상 행위언약을 통해서는 생명을 얻을 수 없게 되었다. 인간의 범죄는 엄청난 파괴를 가져왔다. 인간에게 주어진 그 어떤 노력으로도 범죄로 인하여 주어진 형벌을 제거할 수 없다. 결과적으로 인간은 하나님의 진노를 피할 수 없게 되었다. 이런 인간을 위하여 하나님의 스스로의 선하신 뜻에 따라 사랑으로 얻을 수 있는 은혜를 계획하셨다. 하나님의 은혜의 약속으로 두 번째 언약을 체결하시기를 기뻐하셨다. 이 언약이 바로 은혜언약이다. 은혜언약은 예수 그리스도께서 언약의 당사자로서 언약을 성취하셔서 그들의 백성들에게 구원을 선물로 주시는 언약이다.

7장에서 옛 언약과 새 언약 사이의 차이점과 공통점을 설명한다. 옛 언약은 율법(계명, 사회법, 종교법)의 의무를 완전히 준수할 것을 요구한다. 그러나 인간은 완벽하게 옛 언약의 요구를 이행할 수 없다. 따라서 예수 그리스도에 의해 세워질 새 언약을 약속했다(렘 31:31-34). 새 언약은 더 좋은 약속으로 세워진 더 좋은 언약이다. 그래서 히브리서 저자는 "그러나 이제 그(그리스도)는 더 아름다운 직분을 얻으셨으니 그는 더 좋은 약속으로 세우신 더 좋은 언약의 중보자시라(히 8:6)"라고 표현하였다. 새 언약의 창시자요 집행자는 하나

---

232 김병훈, "웨스트민스터 신앙고백서와 언약신학," 신학정론 32/2 (2014): 337-339.

III 종교개혁 이후의 개신교 신앙고백

님이시며(히 8:9), 새 언약의 시대는 은혜와 축복의 시대이고(히 8:8), 새 언약 안에 있는 자는 인간과 인간 사이 그리고 나라와 나라 사이를 그리스도 안에서 화목시키고 연합시키는 일을 해야 한다. 다른 한편으로 옛 언약과 새 언약의 공통점은 둘 모두 하나님께서 세우시고 집행하신다는 것이며, 옛 언약 안에 있었던 자나 새 언약 안에 있는 자, 모두가 동일한 하나님의 백성이다. 언약의 효력은 영원하고 모든 하나님의 자녀에게 적용된다(히 8:10).

8장 : 중보자 그리스도의 삼중직과 순종

초대교회에서 논쟁이 되었던 기독론이 웨스트민스터 신앙고백서에서는 한 장으로 다루어졌다. 물론 1항에서 8항까지 충분히 그리스도에 대해 충분하게 요약하여 설명하고 있다. 그럼에도 불구하고, 그리스도의 신성과 인성, 직분, 중보사역, 구원사역에 대한 구체적 논의가 필요했었다고 생각한다.

신앙고백 작성자들은 그리스도께서 하나님과 교제하도록 인간을 회복시키기 위해 그리스도께서는 양성, 신성과 인성을 취하셨고, 삼중직, 즉 선지자직, 왕직 그리고 제사장직을 성취하셨다는 사실을 강조했다. 인간의 회복은 예수 그리스도의 완전한 복종을 통해 이루어졌다. 이 부분에 대해서 신앙고백서 작성자들은 칼빈의 가르침을 따르고 있다.[233] 특별히 그리스도의 완전한 복종이라는 말은 두 가지

---

233 Calvin, 『기독교강요』, II. XV.

의미, 그리스도의 능동적 순종과 수동적 순종을 내포하고 있다. 그리스도의 능동적 순종은 그가 하나님의 뜻을 전적으로 이행했다는 것이며, 그리스도의 수동적 순종은 그가 인간의 죄에 대한 하나님의 형벌을 대신 받으셨다는 것이다. 그리스도를 하나님과 인간 사이의 중보자가 되도록 하나님께서 택정하신 것은 하나님의 기뻐하시는 일이었다. 그리스도께서 하나님의 공의를 만족시켜 은혜언약을 성취하셨고, 그로 인해 성취하신 구원은 성령을 통해 효과적으로 적용된다.

9-18장 : 구원의 서정

신앙고백서가 다루고 있는 구원론은 개혁신학의 구원 교리의 틀을 명확히 보여준다. 9장은 인간의 무능력으로부터 구원에 대한 논의를 시작한다. 인간은 자력으로 구원에 이를 수 있는 능력을 완전히 상실했다. 인간의 오염된 자유는 영적 선을 이루지 못한다. 인간은 선을 추구할 뿐이지 선을 행하거나 구원에 이를 수 있는 능력을 완전히 상실했다. 그러나 신자에게는 말씀과 성령께서 양심에 가책으로 깨닫게 하신다.

신앙고백서 10장은 소명에 관하여 다룬다. 하나님께서 생명을 주시려고 예정하신 자들을 말씀과 성령으로 효과적으로 부르셔서 그리스도를 통한 은혜와 구원을 주시기로 기쁨으로 작정하셨다. 이것을 유효적 소명 혹은 효과적 소명이라 부른다. 3항에서는 택함 받은 영아는 하나님의 은혜로 구원을 받는다고 따로 언급한다. 이것은 그 당시 높았던 영아 사망률을 고려할 때 이 같은 논증은 고백서의 실천적인 목적을 잘 보여준다.

이후로 신앙고백 작성자들은 칭의(11장), 양자(12장), 성화(13장), 신앙(14장), 회개(15장), 선행(16장), 견인(17장), 구원의 확신(18장) 순으로 교리적 내용을 다루었다. 이 같은 구원의 순서는 다른 개혁교회 신앙고백서와 비교할 때 명료하며, 정교하게 정립되어 있으며, 신앙고백서 전체에서 반복적으로 언급된다. 신앙고백서는 구원론에 있어서 이전 개혁파 신앙고백서들과 호응한다. 웨스트민스터 11장 5항과 도르트 신경 5교리 5장이 서로 동일한 신학적 기조, 바로 중생한 자는 "완전하고 최종적으로" 구원을 이룰 것이라는 이해를 공유한다.234

전반적으로 신앙고백서의 구원론에 대한 성경적이고 신학적인 진술은 탁월하다. 설명은 간결하고도 함축적인 내용들을 포함하고 있다. 구원론의 순서에 대하여 논의할 때 성화(13장)에 관한 부분은 구원의 확신 다음에 두는 것이 더 바람직한 것으로 생각한다. 왜냐하면 마음과 영이 새롭게 창조된(거듭남) 자들은 삶 속에서 점진적으로 구별된 삶을 살게 되면서 성화되어가기 때문이다. 이 세상에서의 삶은 부패함의 잔재가 남아있기 때문에 구원의 완성에 이를 때까지 지속적으로 성화되어야 한다. 특별히 성화 문제를 다루는 1-3항의 내용들은 성화를 명쾌하고도 완벽한 진술로 표현했다. 13장 1항은 이렇게 진술하고 있다.

유효 소명을 받아 거듭남으로써 그 내면에서 새 마음과 새 영이

---

234 김병훈, "도르트 신경이 고백하는 성도의 견인 교리," 251-254.

창조된 사람들은 그리스도의 죽음과 부활의 효력과 그들 안에 거하는 말씀과 성령을 통해(요 17:17; 엡 5:26; 살후 2:13) 실제로, 또 인격적으로 더욱 거룩해 진다(고전 6:11; 행 20:32; 빌 3:10; 롬 6:5-6). 온 몸을 주관하는 죄의 권세가 깨어지고(롬 6:6, 14), 거기에서 비롯하는 여러 가지 정욕이 차츰 약화되거나 억제되어(갈 5:24; 롬 8:13) 구원의 은혜 가운데서 더욱더 활기와 능력을 얻어(골 1:11; 엡 3:16-19) 진정으로 거룩한 삶을 살아가게 된다. 이런 거룩함이 없으면 주님을 볼 수 없다(고후 7:1; 히 12:14).235

11장에서는 전가교리를 설명한다. 그리스도께서는 그의 성취하신 의를 하나님께서 택하신 신자들에게 주입하신다. 칭의를 받은 신자들은 법적으로는 의인이지만 죄와 싸워나가야 하는 과정에 있기에 종종 삶 가운데 죄를 범하지만, 하나님께서는 그들이 회개할 때 용서하시고 은혜를 베풀어 주신다. 12장은 양자됨에 대해 설명하는데, 비교적 간단하게 설명한다. 이 양자됨은 칭의에 수반되는 사건이며, 우리는 하나님의 자녀로서 구원의 상속자가 되어 그 풍성한 은혜를 누린다는 선언이다. 13장은 성화에 대해 다룬다. 성화는 신자가 이제 칭의 이후 그의 전인격을 거룩한 모습으로 바꾸어 가는 과정을 가리킨다. 이 과정은 성령의 힘으로 이루어지지만, 이 세상에서는 완성되지 못하고, 죄의 부패는 영화의 과정에서 완전히 사라진다.

---

235 웨스트민스터 신앙고백, 제 13장 1항.

14장부터 18장까지는 성화의 근거, 과정, 부분으로 성화에 대한 추가설명으로 이해한다면, 앞에서 언급한 구조적인 문제가 일부 상쇄된다. 14장은 신앙에 대해 논한다. 오직 하나님의 작정에 의한 신자만이 신앙을 가지며, 신앙은 은혜언약을 통해 선물로 주어진다. 신앙은 경건의 행위, 교회의 표지인 말씀과 성례, 기도를 통해 강화된다. 신앙고백서는 21장 5항에서 다양한 경건의 행위들을 언급한다.

기도, 성경읽기, 설교, 서원 등의 행위를 통해 신앙은 성장한다. 특별히 신앙고백서는 21장 6항에서 8항까지 신앙을 강화시키는 중요한 행위인 예배와 주일에 대해 논한다. 예배를 위한 특정한 장소를 규정하지 않지만, 구약의 안식일을 대체한 주님이 부활하신 날을 기념하는 주일을 지키라고 규정하셨기에, 이 날을 거룩하게 오락을 중단하고 안식하며 하나님께 예배드리며 섬긴다면, 우리의 신앙은 성장할 것이다. 15장은 죄를 공적으로, 사적으로 고백하며 회개할 때 주어지는 용서의 은혜에 대해 이야기 한다. 16장은 개혁주의 신앙고백서들이 늘 강조하듯, 선행은 구원을 성취할 공로가 아니라, 칭의 이후 신자가 성령의 능력에 의지해 수행하는 것으로 묘사한다. 비록 선행이 하나님의 은혜에서 비롯된 것임에도 불구하고 하나님께서는 선행을 신자의 행위로 받으시고 상급을 허락하신다. 17장은 신자의 인내를 언급한다. 웨스트민스터 신앙고백서는 도르트 신경에서 이야기하는 신자의 견인을 실천적 측면에서 고찰하고 있다. 특별히 신자의 일시적인 범죄에도 하나님의 은혜가 그를 버리지 않고, 그의 신앙을 지킨다고 선언한다. 하나님이 늘 지키시므로, 신자의 불완전한 삶 가운데 확신과 겸손을 함께 가질 수 있다.

18장은 구원의 확신에 대해 고백한다. 참된 확신은 선한 삶을 살아가며, 그리스도인의 거룩함의 증거로부터 나온다. 또한 하나님께서 변하지 않는 의지를 지니셨으므로 우리의 구원이 확실하다고 언급한다. 18장은 확신은 신자의 구원의 확실성과 다르게 상실과 회복의 과정을 거친다고 주장한다. 이처럼 웨스트민스터 신앙고백서의 실천적 측면이 잘 드러난다. 신자의 삶은 때로 자신의 구원에 대한 불확실성 때문에 불안할 때가 있다. 하나님께서 숨어계신 것처럼 우리 삶의 어려운 때가 있을 수 있다. 그때 우리는 고백서가 증거 하는 대로, 성령에 의해 우리가 하나님의 자녀가 되었다는 사실은 그 어떤 것과 바꿀 수 없는 구원의 보증이기에, 고난 중에도 이를 바로 깨닫게 하시고 확신을 되찾게 하신다.

신앙고백 19장에서 24장까지는 하나님의 율법(19장), 자유(20장), 예배와 안식일(21장), 정당한 맹세와 서원(22장), 국가 공직자(23장), 결혼과 이혼(24장)에 대하여 진술한다.

신앙고백서는 19장에서 율법의 기능에 대해서 구약시대와 신약시대의 분명한 구분을 통해서 설명한다. 율법의 삼중 구분에 근거하여, 하나님의 백성들이 영구히 지켜야 할 신앙의 도덕법과, 폐지되어 구속력을 발휘하지 못하지만 공정성의 원리를 제공하는 의식법과 시민법을 구분하여 설명하고 있다. 도덕법으로서 십계명은 신앙과 도덕적 의무로써 인간이 지켜야 할 하나님의 근원적인 뜻을 선포한다.

19장은 또한 인간의 구원이 율법에 순종함으로 얻을 수 없다는 것을 강조한다. 율법은 삶의 규칙으로써 신자들에게 하나님의 뜻과 그들의 의무를 알려주고, 인간의 본성과 마음이 죄로 부패했다는 것을 깨닫게 하고, 죄를 미워하고 겸손한 태도를 취하며, 율법에 합당하게 행하도록 명령한다.236 또한 율법은 죄를 깨닫게 하는 복음적 기능뿐만 아니라 윤리적 기능도 가지고 있다. 율법은 사람들의 죄를 드러내게 할 뿐만 아니라 죄를 범하지 못하도록 억제하기도 한다.

제20장에서는 신자들의 자유와 관련된 주제를 다루고 있다. 자유에 대한 주제는 19장의 율법에 대한 주제와 밀접하게 연결된다. 신약 시대의 신자들은 구약의 율법으로부터, 특별히 의식법의 형식을 완전히 지킬 의무로부터 해방되었다. 20장 2항에서는 하나님만이 홀로 양심의 주인이 되신다는 점을 근본 원리로 제시한다. 선택된 하나님의 백성들을 제외하고는 교리를 믿거나 계명에 복종하는 것이 의무적인 것이 아니다. 반대로 하나님의 백성은 믿음의 의무와 관련해 오직 하나님의 권위에만 복종할 뿐 인간의 전통과 계명에 복종하지 않을 자유를 가진다.

신앙고백서는 "예배와 안식일"(제21장)에 관하여 가르친다. 안식일은 창조의 법령으로써 신약의 교회 시대에도 계속되는 근본적 원리이다. 그러나 교회 시대에 안식일 법령은 여러 방법으로 적용되고 있

---

236 웨스트민스터 신앙고백, 제 19장 6항.

다. 안식과 예배라는 원리는 변함이 없지만 안식의 날과 예배의 형태는 다르게 실천되고 있다. 신앙고백 21장 7항은 안식일은 "엄숙하고, 도덕적이고, 영속적인 계명을 통해 칠 일 가운데 하루를 안식일로 특별히 지정"하신 날로서 "적당한 시간을 따로 구별해 하나님을 예배하는데 사용하는 것이 자연의 법칙"이라고 설명한다. "이 날은 세상 마지막 때까지 기독교의 안식일로 계속 지켜져야 한다(출 20:8-10; 마 5:17-18)." 신앙고백서는 신약교회도 지킨 날, 주님이 부활하신 주일(일요일)이 신자들이 모여 예배를 드리는 날로 적절하다고 고백한다.

신앙고백서 제23장은 국가에 주신 권세, 공직자들의 의무와, 국가와 공직자들에 대한 신자들의 의무에 대하여 가르친다. 신앙고백서는 정부에 대한 신적 법령에 대하여 가르친다. 정부는 정의와 평화를 유지해야 할 의무와 정당하고 필요한 경우에 전쟁을 합법적으로 수행해야 할 의무를 가지고 있다. 국가의 공직자는 교회에 대하여 권한을 수행할 수 없다. 신자들은 국가에 부여된 권세를 인정해야 한다. 신자들은 국가 공직자들을 위해 기도하고, 그들의 인격을 존중하고, 국가에 세금과 공공 비용을 지불하고, 합법적 명령에 따르고, 그들의 권위에 복종해야 한다(23장 4항).

신앙고백 제24장에서는 결혼과 이혼에 대한 교리적 내용을 진술한다. 24장 3항에서 신자들의 결혼은 "오직 주님 안에서" 결혼해야 한다고 고백하면서, 불신자, 이단들과는 결혼해서는 안된다고 권면한다. "결혼은 한 남자와 한 여자 사이에서 이루어 져야 한다."고 명시함으로 동성결혼은 결코 허용될 수 없음을 암시하고 있다(24장 1항). 신앙고백서는 이혼의 가능성에 대하여 진술한다. 이혼은 두 가지 근거 위에서 가능하다. 24장 6항에 따르면, "교회나 국가 공직자들이 도무지 해결할 수 없을 정도로 완고하게 배우자를 버리겠다고 주장할 때나 간음을 저지른 경우를 제외하고는 그 무엇도 결혼 관계를 파기할 만한 충분한 사유가 될 수 없다." 두 부부 중에 어느 한쪽이 "완고하게 배우자를 버리겠다고 주장할 때" 이혼이 성립될 수 있다는 것이다. 이러한 표현은 두 사람 중 어느 한쪽이 강하게 주장하면 이혼이 성립될 수 있고, 자유롭게 이혼이 허용된다는 의미로 오해될 수 있다. 그래서 신앙고백서는 이혼과 관련하여 "질서 있는 공적 절차를 밟아 진행되어야 한다."고 설명했다. 이것은 어느 누가 혼자서 독단적으로 완고하게 주장한다고 해서 이혼이 성립될 수 없음을 시사한다. 이혼은 불행한 일이기에 절차를 통해 회복을 시도하고 이혼을 허락하더라도 합법적인 절차를 거쳐야 한다.

25-31장 : 참교회인 무형교회와 보편적-가시적 교회

고백서는 하나님에 의해 선택된 모든 자들의 집합체인 보편적이고 우주적인 무형교회가 참 교회임을 주장한다. 모든 사람이 눈으로 볼 수 있고 제도적인 조직으로 형성된 유형교회 역시 교회의 한 특성이지만, 그곳에는 알곡과 가라지가 섞여있는 교회이기에 선택된 자들만 모인 참 교회라 할 수 없다.

이런 의미에서, 신앙고백 작성자들은 25장 2항에서 교회와 하나님의 나라를 동일시한다.

이 교회는 참 믿음을 고백하는 온 세상의 모든 사람들과(고전 1:2;

12:12-13; 시 2:8; 계 7:9; 롬 15:9-12) 그들의 자녀들로 구성되며(고전

7:14; 행 2:39; 겔 16:20-21; 롬 11:16; 창 3:15; 17:7), 예수 그리스도의

나라요(마 13:47; 사 9:7), 하나님의 가족이다(엡 2:19; 3:15).

보편적 가시적 교회라는 개념은 웨스트민스터 신앙고백서의 독특

한 특징이다. 일반적으로 보편적 교회는 비가시적 교회에 적용되었

다. 그러나 고백서는 가시적 교회의 보편성도 함께 언급하므로, 장로

교의 교회론을 따르는 모습을 보여준다. 그 당시 영국 장로교도들은

가시적 교회의 교제가 상징하는 보편성에 주목했다.[237]

25장은 복음이 전파되고 성례가 집행되는 교회가 순수한 교회이

며, 정도의 차이가 각 교회마다 있다고 설명한다. 웨스트민스터 고백

서에는 교회의 표지로써 권징은 포함되어 있지 않고, 공적 예배를 언

급한다. 이것은 예배와 안식일에 다룬 21장에 비추어 볼 때, 예배 실

행을 교회의 핵심으로 인식한 웨스트민스터 신앙고백서의 관점을 드

러내 준다.[238] 그렇지만, 30장에서 권징에 대해 다루고 있어서 고백

서가 권징을 무시하는 것이 아니라, 권징을 교회의 표지보다 교회의

순수성을 지키는 방패로 인식하고 있다고 볼 수 있다. 고백서는 권징

의 권한이 교역자들에게 주어졌고, 그 목적은 죄를 지은 자에게 경

---

237 김요섭, "웨스트민스터 신앙고백서의 교회 정의와 그 역사적 의의," 156-158.
238 김요섭, "웨스트민스터 신앙고백서의 교회 정의와 그 역사적 의의," 161-164.

고하고, 죄가 교회에 퍼지는 것을 막기 위함이라고 설명한다.

27-29장은 성례를 설명한다. 성례(세례와 성찬)는 그리스도께서 직접 제정하셨고, 은혜 언약의 거룩한 표증이다. 이러한 성경적 근거 위에서 신앙고백서는 성례에 대한 몇 가지 기능에 대하여 설명한다. 첫째, 성례는 그리스도와 그의 완성된 사역을 표현한다. 둘째, 성례는 참 신자들에게 주시는 모든 축복을 보증하며, 그리스도와 신자들 간에 교제를 나누는 것을 보증하는 증거이다(29장 1항). 셋째, 성례는 교회를 세상으로부터 구별하는 외적인 표지이다. 넷째, 성례는 그리스도의 종들이 되겠다는 신자들의 헌신의 외적인 표시이다. 개혁신학은 성례가 하나님의 은혜를 드러내고 믿음을 이끌어 낸다는 것을 강조한다. 세례에 관해서는 신자들과 그들의 자녀들에게 모두 적용할 수 있다. 세례에 대한 효력은 오직 믿음 안에서 성령에 의해 약속된 은혜가 제공될 뿐만 아니라 실제로 나타나고 부여된다(28장 6항). 특별히 성례에 대한 진술에서 신앙고백 작성자들은 로마 교회의 미사는 성찬을 제정하신 목적에서 전적으로 어긋났다고 분명히 비판했다(29장 4항).

32-33장: 그리스도의 재림과 마지막 심판

신앙고백서는 그리스도의 재림의 실재, 마지막 심판, 천국과 지옥에 대한 실재를 확실하게 진술한다(32장 1항). 천국은 하나님이 계시는 "지극히 높은 하늘"로만 설명되어 있다. 지옥 역시 마지막 심판의 날까지 갇혀 지내는 칠흑같이 어두운 곳으로만 설명하고 있다. 신앙고백서는 천국이나 지옥이 어떤 상태라고 묘사하기보다 장소를 언급하는 것으로 마무리한다. "육체와 분리된 영혼이 갈 장소는 이 둘뿐이다. 성경은 그 외의 장소를 인정하지 않는다."고 했다(제 32장 1항). 모든 자들은 부활하지만, 악인은 치욕에, 의인은 하나님을 닮은 영광의 육체가 된다.

세상의 마지막 날에 모든 사람들과 천사들은 하나님의 심판대 앞에 서서 몸으로 행한 것에 따라 선악 간에 보응을 받게 된다는 것을 설명한다. 그 심판의 자리에서 하나님은 그분의 자비와 공의에 대한 영광이 온 천하에 드러나게 하실 것이다. 그리스도는 분명히 재림하실 것이다. 그때와 그날은 아무에게도 알리지 않으셨다. 오직 하나님만 아신다. 신자들은 그때를 알지 못하기 때문에 늘 깨어있는 마음으로 "아멘 주 예수여 오시옵소서"(계 22:20)라고 말할 수 있도록 항상 준비하고 있어야 한다(제33장 3항).

4) 함께 더 생각해보기

* 웨스트민스터 신앙고백서는 인간의 타락과 구원을 언약신학의 관점에서 어떻게 설명하나요?

* 한 국가의 백성이자 올바른 신앙인으로서 사회문제에 직면할 때, 무엇을 고민해야 하며, 어디에서 판단의 척도를 찾아서, 어떻게 결단을 내려야하는지 생각해 봅시다.

❶ 웨스트민스터 신앙고백서의 특징인 '보편적인 가시적 교회'의 의미는 무엇이며, 하나님의 나라와 비교하여 어떻게 이해하고 있나요?

❷ 스코틀랜드 신앙고백서에서는 교회의 표지로 권징을 언급했는데, 웨스트민스터 신앙고백서는 왜 권징을 언급하고 있지 않았을까요? 웨스트민스터 신앙고백서는 권징을 어떻게 이해하고 다루었는지 나눠봅시다.

❸ 사회적 문제로 제기된 결혼과 이혼, 혼전순결, 동성애, 양심적 병역거부 등을 기독교인으로서 어떻게 바라보아야 하며, 이 세상에서 그리스도인으로서 어떠한 목소리를 내야 하는지 생각해 봅시다.

20장 4절 : 하나님께서 세우신 정권들과, 그리스도께서 속량해 주신 영적 자유는 서로 파괴할 것이 아니고 도리어 서로 보호해야 한다. 그렇게 되는 것이 하나님의 뜻이다. 그러므로 (1) 그리스도인의 영적 자유를 구실로 삼아 합법적인 권세나 또는 그것의 합법적인 실행을 반대하는 자는 실제에 있어서 하나님의 제도를 반대함이다. (2) 그런 반대적인 선전이나 운동 같은 것은 자연 계시에도 위배되고, 이미 알려진 기독교의 신앙, 예배, 행위의 원리,

또는 경건의 능력에 반대된다. 다시 말하면, 그런 그릇된 선전이
나 행동은 그 성격으로 보든지 그 행위로 보든지, 교회 안에 그리
스도께서 세우신 평화와 질서를 파괴하는 것이다. 그런 행위는 문
책되어야 하며, 교회의 권징과 국법의 다스림을 받아야 한다.

* 종말에 있을 최종적 심판에 대한 믿음이 우리 삶에 어떤 유익을
  주나요? 심판이 언제 올지 모르는 것이 우리에게 어떤 유익이 있
  나요?

제33장 3절: 종말의 심판이 있다는 것을 확실하게 믿어야 한다.
그 목적은 첫째, 모든 사람들의 범죄 행위를 저지시키려는 것이
고, 둘째, 경건한 자들로 하여금 그들이 당한 환난에서 더 큰 위
로를 받게 하려는 것이다. 그와 동시에, 그리스도께서 심판 날이
꼭 어느 날인지에 대해서는 사람들이 모르기를 원하신다. 그 목
적은 첫째, 그들로 하여금 육체적 평안에 안주하지 않도록 하려는
것이고, 둘째, 항상 영적으로 깨어 있게 하려는 것이고, 셋째, 언
제든지 신앙을 준비하고, "아멘 주 예수여 오시옵소서"라고 고백
하게 하려는 것이다.

IV

한국 장로교회(합동)
12신조와 신앙고백의 전망

The Confessions of Faith in Reformed Church Tradition

01

12신조 읽어보기

1907년에 12신조가 한국 장로교회의 교리적 표준으로 채택된 이후 거의 모든 한국 장로교단들은 이 신조를 교단의 교리적 기초로 받아들였다. 1932년부터 일부 번역상 오류 수정작업을 진행하여, 1934년 개정헌법에 수록되었다. 12신조는 1922년에 웨스트민스터 소교리문답이 장로교회 헌법에 소개되기 전까지 12신조는 한국 장로교회의 유일한 신조였다.

생각하며 고백하기

12신조는 대한예수장로회(합동)의 헌법에 명시된 한국장로교회 신앙의 기초이고, 우리나라에서 작성되고 공인된 신앙고백서이다. 1907년 평양대부흥운동 이후 성장한 한국교회가 이제 노회를 구성하고 한국교회의 신앙을 고백하고자 하였다. 그때 한국교회 지도자들은 역사적 개혁주의 신앙고백서들을 읽고, 세계교회와 개혁주의 신앙 교류를 생각하며 12신조를 선택, 공인하였다.

서언

대한예수장로회에서 이 아래 기록한 몇 가지 조목을 목사와 강도사와 장로와 집사로 하여금 승인할 신조로 삼을 때에 대한예수교 장로회를 설립한 모(母) 교회의 교리적 표준을 버리려 함이 아니요, 오히려 찬성함이니 특별히「웨스트민스터」신도게요서(信到揭要書)와, 성경 대·소요리문답은 성경을 밝히 해석한 책으로 인정한 것인즉 우리 교회와 신학교에서 마땅히 가르칠 것으로 알며 그 중에 성경 소요리문답은 더욱 우리 교회 문답책으로 채용하는 것이다.

신조

1. 신.구약 성경은 하나님의 말씀이니 신앙과 본분(本分)에 대하여 정확무오(正確/戊午)한 유일(唯一)의 법칙이다.

2. 하나님은 한 분뿐이시니 오직 그만 경배할 것이다. 하나님은

신(紳)이시니 스스로 계시고 아니 계신 곳이 없으시며 다른 신과 모든 물질과 구별되시며, 그 존재(存在)와 지혜와 권능과 거룩하심과 공의와 인자하심과 진실하심과 사랑하심에 대하여 무한하시며 변하지 아니하신다.

3. 하나님의 본체(本體)에 세 위(位)가 계시니 성부, 성자, 성령이신데 이 세 위는 한 하나님이시라. 본체는 하나요, 권능과 영광이 동등(同等)하시다.

4. 하나님께서 모든 유형물(有形物)과 무형물(無形物)을 그 권능의 말씀으로 창조하사 보존하시고 주장하시나 결코 죄를 내신 이는 아니시니 모든 것을 자기 뜻의 계획대로 행하시며 만유(萬有)는 다 하나님의 착하시고 지혜롭고 거룩하신 목적을 성취하도록 역사하신다.

5. 하나님이 사람을 남녀로 지으시되 자기의 형상대로 지식과 의와 거룩함으로 지으사 생물(生物)을 주관하게 하셨으니, 세상 모든 사람이 한 근원에서 나왔은즉 다 동포요 형제다.

6. 우리의 시조(始祖)가 선악 간 택할 자유능(自由能)이 있었는데 시험을 받아 하나님께 범죄한지라 아담으로부터 보통 생육법(生育法)에 의하여 출생하는 모든 인종들이 그의 안에서 그의 범죄에 동참하여 타락하였으니, 사람의 원죄(原罪)와 및 부패

한 상품 밖에 범죄할 능(能)이 있는 자가 일부러 짓는 죄도 있은즉 모든 사람이 금세와 내세에 하나님의 공평한 진노와 형벌을 받는 것이 마땅하다.

7. 인류의 죄와 부패한 죄의 형벌에서 구원하시고 영생을 주고자 하사 하나님의 무한하신 사랑으로 그의 영원하신 독생자 주 예수 그리스도를 세상에 보내셨으니, 그로만 하나님께서 육신을 이루었고 또 그로만 사람이 구원을 얻을 수 있다. 그 영원한 아들이 참사람이 되사 그 후로 한 위에 특수한 두 성품이 있어 영원토록 참 하나님이시요, 참 사람이시라. 성령의 권능으로 잉태하사 동정녀(童貞女) 마리아에게 났으되 오직 죄는 없는 자시라. 죄인을 대신하여 하나님의 법에 완전히 복종하시고 몸을 드려 참되고 온전한 제물이 되사 하나님의 공의를 만족하게 하시며 사람으로 하여금 하나님과 화목하게 하시려고 십자가(十字架)에 못 박혀 죽으시고 죽은 자 가운데서 3일 만에 부활하사 하나님 우편에 승좌하시고 그 백성을 위하여 기도하시다가 저리로서 죽은 자를 살리시고 세상을 심판하려 재림하신다.

8. 성부와 성자로부터 오신 성령께서 인생으로 구원에 참여하게 하시나니 인생으로 죄와 비참을 깨닫게 하시며 그 마음을 밝혀 그리스도를 알게 하시고 그 의지를 새롭게 하시고 권하시며 권능을 주어 복음에 값없이 주마 한 예수 그리스도를 받게

하시며 또 그 안에서 역사하여 모든 의의 열매를 맺게 하신다.

9. 하나님께서 세상을 창조하시기 전에 그리스도 안에서 자기 백성을 택하사 사랑하므로 그 앞에서 거룩하고 흠이 없게 하시고 그 기쁘신 뜻대로 저희를 미리 작정하사 예수 그리스도로 말미암아 자기의 아들을 삼으셨으니 그 사랑하시는 아들 안에서 저희에게 두텁게 주시는 은혜의 영광을 찬미하게 하려는 것이로되 오직 세상 모든 사람에게 대하여는 온전한 구원을 값없이 주시려고 하여 명하시기를 너희 죄를 회개하고 주 예수 그리스도를 자기의 구주로 믿고 의지하여 본받으며 하나님의 나타내신 뜻을 복종하여 겸손하고 거룩하게 행하라 하셨으니 그리스도를 믿고 복종하는 자는 구원을 얻는지라. 저희가 받은바 특별한 유익은 의가 있게 하심과 양자(養子)가 되어 하나님의 아들의 수(數)에 참여하게 하심과 성령의 감화로 거룩하게 하심과 영원한 영광이니 믿는 자는 이 세상에서도 구원 얻는 줄로 확실히 알 수 있고 기뻐할지라. 성령께서 은혜의 직분을 행하실 때에 은혜 베푸시는 방도는 특별히 성경 말씀과 성례와 기도다.

10. 그리스도께서 세우신 성례(聖禮)는 세례와 성찬이라. 세례는 물을 가지고 성부와 성자와 성령의 이름으로 씻음이니 우리가 그리스도와 병합하는 표적과 인(印)침인데 성령으로 거듭남과 새롭게 하심과 주께 속한 것임을 약속하는 것이라. 이 예(禮)

는 그리스도 안에서 신앙을 고백하는 자와 그들의 자녀들에게 베푸는 것이요, 주의 성찬은 그리스도의 죽으심을 기념하여 떡과 잔에 참여하는 것이니 믿는 자가 그 죽으심으로 말미암아 나는 유익을 받는 것을 인쳐 증거하는 표라. 이 예(禮)는 주께서 오실 때까지 주의 백성이 행할지니 주를 믿고 그 속죄제를 의지함과 거기서 좇아 나는 유익을 받음과 더욱 주를 섬기기로 언약(言約)함과 주와 및 여러 교우로 더불어 교통하는 표라. 성례의 유익은 성례의 본덕(本德)으로 말미암음도 아니요, 성례를 베푸는 자의 덕으로 말미암음도 아니요, 다만 그리스도의 복 주심과 믿음으로써 성례를 받는 자 가운데 계신 성령의 행하심으로 말미암음이다.

11. 모든 신자의 본분은 입교(入敎)하여 서로 교제하며, 그리스도의 성례와 그 밖의 법례(法例)를 지키며, 주의 법을 복종하며, 항상 기도하며, 주일을 거룩하게 지키며, 주를 경배하기 위하여 함께 모여 주의 말씀으로 강도(講道)함을 자세히 들으며, 하나님께서 저희로 하여금 풍성하게 하심을 좇아 헌금하며, 그리스도의 마음과 같은 심사(心思)를 서로 표현하며, 또한 일반 인류에게도 그와 같이 할 것이요, 그리스도의 나라가 온 세상에 확장되기 위하여 힘쓰며, 주께서 영광 가운데서 나타나심을 바라고 기다릴 것이다.

12. 죽은 자가 끝 날에 부활함을 받고 그리스도의 심판하시는 보

좌 앞에서 이 세상에서 선악 간 행한 바를 따라 보응(報應)을 받을 것이니 그리스도를 믿고 복종한 자는 현저히 사(謝) 함을 얻고 영광 중에 영접을 받으려니와, 오직 믿지 아니하고 악을 행한 자는 정죄함을 입어 그 죄에 적당한 형벌을 받는다.

승인식

교회의 신조는 하나님의 말씀에 기초하고 하나님의 말씀과 일치한 것으로 내가 믿으며 이를 또한 나의 개인의 신조로 공포하노라.

02

12신조 배경읽기

12신조 서문은 이 신앙고백이 "교회와 신학교에서 가르쳐야 할 교리 체계로써 채택한다는 것을 명시하고 있다. 물론 12신조가 명확한 교리적 체계로 구성되었다고 보기 어렵지만 성경론(제1장), 신론(제2장-제5장), 인죄론(제6장), 기독론(제7장), 성령론(제8장), 구원론(제9장), 교회론(제10-제11장), 그리고 종말론(제12장)까지 전체적으로 종합적 교리 체계를 포함하고 있다고 평가된다.

1) 12신조는 왜 작성되었을까?

대한예수교장로회(합동)가 채택하고 있는 12신조는 1904년 개혁교회 소속 인도선교부들이 교회연합을 통해 인도장로교회(The Presbyterian Church in India)를 구성하면서 교리적 표준으로 수용한 신조로부터 유래되었다.[239] 12신조는 19세기로부터 20세기에 초까지 개혁주의 장로교 선교사들에 의해 만들어진 세계교회사적으로 중요한 신조이다. 인도에서는 12신조가 인도 개혁교회 선교회들이 연합하는 토대가 되었고, 중국 장로교회와 한국 장로교회가 이 신조를 수용하므로, 아시아의 보편 신조로 자리매김한 것이다.

1907년 조선 독노회가 조직되면서, 조선에서 사역하던 선교사들은 이 신조를 번역하고, 노회에서 채택했다. 1893년부터 장로교 선교사들은 연합을 위해 노력하기 시작했다. 1901년 서구 장로교 선교사들과 한국인 사역자들이 함께 참여한 '조선예수교장로회 공의회'가 구성되었다.[240] 1902년부터 각 선교부는 조선에 하나의 연합된 독립

---

239 1872년에 인도에서 전국적인 장로교 연합기구 구성을 위한 준비모임이 개최되었다. 이 때 참석한 7개 교회는 다음과 같다. 스코틀랜드 교회(the Church of Scotland), 스코틀랜드 자유교회(the Free Church of Scotland), 미국장로교회(the American Presbyterian Church), 미국 개혁장로교회(the Reformed Presbyterian Church in America), 미국개혁교회(the Reformed Church in America), 아일랜드 장로교회(the Irish Presbyterian Church), 그리고 미국연합장로교회(the United Presbyterian Church in America) 이다.

240 박용규, "개혁주의 역사신학적 입장에서 본 12신조," 신학지남 76/1 (2009): 84.

노회를 조직하기 위해 각자 본국 전도국의 허락을 요청했다. 이러한 노력을 통해 1905년에 각국으로부터 독립노회 설립을 허락받았다. 1907년 선교사들이 함께 모인 공의회는 다음과 같이 결정하였다.

첫째, 1907년에 조선예수교장로회를 조직할 것, 둘째, 이를 위한 준비위원을 선택할 것, 셋째, 노회를 조직하는 일에는 조선인 목사를 장립하는데 그들은 전도목사로 할 것 등이었다.[241]

이에 공의회는 독노회 조직을 위해 여러 조치들을 취하는 동시에 조선교회의 신앙을 표현할 신경에 대해 논의하기 시작했다. 조선예수교 장로회 공의회 산하 신경위원회가 구성되었다. 그 위원들은 연합운동에 긍정적이며, 여러 신경들을 연구할만한 능력 있는 사람들이었다.[242] 위원들은 그 당시 아직까지 목회자도 없었던 조선의 선교 상황을 고려하여, 1905년 인도에서 작성된 12신조를 그대로 채택하기로 결의했다. 신경 채택위원들은 이렇게 보고했다.

이 신경은 몇 개월 전에 새로 조직한 인도국 자유장로교회에서 채용한 신경과 동일하니 우리가 이 신경을 보고할 때에 희망하는 바는 이 신경이 조선, 인도 두 나라 장로회의 신경만 될 뿐 아니

---

241 대한예수교장로회총회 100주년사 발간위원회, 『대한예수교장로회총회 100주년사』(서울: 대한예수교장로회총회), 75.
242 박용규, "개혁주의 역사신학적 입장에서 본 12신조," 88-89.

라, 아시아 각국 장로회의 신경이 됨으로써 각 교회가 서로 연락
하는 기관이 되기를 바라는 바이다.243

이 보고서가 보여주듯이 신경위원들은 12신조가 조선과 인도의 연
합을 위한 도구가 되길 원했다. 그들은 한국 장로교의 연합을 넘어
서 아시아 전체의 장로교, 개혁교회들이 하나의 신경을 고백하길 소
원했다. 1907년 9월 7일에 한국대표 40인, 선교사 대표 38인이 모여
독노회를 구성하였다. 독노회는 12신조를 한국 장로교회의 신경으
로 받아들였다.244 이후, 거의 모든 한국 장로교단들은 이 신조를 교
단의 기초 교리로 받아들였다. 1932년부터 일부 번역 오류 수정작업
을 진행하여, 1934년 교단 개정헌법에 수록되었다. 12신조는 1922년
에 웨스트민스터 소요리문답이 장로교회 헌법에 소개되기 전까지 한
국 장로교회의 유일한 신경이었다.

2) 12신조의 특징과 목적은 무엇인가?

인도 장로교회, 아시아 여러 나라의 교회, 한국 장로교회가 채
택한 12신조는 새로운 신앙고백서가 아니라, 역사적 신경들, 특별

---

243 대한예수교장로회총회 100주년사 발간위원회, 『대한예수교장로회총회 100주년사』, 75.
244 황재범, "'대한장로교회신경' 혹은 '12 신조'의 작성 및 수용 과정에 대한 연구", 『기독
교사상』 제 573호 (2006, 9), 200.

히 웨스트민스터 신앙고백, 웨일즈 칼빈주의 신앙고백(the Welsh Calvinistic Confession of Faith), 그리고 도르트 신경에 근거하여 교회와 신학교에서 가르칠 수 있는 신앙고백서가 되길 바라며 작성되었다.[245]

12신조는 많은 장점을 가지고 있다. 첫째, 12신조는 그리스도의 교회가 신자들의 신앙고백과 교리의 기준 위에 세워져야 한다는 장로회 선교사들의 뜻을 반영하였다. 이런 측면에서 12신조는 칼빈주의 신학의 특징을 보여준다. 특별히 12신조 작성자들은 칼빈이 제네바에서 작성한 제네바 신앙고백서(1536)와, 스코틀랜드 신앙고백서(1560)를 참고하는 과정을 통해 신조 전체에 칼빈의 신학사상을 깊게 반영하였다. 한국 장로교회를 섬기던 선교사들도 12신조가 가지고 있는 칼빈주의 신학을 인식하였고, 12신조를 한국 장로교회의 공식적 신조로 선정하였다.

둘째, 12신조는 간단명료하다. 물론 차후에 지적하는 것처럼, 일부 칼빈주의 교리의 부재가 아쉽지만, 분명히 핵심교리들에 대해 12신조는 명료하게 전달하고 있다. 12신조의 작성자들은 아직 인도교회가 완벽하게 구성된 교회가 아니므로 서구의 특정한 신앙고백을 그대로 수용하기에는 적절치 않다고 판단하였던 것 같다. 조선에 머물

---

245 황재범, "'대한장로교회신경' 혹은 '12 신조'의 작성 및 수용 과정에 대한 연구", 206.

럱던 선교사들은 12신조가 설명하는 핵심적인 교리를 연구한 후에, 이것이 한국 교회의 필요에 따른 신앙고백으로 충분하다고 생각했다. 이 점은 신경위원회가 선교사 공의회(1905년)가 보고한 내용에서도 발견할 수 있다.

> 본 위원회는 새로운 신앙고백서를 만들려고 하지 않았다. 반대로 모국의 교회들 및 선교부들이 수용해온 역사적 신앙고백문들, 이들의 수정본들, 교리적 선언문 및 교리서들을 연구한 후, 본 신앙고백문을 선택했는데, 우리는 이것이 한국장로교회를 위한 신앙고백문의 필요를 충족해 줄 것으로 믿는다. 이 신앙고백문은 바로 최근에 설립된 인도교회가 작년에 채택한 것인데, 우리는 다만 그것의 서문(Preamble)만을 수정할 뿐이다.[246]

셋째, 12신조 서문은 신앙고백의 목적을 명확히 드러낸다. 서문에 따르면, 12신조는 "교회와 신학교에서 가르쳐야 할 교리 체계로써"(as systems of doctrine to be taught in our Churches and seminaries) 채택되었다. 물론 12신조가 명확한 교리적 체계로 구성되었다고 보기 어렵지만 성경론(제1장), 신론(제2장-제5장), 인죄론(제6장), 기독론(제7장), 성령론(제8장), 구원론(제9장), 교회론(제10-제11장), 그리고 종말론(제12장)까지 전체 구성은 종합적 교리 체계를 포함하고 있다. 신조

---

[246] 황재범, "'대한장로교회신경' 혹은 '12 신조'의 작성 및 수용 과정에 대한 연구", 209. 재인용

작성자들은 조직신학 분과를 구분하고, 각 조직신학 각론들을 개략적이지만 모두 다루어 서문에 제시된 신조 작성 목적을 이루기 위해 노력했다.

넷째, 12신조는 성경론을 초반에 다루면서, 선교적 상황에서 성경의 권위와 진리를 증거하는데 초점을 맞추고 있다. 만약 성경에 관한 교리적 강조점과 해석이 바르지 못하면, 전체 교리의 신학 입장과 해석이 달라지기 때문이다. 12신조의 성경론이 웨스트민스터 신앙고백서 제1조의 내용을 반영한 사실은 칼빈주의적 한국 장로교회의 풍토를 만드는데 좋은 기초가 되었다. 신경은 다음과 같이 고백한다: "신.구약 성경이 하나님의 말씀이며, 신앙과 행위의 오류가 없는 유일한 법칙이다"(The Scriptures of the Old and New Testaments are the Word of God, and the only infallible rule of faith and duty).

박용규가 지적하는 것처럼, 웨스트민스터 신앙고백서는 성경을 "무오한 진리(the infallible truth)"라고 명확히 고백하는 것에 비해, 12신조는 성경의 축자영감을 명료하게 표현하지 못했다. 그렇지만 12신조는 성경의 권위와 영감에 대한 확고한 관점을 보여주고 있다.[247]

이런 장점에도 불구하고, 12신조는 역사적 신앙고백서들과 비교할 때 몇 가지 아쉬운 점이 있다. 첫째, 12신조는 역사적 개혁주의와 개혁주의 다양성에 대한 숙고가 부족하다. 한국 장로교회는 인도 장로

---

247 박용규, "개혁주의 역사신학적 입장에서 본 12신조," 123.

교회가 채택한 12신조를 채용하면서 서문 부분에서 일부 수정했다. 인도 장로교회와 한국 장로교회가 채택한 12신조 서문에서 수정된 부분의 내용만을 소개한다. 인도 장로교회가 채택한 서문 부분이다.

..특별히 웨스트민스터 신앙고백, 웨일즈 칼빈주의 신앙고백, 도르트 총회의 신앙고백 및 신경은.. 하나님의 말씀의 믿을만한 설명서로써 그리고 우리 교회들과 신학교에서 교육되어야 할 교리 체계로 인정되어야 할 것이다.248

이와 달리, 한국 장로교회가 다음과 같이 서문에 기록하고 있다.

..특별히 웨스트민스터 신앙고백, 대.소요리문답은 하나님의 말씀의 믿을만한 설명서로써.. 그리고 우리 교회들과 신학교에서 교육되어야 할 교리 체계로써 인정되어야 하며, 교회의 교리문답으로써 웨스트민스터 소요리문답을 채택한다.249

---

248 ..especially the Westminster Confession of Faith, Welsh Calvinistic Confession of Faith, and the Confession and Canons of the Synod of Dort.. as worthy exponents of the Word of God, and as systems of doctrine to be taught in our Churches and seminaries.

249 ..especially the Westminster Confession of Faith, and the Larger and Shorter Catechisms.. as worthy exponents of the Word of God, and as systems of doctrine to be taught in our Churches and seminaries; adopts as the catechism of the Church, the Westminster Shorter Catechism.

인도 장로교회가 채택한 서문에서는 웨스트민스터 신앙고백, 웨일즈 칼빈주의 신앙고백 그리고 도르트 신앙고백들을 참조하여 12신조가 작성되었다고 설명한다. 이를 통해 종교개혁 이후 서구 선교사들이 가진 개혁교회의 신앙고백과 교리적 내용이 담겨있다는 것을 확증해 주었다. 그러나 한국 장로교회가 수정한 12신조 서문은 웨스트민스터 신앙고백과 대.소요리문답만을 언급하고 채택했다. 이는 12신조가 개혁신학의 다양성과 역사성을 깊게 숙고하지 못했다고 판단할 여지를 준다. 하지만, 당시 한국에는 웨스트민스터 신앙고백이나 소요리문답만이 아니라 다른 신앙고백서들도 제대로 번역되지 않았기 때문에 참고하는 것이 불가능했을 것이라는 점을 염두에 둘 필요가 있다.[250]

둘째, 12신조가 간략하고 명료하게 작성된 것은 큰 장점이지만, 성경론에서 종말론까지 좀 더 분명하고 자세한 교리 진술이 이루어지지 못한 아쉬움이 남는다. 12신조가 한국 장로교회뿐만 아니라 아시아와 그 외의 선교지의 교회들에게 영향을 끼칠 수 있을 것이라는 미래에 대한 통찰력의 부족으로 읽힌다. 이뿐만 아니라, 개혁파 신앙고백서에서 나타나는 칼빈주의의 핵심사상인 언약사상, 이중예정론, 성도의 견인과 같은 교리들이 잘 나타나지 않는다.[251] 12신조가 언급하고 있는 웨스트민스터 신앙고백서를 비교하면 이런 아쉬움은 분명

---

250 대한예수교장로회총회 100주년사 발간위원회, 『대한예수교장로회총회 100주년사』, 75.
251 박용규, "개혁주의 역사신학적 입장에서 본 12신조," 120-124.

하게 드러나, 더욱 아쉽다. 또한 성경론에 있어서 12신조는 하나님의 영감이라는 표현이 나타나지 않고 있다. 성경론이 1장에서 등장하고 있지만, 개혁주의의 특징을 충분하게 반영했다고 하기에는 부족해 보인다.252 물론 복잡한 신학적 개념들을 다루다 보면 내용이 길어지며, 또 그 당시 초기 선교지였던 한국교회의 상황에 맞지 않는다는 주장이 있을 수 있다. 그러나 어떤 조항에는 교리적 진술이 반복되었거나 겹쳐진 부분도 없지 않아 있다. 신론(제2장-제5장)에 대한 진술에서는 다른 어느 교리적 진술보다 좀 더 세부적으로 언급되어 있다.

이 부분은 다신론 종교가 지배하고 있던 인도에게는 적절할지 모르지만, 유교국가였던 한국 선교상황을 고려한다면 다른 교리 고백과 조정하는 것도 적절한 반응으로 보인다. 또한 12신조가 "교육을 위한 교리 체계"라고 스스로를 정의했던 것을 생각하면, 적어도 칼빈주의 5대 교리 정도라도 포함하여 설명하는 것이 장로교회 정체성의 함양을 위해 한국교회에 더 유익했을 것이라는 생각이 든다.

셋째, 교회론에 대한 진술에서는 교회의 본질과 특성 그리고 사명에 대한 진술은 강조되지 않았고, 오히려 성례(제 10-11장)에 대한 부분만 지나치게 강조된 점이다. 특별히 성례에 대한 설명은 9장 마지막 부분에서부터 11장 초반에까지 강조되어 있다. 교리적 강조점이 균형 있게 표현되지 못한 점이 아쉽다.

---

252 박용규, "개혁주의 역사신학적 입장에서 본 12신조," 122-123.

3) 오늘날 12신조

한국 장로교회(합동)는 2006년부터 현재 수용하고 있는 12신조 채택에 대한 역사적 배경과 교리적 내용을 재검토하기 시작했다. 2006년 황재범253이 "'대한장로교회신경' 혹은 '12신조'의 작성 및 수용 과정에 대한 연구"라는 논문을 발표한 후 대구서현교회 당회가 "12신조 재검토 및 보완에 대한 특별위원회 설치의 건"을 대구노회에 헌의하였고, 대구노회는 제91회 총회에 상정했다. 총회는 이 헌의를 받아들여 7인으로 구성된 "12신조 재검토 및 보완을 위한 특별 위원회"를 구성하기로 했다.254 당시 서현교회 담임목사였던 박순오 목사가 발제한 자료들을 재검토할 필요성에 따라 총회 교육부는 "초기 한국 장로교 신학과 12신조에 대한 교회 교육적 성찰 및 현대적 적용을 위한 방안 모색"이라는 주제로 심포지움(2006년 10월 28일)을 가졌다.

이후 총회교육부는 12신조의 간략한 분석과 신학적 문제점 그리고 장단점을 평가하도록 김길성 교수(조직신학), 박용규 교수(역사신학) 그리고 이한수 교수(신약신학)에게 연구를 위임했다. 제 92회 총회는 동 위원회의 임기를 1년간 연장하기로 결의했다.255 동 위원회는 성

---

253 황재범은 계명대학교 신과대학 교수로 재직하고 있다.
254 총회는 2006년 12월 14일 특별위원회를 조직했으며, 위원장 홍정이 목사, 서기 박순오 목사, 회계 옥성석 목사, 위원으로 백남선, 권성수, 이재균, 박계윤씨를 위촉했다.
255 위원들은 다음과 같다. 위원장 홍정이 목사, 서기 박순오 목사, 회계 박계윤 장로, 위원 권성수 목사, 옥성석 목사, 이재균 목사이다.

경분야 연구자를 권성수 목사로 대체하고, 세 명의 교수들이 연구한 결과를 근거로 2008년 5월 15일 대전 새로남교회당에서 "12신조 재검토 및 보완을 위한 심포지움"을 개최했다. "심포지움"의 논의를 근거로 "12신조 재검토 및 보완(안)"을 작성하여 세 곳(서울지역: 오륜교회당, 영남지역: 대구서현교회당, 호남지역: 광신대학교)에서 "12신조 재검토 및 보완 개정(안) 확정을 위한 공청회"를 개최하기로 하고, 그 결과를 93회기 총회에 보고 및 헌의하기로 했다.

이후 12신조 재검토 및 보완 개정안에 대한 연구는 진행 중에 있다. 총회 차원의 이러한 노력은 12신조의 교리적 설명을 보다 명확하게 표현하고 그리고 보편구원론으로 오해받을 수 있는 표현의 문제를 재검토하고 전반적인 보완의 필요성을 제기하는 것이다. 필자는 개인적으로 한국의 장로교회가 '대한예수교장로회 독노회'를 조직할 때 12신조가 한국장로교회의 교리적 표준으로 채택된 역사적인 신조이므로 장로교회뿐만 아니라 한국 개신교 전체에 중요한 신학적 의미를 전달하며 큰 영향을 미쳤다고 본다. 이러한 역사적 관점에서 12신조의 재검토는 대단히 신중해야 한다고 본다. 반면 12신조에 명기된 교리적 설명에는 조직신학적 배열에 있어서, 그리고 신학적 설명에 있어서 미흡한 점들과 보완되어야 할 점들이 많다고 평가한다. 각 장마다 12신조의 교리적 내용이 겹쳐진 곳들이 다수이다. 이러한 부분은 더 명료하게 설명되어야 하며 핵심적인 교리적 설명이 덧붙여져야 할 것으로 평가한다.

03

12신조 핵심 살펴보기

역사적 관점에서 12신조의 재검토는 대단히 신중해야 한다고 본다. 반면 12신조에 명기된 교리적 설명에는 조직신학적 배열에 있어서 그리고 신학적 설명에 있어서 미흡한 점들과 보완되어야 할 점들이 많다고 평가한다. 각 장마다 12신조의 교리적 내용이 겹쳐진 곳들이 다수이다. 이러한 부분은 더 명료하게 설명되고 핵심적인 교리적 설명이 덧붙여져야 할 것으로 평가한다.

12신조는 처음 서언부터 웨스트민스터 신앙고백서의 신학을 따라 이제 조직되는 교회의 신학적 기초를 세우고자하는 목적을 서술한다. 12신조는 웨스트민스터 대, 소요리 문답을 교회, 신학교의 교재로, 소요리문답은 교회의 문답책이 되어야 한다고 선언한다.

1조는 성경이 하나님의 말씀으로 "정확무오한 유일의 법칙"이라고 고백한다. 앞에서 언급한 것처럼, 성경의 영감을 고백하지 않지만, 간략하게 성경의 무오성과 하나님 말씀으로서의 성경을 고백하여 웨스트민스터 신앙고백서의 성경에 대한 이해를 요약한다.

2-4조는 하나님의 본성과 섭리에 대해 다룬다. 12신조는 삼위일체 하나님에 대한 고백을 한 분 하나님에 대한 고백이후, 삼위일체를 간략히 정리하며 신론을 고백한다. 2조는 하나님은 한 분이시므로 경배는 오직 그 분께만 돌려야함을 고백한다. 이 조항은 다신교적 선교상황을 암시한다. 12신조는 하나님의 무소부재하심과 그의 속성을 설명하며 하나님만이 우리가 경배드릴 하나님이심을 설명한다.

3조는 삼위일체 교리를 "본체는 하나"며 세 위격으로 고백한다. 4조는 하나님의 창조, 죄를 허용하심과 섭리에 대해 고백한다. 만물은 하나님의 말씀으로 창조되고 보존된다. 하나님께서 죄의 조성자는 아니시지만, 죄의 문제를 해결하시기 위해, 그의 작정을 이루시기 위해 역사하신다.

5-9조는 바로 이 하나님의 창조-구속의 역사에 대해 고백한다. 5조는 태초에 하나님께서 하나님의 형상대로 창조하셔서 인간이 지식과 의와 거룩함을 가지고 있었다고 고백한다. 의미심장하게, 12신조는 세계 만민이 한 동포라고 말하며, 인간 평등사상을 암시한다. 인간이 평등한 이유는 바로 하나님의 형상으로 창조된 피조물이기 때문이다. 6조는 아담의 본래적 능력과 타락 이후 인간의 상황에 대해 서술한다. 12신조는 언약신학 개념과 함께 아담 이후 인간의 죄악에 대해 서술한다. 비록 언약이라는 용어를 12신조는 사용하고 있지 않지만, "아담 안에서 그의 범죄에 동참하여 타락했다"고 고백하면서, 인간의 대표자인 아담의 타락이 인간을 죄악의 상태로 떨어지게 만들었고, 그 벌은 하나님의 진노와 징벌이라고 설명한다.

7조는 죄의 해결책이신 예수 그리스도에 대해 고백한다. 예수 그리스도는 인류에게 구원을 주시기 위해 오신 성자 하나님이시다. 그분은 성령에 의해 잉태되어 인성을 취한 성자 하나님으로 죄가 없이 태어나신 분이시다. 죄 없으신 분이 죄를 담당하여 죽으심으로 하나님의 공의를 만족케 하시고, 하나님과 인간을 화목케 하셨다. 그리스도는 승천이후 심판을 위해 종말에 재림하신다. 이런 기독론 이해를 근거로, 8조는 성령의 사역을 통해 어떻게 신자가 그리스도의 대속사역을 믿고 구원에 참여하게 되는지 설명한다. 성령은 신자의 마음에 역사하셔서 죄를 깨닫게 하고 그리스도께로 신자를 이끈다. 구원은 값없이, 오직 그리스도를 의지하는 자들에게 주어지며, 성령의 역사로 신자에게 의의 열매가 드러난다.

9조는 하나님의 예정과 구원의 순서를 연결지어 설명한다. 하나님께서는 창조 전에 구원 받을 자를 예정하시고 그들을 양자 삼으신다. 12신조는 우리가 하나님의 양자됨과 그리스도를 믿는 것만이 구원의 방법임을 강조한다. 오직 회개하고, 예수를 믿을 때 성령으로 역사하시는 하나님께서 우리를 그 분의 자녀삼아 구원을 허락하신다. 12신조는 은혜의 방도로 말씀, 성례와 기도를 제시하여 웨스트민스터 대소요리문답(대 154, 소 88)의 전통을 잇는다. 은혜의 방편으로 기도와 말씀은 한국교회 부흥의 원동력이었던 것을 기억해야 한다.

1907년 평양에서부터 시작된 회개의 기도 운동은 기독교인들의 윤리적 회개와 성화의 동력이 되었을 뿐만 아니라, 사경회를 중심으로 이루어진 성경공부는 한국교회의 신앙적 토대가 되었다. 평양으로부터 시작된 부흥운동은 성령의 역사로 전국으로 펴져나가는 선교적 발판이 되었다. 한국교회의 부흥은 개혁교회가 은혜의 방편인 말씀과 기도의 열매이지만, 지금 한국교회에서 성찬의 의미가 퇴색되는 것은 안타깝다. 개혁교회가 은혜의 방편으로 물려준 말씀과 기도, 성찬이 주는 은혜를 누리는 한국교회가 되어야 할 것이다.

10조는 성례에 대해 다룬다. 12신조의 논리적 약점은 말씀을 다루지 않고 성례에 대해 바로 언급하는 10조에서도 드러난다. 10조는 세례와 성찬의 개혁주의 이해를 제시한다. 성례는 성도의 교제의 표요, 주님의 재림까지 이어져야 하는 예식이다. 성례의 유익은 성례에 참여하는 신자들이 아니라, 오직 그리스도의 구속 사역에 근거한다.

11조는 신자의 본분에 대해 간략히 다룬다. 신자의 본분은 그리스도의 성례에 참여하고, 말씀을 듣고, 말씀을 지키고 그리스도를 따르는 것이다. 12신조는 세계선교의 목표를 제시하며, 성도가 그리스도의 나라가 확장되는 일에 노력해야 한다고 선언한다. 선교지 교회에서 선교사 파송교회로 변모한 한국교회가 계속적으로 품어야 하는 고백이다.

12조는 간략하게 종말에 대해 언급한다. 종말에는 심판과 부활이 있다. 그리스도를 믿는 자는 영접을 받고 아닌 자는 형벌을 받는다.

함께 더 생각해보기

* 12신조 1조에 나타난 성경의 권위와 개혁교회의 신앙고백서, 즉 제2 스위스신앙고백서, 벨직 신앙고백서, 웨스트민스터 신앙고백서가 가르치는 성경의 권위를 비교해 봅시다.

❶ 12신조에 나타난 성경의 권위에 대한 고백과 개혁교회 신앙고백서의 차이는 무엇인가요?

❷ 종교개혁 이후의 여러 신앙고백서들과 달리 12신조가 적은 분량으로 작성된 이유는 무엇일까요?

❸ 개혁교회 전통인 성경의 권위를 강조하는 12신조 1조가 한국교회 신앙에 끼친 영향을 생각해 봅시다.

한국교회 평양대부흥운동을 시작으로 전국으로 널리 퍼진 성경 공부를 위한 사경회가 대표적 예이다.

❹ 우리 교회는 한국교회가 개혁교회의 신앙을 받아들여 꽃을 피운 특징들을 잘 유지하고 보존하고 있나요? 개혁교회의 전통을 보존하기 위하여 우리 각자가 무엇을 해야 할지 생각해 보고 구체적인 실천 방안을 적어 봅시다.

* 복음의 불모지였던 조선에 복음을 전파한 선교사들과 초기 기독교인들이 우리에게 남긴 참된 교회의 지표와 신자의 신앙생활을 통해서 오늘날 한국교회의 모습을 점검해 봅시다. 그들이 남긴 전통에서 우리가 지금 보존하고 유지하는 것은 무엇이며, 그렇지 못한 것은 무엇입니까?

평양대부흥운동(1907)에서 나타난 기도운동, 회개운동과 윤리적 각성운동이 한국교회 부흥의 토대였다.

* 종교개혁이 남긴 역사적 신앙고백서와 12신조를 비교할 때, 12신조에 포함되어야 하는 개혁신학의 주요 교리는 무엇일까요?

나가는 말

참고문헌

V

나가는 말

The Confessions of Faith in Reformed Church Tradition

우리는 지금까지 사도신경으로부터 시작하여 12신조에 이르기까지 한국교회가 서있는 신학적 전통을 이해하기 위해, 개혁교회가 인정하는 신앙고백서들의 역사적 배경과 신학적 특징들을 살펴보았다. 우리는 고백서가 가지고 있는 몇 가지 공통점을 발견할 수 있었다.

첫째, 바른 신앙고백은 오직 성경에 의지한다. 개혁교회의 신앙고백서들은 성경의 권위와 진리를 고백했다. 성경 외에 다른 어떤 것도 신앙의 절대적 기준이 될 수 없다. 고백서들은 어떤 신학 전통이나, 사상이라도 하나님의 말씀인 성경에 근거하지 않는다면, 단호히 거부해야 한다고 강조했다. 오늘날 한국교회에 필요한 것은 바로 성경으로 다시 돌아가는 것이다. 성경이 말하는 바가 무엇인지 신앙고백서들을 연구하며 대화하고, 어떻게 바르게 정리되고, 어떻게 성경에 근거하고 있는 교리들을 가르쳐야 하는지에 대해 고민해야 할 시기이다. 세속주의의 물결이 밀려오고 성경의 권위에 대해 의심하는 현대사회를 향해 더욱 담대하게 하나님의 말씀인 성경의 절대적 권위를 주장해야 한다.

둘째, 개혁교회 신앙고백서들은 어떻게 성경을 최고의 권위로 두는 동시에, 전통을 존중하며 신학적 발전을 이루어갔는가를 보여준다. 예를 들어 웨스트민스터 신앙고백서는 어떻게 신학적 발전을 추구하면서 전통에 충실할 수 있는가를 보여준다. 제 3, 5, 17장에서 신앙고백서는 개혁파 신학적 전통에 충실한 교리적 설명을 하면서, 그동안 전통들이 놓친 인간 편에서, 즉 실천적인 측면에서 교리가 가지는 함의에 대해 설명해주고 있다. 예정, 견인교리를 하나님의 작정으로 설명했던 도르트 신경의 서술을 따라가면서, 신자가 자신의 눈으로 예정과 견인을 생각할 때 고려되는 여러 사항들을 설명해주고 있다. 신앙고백서는 때로 우리의 눈에 우연처럼 벌어지는 사건들이 있을지라도, 우리가 고난에 견딜 수 없을 때에라도 하나님의 변하지 않으시는 뜻을 생각하며 확신을 가지고 어려움을 견딜 수 있다고 권고한다. 우리는 역사적 신앙고백서들을 잘 이해하고 받아들이면서 동시에 빠르게 변화하는 현대 사회를 향한 여러 문제들에 대해 명료한 신학적 입장을 교회에서 교육해야 할 것이다.

셋째, 신앙고백서들을 연구하면서 우리는 현재 한국교회에 필요한 교리 교육을 향한 몇 가지 교훈을 찾을 수 있다. 첫 번째, 한국 장로교회는 핵심 교리를 성도들에게 명확하고 논리적으로 가르쳐야 한다. 신앙고백서들은 바로 교리를 가르치는 중요한 도구이다. 신앙고백서, 신경들에 나온 명료한 표현들을 사용하여 교리가 가르치는 진리를 논리적 순서에 맞게 가르쳐야 한다. 각 교회가 신경을 선정하고 그것의 의미에 대해 논리적 설명을 곁들인다면, 정확한 교리의 이해가 있는 신자를 양육할 수 있을 것이다. 둘째, 교리가 생성된 역사적 배경을 설명하며, 교리의 가치를 드러내고 생동감 있게 만든다. 교리의 형성을 이해하면 교리가 학자들의 발명품이나 쓸데없이 어려운 것이 아니라, 그 당시 참된 신앙을 수호하기 위해 지켜나갔던 신앙의 선배들을 이해하게 되고, 신경들과 교리들이 참된 신자가 되기 위한 걸음 중의 하나라는 것을 깨닫게 된다. 그 과정 가운데서 교리는 참된 신자의 성장을 돕는 조력자로 성도들에게 다가가게 되는 것이다. 마지막으로 교리가 나의 삶과 무슨 관계가 있는지를 찾는 시간을 가져야 한다. 이 과정은 교리의 역사적 형성을 공부하면서 함께 이루어질 수 있다. 왜 삼위일체 교리가, 그리스도의 두 본성에 대한 이해가 우리에게 중요한 것일까? 그리스도의 신성과 인성은 그리스도의 구속사역과 관계되고, 결국 그리스도께서 우리에게 주신 구원의 참됨과 보증과 연결된다. 참 하나님이자 참 인간으로서 예수 그리스도는 죄 없이 탄생하셔서 인간의 모든 죄를 십자가의 구속사역으로 대속하셨다. 우리의 새 생명의 본질과 삼위일체 교리, 기독론은 밀접하게 연결되어 있다. 이처럼 교리교육에서 우리의 삶의 적용점과 연결점을 찾는 작업을 할 때 교리는 살아서 신자들에게 다가 갈 수 있다.

필자는 3년 전에 화란, 벨기에, 독일지역을 돌아보면서 신앙고백서들의 배경이 된 장소, 신학자들의 흔적, 교회들을 방문한 적이 있었다. 한 목회자로서 이들의 신학적 배경에 깊은 관심이 있어 자료들을 수차례 찾아보기도 하였다. 그런 과정을 통해서 점차적으로 신앙고백서들의 단어들, 문장들의 의미를 더 깊게 이해할 수 있었다. 대학에서 신앙고백서를 가르치고, 섬기는 교회에서 성도들과 함께 나누며 그 유익을 경험했다. 목회자의 한 사람으로서 이 책을 기회로 삼아 각 교회들이 신앙고백서들을 가르치게 되고 말씀 위에 든든히 서 가기를 바라는 마음이 있다. 목회자의 마음을 가지고 기록한 신앙고백서들을 가르치고 나누며 목회현장이 살아나가를 바란다.

참고문헌

김병훈,   "개혁파 신조들과 한국교회." 장로교회와 신학 4 (2007): 205-280.

──────.   "도르트 신경이 고백하는 성도의 견인 교리." 장로교회와 신학
            11(2014): 218-259.

──────.   "웨스트민스터 신앙고백서와 언약신학." 신학정론 32/2 (2014):
            325-345.

김요섭,   "개혁교회 총회와 신앙고백: 프랑스 개혁교회 총회와 신앙고백
            1559-1620."『한국장로교신학회 제18회 학술발표회』. (2011): 61-
            87.

──────.   "웨스트민스터 신앙고백서의 교회 정의와 그 역사적 의의," 한국개혁
            신학 40 (2013): 145-182.

──────.   "공동의 신앙고백 위에서의 교회의 일치: 도르트 회의의 역사적 배
            경 연구," 장로교회와 신학 11(2014): 136-163.

──────.   "스코틀랜드 신앙고백 교회론의 구조적 특징과 신학적 의미연구," 성
            경과 신학 68(2013): 181-216.

김영재,   『기독교 신앙고백』. 경기, 수원: 영음사, 2011.

김의환(편역), 『개혁주의신앙고백』. 서울: 대한예수교장로회총회 출판부, 2004.

김재성,　『개혁신학의 정수』. 서울: 이레서원, 2003.

──────. "하이델베르크 요리문답과 웨스터민스터 신앙고백서의 언약사상."
　　　　한국개혁신학 40 (2013): 40-82.

김중락,　『스코틀랜드 종교개혁사: 존 녹스에서 웨스트민스터 총회까지』. 안
　　　　산: 흑곰북스, 2017.

대한예수교장로회총회, 『대한예수교장로회총회 100주년사』. 대한예수교장로회
　　　　총회, 100주년사 발간위원회, 2013.

문병호,　『말씀으로 풀어 쓴 사도신경』. 서울 : 익투스, 2020.

──────. "율법의 규범적 본질: 칼빈의 기독론적 이해의 고유성," 개혁논총 4
　　　　(2006).

──────. "한국 장로교 신학의 맥: 칼빈, 녹스, 웨스트민스터 신앙고백서, 박
　　　　형룡의 기독론적 교회론 중심으로." 『개혁논총』 22권 (2012).

민영진(편집), 『성서대백과사전』. vol. 5., 서울: 성서교제간행사, 1980.

박상봉,　"하인리히 불링거의 성경론과 교회론," 신학정론 34/2 (2016): 285-
　　　　323.

박일민,　『개혁교회의 신조』. 서울: 성광문화사, 1998.

배광식,　『장로교정치 통전사』. 경기, 용인: 킹덤북스, 2011.

배광식, 한기승, 안은찬(공저), 『대한예수교장로회 헌법해설서』. 서울: 익투스,
　　　　2015.

서요한,　"영국 청교도와 웨스터민스터 총회 소고-1643-1648년 웨스트민스
　　　　터 신앙고백서의 역사와 신학적 전통을 중심으로." 신학지남 82/2
　　　　(2015): 233-266.

서창원, James Clark, *Samuel Rutherford*(공저), 『사무엘 루터포드의 생애와
　　　　교리문답서』. 서울: 진리의 깃발, 2010.

신호섭,　『개혁주의 전가교리』. 서울:지평서원, 2016.

———. 『벨직 신앙고백서 해설』. 서울: 좋은씨앗, 2019.

양승헌, 『하이델베르크 요리문답을 기초로 세우는 크리스천 믿음』 상, 하. 서울: 디모데, 2017.

오병세, "고신 교회헌법 중 교리표준의 문제." 「기독교보」, 제 986호, 2011.6.25, 3면.

웨스트민스터 표준문서 번역위원회, 『웨스트민스터 소교리문답』. 서울: 고려서원, 2005.

유해무, 『개혁교의학』. 고양, 경기: 크리스챤다이제스트, 1997.

이광호, 『스코틀랜드 신앙고백서』. 평택: 교회와성경, 2015.

이장식(편제), 『기독교 신조사』. 서울: 컨콜디아사, 1993.

정요석, 『전적부패, 전적은혜. 도르트 신경의 역사적 배경과 해설』. 수원: 영음사, 2018.

최홍석, "도르트 신조에 나타난 TULIP 교리의 정당성과 선교적 함축 ―전적무능력과 무조건적 선택교리를 중심으로." 신학지남 69/3 (2002): 144-181.

황봉환, 『스코틀랜드 종교개혁과 존 낙스의 신학』. 서울: 예영커뮤니케이션, 2001.

황재범, "'대한장로교회신경' 혹은 '12 신조'의 작성 및 수용 과정에 대한 연구." 『기독교사상』 제 573호, 2006.

Albertin, Steven E. "The Promise of Baptism for the Church Today." *In Gift and Promise. The Augsburg Confession and the Heart of Christian Theology.* Edited by Ronald Neustadt and Stephen Hitchchock. 97-110. Minneapolis : Fortress Press, 2016.

Balfour, Right Hon. *An historical Account of the Rise and Development of Presbyterianism in Scotland.* Cambridge University Press,

개혁교회 신앙고백

1911.

Behr, John. *The Nicene Faith.* vol.1-2. Crestwood, N.Y. : St. Vladimir's
    Seminary Press, 2004.

Bell, M. Charles. *Calvin and Scottish Theology.* Edinburgh: The Handsel
    Press, 1985.

Benedict, Philip. *Christ's Churches Purely Reformed. A Social History of*
    Calvinism. New Haven Conn.: Yale University Press, 2002.

Berkhof, Louis. 『기독교 교리사』. 신복윤 역. 서울: 성광문화사, 1979.

─────. 『조직신학』. 권수경, 이상원 역. 고양:크리스천다이제스트, 2000.

Bierma, Lyle. 『하이델베르크 교리문답 입문』. 신지철 역. 서울: 부흥과 개혁사,
    2012.

Bouwman, Clarence. 『도르트 신경 해설』. 손정원 역. 서울: 솔로몬, 2016.

─────. 『벨직 신앙고백서 해설』. 손정원 역. 서울: 솔로몬, 2016.

Bulloch, James. *The Confession of the Faith and Doctrine Believe and*
    professed by the Protestants of Scotland (a modern translation by).
    London: Paternoster Row, 1829.

Calvin, John. 『기독교강요』. 김종흡외 역. 서울:생명의 말씀사, 1988.

Cochrane, Arthur C. ed. *Reformed Confessions of the Sixteenth Century.*
    Louisville [etc.] : Westminster John Knox press, cop. 2003.

Deyoung, Kevin. 『왜 우리는 하이델베르크 교리문답을 사랑하는가』. 신지철
    역. 서울: 부흥과 개혁사, 2012.

Douglass, Jane Dempsey. "Woman and Continental Reformation."
    In *Religion and Sexism.* Edited by Rosemary Ruether. 292-318.
    NewYork: Simon and Schuster, 1974.

Euler, Carrie. "Huldrych Zwingli and Heinrich Bullinger." In A

companion to the Eucharist in the Reformation. Edited by Lee
Palmer Wandel. 57-74. Leiden; Boston: Brill, 2014.

Fahlbusch, Erwin. *et al, ed, The encyclopedia of Christianity.* vol.1. Grand
Rapids, Mich., [etc.] : Eerdmans; Leiden [etc.]: Brill, 1999.

————. *The encyclopedia of Christianity. vol.2.* Grand Rapids, Mich.,
[etc.] : Eerdmans; Leiden [etc.]: Brill, 1999.

Felde, Marcus. "Church, Ministry, and Main Things." In Gift and Promise.
The Augsburg Confession and the Heart of Christian
Theology. Edited by Ronald Neustadt and Stephen
Hitchchock. 85-96. Minneapolis : Fortress Press, 2016.

Fesko, John. 『역사적, 신학적 맥락으로 읽는 웨스트민스터 신앙고백서』. 신윤수
역. 서울: 부흥과 개혁사, 2018.

Gootjes, Nicolaas. *The Belgic Confession. Its History and Sources.* Grand
Rapids, Michigan : Baker Academic, a division of Baker
Publishing Group, 2007.

Heron, Alasdair I. C. (ed), *The Westminster Confession in the Church
Today.* Edinburgh: The Saint Andrew Press, 1982.

Hodge, A. A. *The Confession of Faith. Edinburgh*: The Banner of Truth
Trust, 1983.

Hoy, Michael. "The Ethics of Augsburg: Ethos under Law, Ethos under
Grace, Objective Ethos." In *Gift and Promise. The
Augsburg Confession and the Heart of Christian Theology.*
Edited by Ronald Neustadt and Stephen Hitchchock.
143-154. Minneapolis : Fortress Press, 2016.

Israel, Jonathan I. *The Dutch Republic. Its Rise, Greatness, and Fall, 1477-*

1806. Oxford; New York: Oxford University Press, 1995.

Kelly, J.N.D. *Early Christian Creeds.* New York: Longman, 1960.

Kleinhans, Kathryn A. "Sin." In *Gift and Promise. The Augsburg Confession and the Heart of Christian Theology.* Edited by Ronald Neustadt and Stephen Hitchchock. 71–84. Minneapolis : Fortress Press, 2016.

Knox, John. *The Works of John Knox,* vol. 2. ed. David Laing. Edinburgh: James Thin, 1895.

Kuhl, Steven C. "A Lutheran Confessional Exploration of Gospel Praxis." In *Gift and Promise. The Augsburg Confession and the Heart of Christian Theology.* Edited by Ronald Neustadt and Stephen Hitchchock. 155–174. Minneapolis : Fortress Press, 2016.

Lloyd–Jones, David Martyn and Murray, Iain H. 『존 녹스와 종교개혁』. 조계광 역. 서울: 지평서원, 2011.

Macgregor, Janet G. *The Scottish Presbyterian Polity.* Edinburgh: Oliver and Boyd, 1926.

McCrie, Thomas. *Life of John Knox.* Edinburgh and London: William Blackwood and Sons, 1855.

McEwen, James S. *The Faith of John Knox.* London: Lutterworth Press, 1962.

McGrath, Alister. 『한권으로 읽는 기독교』 전의우 역. 서울:생명의 말씀사, 2009.

————. 『종교개혁사상』 최재건 역. 서울:CLC, 2006.

Mitchell, A. F. *The Scottish Reformation.* Edinburgh and London: William Blackwood and Sons, 1900.

Milton, Anthony. *The British delegation and the Synod of Dort(1618-1619).*
　　　　Woodbridge : Boydell Press, 2005.

Nijenhuis, W. *Ecclesia Reformata. Studies on the Reformation* vol.2.
　　　　Leiden: Brill, 1994.

Old, Hughes Oliphant. *The Shaping of the Reformed Baptismal Rite in
　　　　the Sixteenth Century.* Grand Rapids, Michigan: Eerdmans
　　　　Publishing company, 1992.

Percy, Eustace. *John Knox.* Richmond: John Knox Press, 1966.

Reid, W. Stanford, *Trumpeter of God: A Biography of John Knox.*
　　　　Grand Rapids: Baker Book House, 1974.

Ridley, Jasper. John Knox. Oxford: The Clarendon Press, 1968.

Schaff, Phillip. 『교회사전집 2. 니케아 이전의 기독교』. 이길상 역. 고양: 크리스
　　　　챤다이제스트, 2004.

─────. 『교회사전집 3. 니케아 시대와 이후 기독교』. 이길상 역. 고양: 크리
　　　　스챤다이제스트, 2004.

─────. 『교회사전집 6. 중세시대:보니파키우스 8세부터 루터까지』. 이길상
　　　　역. 고양: 크리스챤다이제스트, 2004.

─────. 『교회사전집 7. 독일 종교개혁』. 박종숙 역. 고양: 크리스쳔다이제
　　　　스트, 2004.

─────. 『교회사전집 8. 스위스 종교개혁』. 이길상 역. 고양: 크리스챤다이
　　　　제스트, 2004.

Schroeder, Edward H. "Why the Cross is at the center." *In Gift and
　　　　Promise. The Augsburg Confession and the Heart of Christian
　　　　Theology.* Edited by Ronald Neustadt and Stephen
　　　　Hitchchock. 37-58. Minneapolis : Fortress Press, 2016.

Shaw, Robert. 『웨스트민스터 신앙고백 해설』. 조계광 역. 서울: 생명의말씀사, 2014.

Studer, Basil. *Trinity and Incarnation. The Faith of Early Church.* Edinburgh: T &T Clark, 1993.

Ursinus, Zacharias. 『하이델베르크 요리문답 해설』. 원광연 역. 파주: 크리스챤다이제스트, 2016.

Venema, Cornelis P. "The Doctrine of Preaching in the Reformed Confessions." *MTJ* 10(1999): 135-183.

Walker, Williston. 『기독교회사』. 류형기 역. 서울: 한국기독교문화원, 1979.

Westra, Liewe H. *The Apostles' Creed. Origin, History, and Some Early Commentaries.* PhD. Diss., Katholieke Theologische Universiteit Utrecht, 2002.

Wriedt, Markus. "Luther's theology." In *The Cambridge companion to Martin Luther.* Edited by Donald K. Mckim. 86-119. Cambridge: Cambridge University Press, 2003.

Young, Frances M. *From Nicea to Chalcedon. A guide to the Literature and its Background.* Grand Rapids, Michigan: Baker Academic, 2010.

개혁교회 신앙고백

2017년 04월 3일 초판 1쇄 인쇄
2021년 9월 13일 재판 1쇄 인쇄
지은이 ㅣ 배광식, 한기승
펴낸이 ㅣ 송삼용
펴낸곳 ㅣ 도서출판 포커스북
교정· 교열 ㅣ 최성애
디자인 ㅣ 조세라
주소 ㅣ 서울시 금천구 독산로 256(독산동)
등록번호 ㅣ 제2013-000063호
총판 ㅣ 하늘물류센타
전화 ㅣ 031-947-7777 ㅣ 팩스 0505-365-0691
ISBN : 979-11-951502-5-0(03230)
Copyright ⓒ 2021, 도서출판 포커스북